Volkmar Sigusch
Sexuelle Welten

Folgende Titel sind bisher im Psychosozial-Verlag
in der Reihe »BEITRÄGE ZUR SEXUALFORSCHUNG« erschienen:

BAND 87
REIHE »BEITRÄGE ZUR SEXUALFORSCHUNG«
ORGAN DER DEUTSCHEN GESELLSCHAFT FÜR SEXUALFORSCHUNG
HERAUSGEGEBEN VON MARTIN DANNECKER,
GUNTER SCHMIDT UND VOLKMAR SIGUSCH

Volkmar Sigusch

Sexuelle Welten

Zwischenrufe eines Sexualforschers

Psychosozial-Verlag

Bibliografische Information Der Deutschen Bibliothek
Die Deutsche Bibliothek verzeichnet diese Publikation in der Deutschen
Nationalbibliografie; detaillierte bibliografische Daten sind im Internet
über <http://dnb.ddb.de> abrufbar.

Originalausgabe
© 2005 Psychosozial-Verlag
Goethestr. 29, D-35390 Gießen.
Tel.: 0641/77819; Fax: 0641/77742
E-Mail: info@psychosozial-verlag.de
www.psychosozial-verlag.de
Umschlagabbildung: Dalí, Salvador: »Der Eselskadaver«, 1928
© Salvador Dali. Foundation Gala-Salvador Dalí/ VG Bild-Kunst,
Bonn 2005.
Umschlaggestaltung: Katharina Appel nach Entwürfen
des Ateliers Warminski, Büdingen.
Lektorat: Dagmar Kühnle
Satz: Christof Röhl
Printed in Germany
ISBN 3-89806-482-4

Inhalt

Schwarze und weiße Visionen. Ein Vorwort

Die kurzen Stücke, die hier versammelt sind, korrespondieren unwillkürlich mit einem kulturellen Zustand unserer Sexualität. Dieser Zustand könnte sexuelle Dispersion oder Zerstreuung von Fragmenten genannt werden. Tatsächlich sind in den letzten Jahrzehnten, jedenfalls in den reichen Ländern des Westens, immer mehr sexuelle Partikel, Praktiken und Lifestyles medien- und marktgerecht isoliert oder eigens kreiert worden. Dadurch sind neue Konstrukte entstanden, die einige alte Verkrampfungen, Zweifel und Befürchtungen beseitigt haben, sodass sich neue ausbreiten können.

Meine schwarze Vision des Wandels der Sexualität in den ersten Jahrzehnten des 21. Jahrhunderts ist: Immer mehr Menschen werden zu ihrer eigenen Familie werden und sich einreden müssen, es handele sich um einen Lifestyle. Fortpflanzung wird immer rationaler, Moral immer egoistischer werden. Kinder werden gen-designed sein. Bis auf die Liebe, die weder hergestellt noch gekauft werden kann und deshalb in unserer Kultur eine einzigartige Kostbarkeit ist, werden alle greifbaren sexuellen Fragmente und Praktiken kommerzialisiert und banalisiert werden. Zungenküsse, ungeschützter Beischlaf, Embryonen, Jungfrauen oder Kinder werden bereits auf dem Markt angeboten.

Meine weiße Vision ist: Einst als abnorm oder krank verfolgte Sonderbarkeiten werden durch selbstbewusste Personen als eigensinnige Geschlechts-, Liebes- und Sexualformen in Erscheinung treten – so, wie es homosexuelle Männer am Ende des letzten Jahrhunderts vorgelebt haben. Deren enorme Flexibilität, einerseits in Liebe gebunden, andererseits dranghaft ungebunden zu sein, kann als das kulturell vorgezogene Modell der neuen Sexualformen angesehen werden. In diesen Neosexualitäten verbinden sich seelische und soziale Modalitäten erfolgreich, die früher als unvereinbar angesehen worden sind. Charakteristisch für die Neosexuellen wird neben der enormen Anpassungsbereitschaft die Distanz zur Herkunftsfamilie, zu Fortpflanzung und Kinderbetreuung sein, verbunden mit einer egoistische Suche nach dem schnellen, nicht unbedingt sexuellen Thrill. Im Sog dieser Transformationen werden alte Krankheitseinheiten wie Fetischismus, Sadomasochismus oder Transsexualismus weitgehend zerfallen. Neue Selbstpraktiken werden hinzukommen. Es wird eine Buntscheckigkeit geben, von der frühere Generationen nicht einmal träumen konnten. Vielleicht wird es sogar wieder erotische Transzendenz geben, die sich der digitalen Weltsicht, die keine Mythen und Götter kennt, entlastend zur Seite stellt. Und Eros lachte, bezeichnete er doch wieder eine offene Stelle in unserer Kultur. Der Kampf zwischen Eros und Anteros um die Sexualfragmente wird aber nur solange weitergehen, so lange die kulturellen Inszenierungen auf die Sehnsucht der Menschen nach Transzendenz spekulieren. Kommt dieser Kampf zu einem Ende, können die Menschen nicht mehr hoffen, den anterotischen Bruchstücken und den käuflichen Dingen nur auf Widerruf zubestimmt zu sein.

Meine kritische Vision ist: Patriarchalismus und Sexismus werden sich fortschleppen. Der Zwang zur Vielfalt wird zunehmen. Die sexuelle Sphäre wird weiterhin diversifiziert werden. Einige Vorboten kennen wir schon: der eiserne, männliche Mann; die amphiphile Frau mit dem erotischen Kontinuum; der Geschlechtsdarsteller, genannt Gender Blender; der ungeschlechtlich Klonierte; der in sich selbst Verliebte; die Fakesexerin; der Cybersexer. Das sexuelle Elend aber kann nicht verschwinden, weil die alte Leibseele immer noch an den Menschen klebt: aufgepeitschte Nerven, enttäuschte Liebe, unendliche Einsamkeit. Ein lebbares Modell erregender Harmonie wird es nicht geben können. Abstinentes, monogames und promiskes Verhalten sind gleich weit entfernt von einem freien Sinnesleben, das niemand kennt. Das gesunde und glückliche Sexualleben bleibt die Ideologie seiner Verhinderung. Die nächste Generation wird zwischen stiller Treue und dröhnendem Event, zwischen Chemie der Schwellkörper-Versteifung und Technologie des virtuellen Datings, zwischen individueller Liebe und kollektiven Love Parades surfend hin- und herleben. Allerlei Aufputschungen und Selbstdrapierungen werden die unabweisbare Beziehungsdisziplin erträglich machen. Dabei wird es ebenso schrill und bunt wie realistisch zugehen.

Nach wie vor aber werden unbewusste Impulse und individuelle Phantasien dem widersprechen, was kulturell inszeniert ist. In der sexuellen Erregung werden weiterhin Dinge zurücktreten, die das Alltagsleben strangulieren: Alles ist gang und gäbe, alles scheint rational entschieden, doch da ereignet sich etwas Unvorhergesehenes, Erschütterndes, Verrücktes. Infantile Allmachts- und Vollkommenheitsphantasien sind auf einmal wieder da. Es geht nicht mehr gemütlich und digital zu, sondern höchst riskant und analog, es herrscht nicht mehr Langeweile, sondern ein Ausnahmezustand. Glühende Lava ergießt sich in die Adern, die Frau

8

spürt ihr Glied in der pochenden Scheide des Mannes … Das, so glaube ich, wird Eros, der fremd gebliebene und in die Flucht geschlagene Imaginär, trotz atemberaubender wissenschaftlicher Grenzüberschreitungen auch noch im 21. Jahrhundert zustande bringen, getrost und ungetrost.

Frankfurt am Main, im März 2005   Volkmar Sigusch

Sexualkultur

Der Schatten des Eros oder
Die neosexuelle Revolution

Der Schatten des Eros heißt Anteros. Den Alten war er nicht nur der Bruder des Eros und der Gott der Gegenliebe, sondern auch der rächende Genius verschmähter Liebe. Der schöne Knabe Meles zwang Timagoras, den Fremdling, zum Beweis seiner Liebe von der Akropolis zu springen. Nachdem es Timagoras getan hatte, sprang Meles aus Reue hinterher. So töteten sich beide. Seither herrschen Eros und Anteros über Bruchstücke.

Die Bruchstücke, die uns im Augenblick beschäftigen, heißen das missbrauchte Kind, der Metrosexuelle, die lustlose Frau. Zu ihnen gesellt sich seit zwei Jahrzehnten ein gequältes und quälendes Diskurspersonal: die falsch liebende Mutter, der lüstern abwesende Vater, der sexistische Mann, der medial Sexsüchtige, der elektronisch zerstreute Perverse, der Sextourist, der medizinisch prothetisierte Impotente, der operativ beruhigte Geschlechtswechsler, vor allem aber das sozial ungleiche, emotional misstrauische, theoretisch aporetische heterosexuelle Paar. Wahrlich ein posthegelianischer Aufklärungstrupp, der Eros ein falbes Grauen bereiten dürfte.

Die Sexualwissenschaft müsste eigentlich betreten schweigen, wenn es um Eros geht. Denn auch ihr Erzeuger ist Anteros. Von kleinen Inseln abgesehen, hat sich in unserer Kultur keine Ars erotica, sondern eine Scientia sexualis entwickelt. Seit dem Sieg des Cartesianismus über den Montaigneismus ist Eros, der Imaginär, auf der Flucht. Undisziplinierte Kinder, wahnsinnig Verliebte, leibhaft verzweifelte Künstler und zwanghaft externalisierende Perverse versuchten, ihm ein Asyl zu bereiten. Doch der Blick der dominierenden Wissenschaftler war immer kalt: Kein Geheimnis soll sein. Heute wissen alle Bescheid, und keiner hat eine Ahnung.

Sexualwissenschaft existiert aber auch fort, weil das sexuelle Elend nicht verschwand. Kämen Wunsch und Befriedigung zueinander, kämen Dauer und Intensität zusammen, fielen Begierde und Liebe nicht auseinander, wüssten wir, was ein sexueller Rausch ist und könnten uns in ihn versetzen, scherten wir uns doch um wissenschaftliche Erörterungen überhaupt nicht. Und Eros lachte. Vielleicht schwiege er aber auch glückselig, weil er in sich ruhte. Wenn er aber doch nach etwas riefe, dann gewiss nicht nach Scientia sexualis, sondern nach Ars erotica, um Wunsch und Begierde davor zu bewahren, von

Glückseligkeit in aller Stille erstickt zu werden. Diese Gefahr droht uns heute als einzige nicht.

Anders als in anderen Kulturen geht es bei uns seit etwa zwei Jahrhunderten vorrangig um das manifeste und nicht um das spirituelle Befriedigen von Gier und Neugier. Auch deshalb unterliegt der Bereich, den wir erst seit dem 19. Jahrhundert unter der Bezeichnung »Sexualität« isoliert und dramatisiert haben, einem ständigen kulturellen Wandel. Ununterbrochen werden Wünsche produziert, die sich unverzüglich niederschlagen sollen. Ununterbrochen wird die scheinbare Einheit Sexualität zerlegt, um ihr neue Begierden zuschreiben und neue Konsumationen abmarkten zu können.

Manchmal erfolgt das mit Geschrei, manchmal eher lautlos. Die Älteren werden sich noch an das Getöse erinnern, das am Ende der sechziger Jahre »sexuelle Revolution« genannt worden ist. Damals wurde ein König Sex inthronisiert, der alle bis dahin normalen Sexualverhältnisse als normopathisch und die glückliche Familie als durch und durch zerstörerisch denunzierte. Er ordnete deshalb Umordnung an. Porno- und Sexografie wurden breit kommerzialisiert. In den Massenmedien probten diverse Sexualia den Aufstand, bis sie ihre Stupidität nicht mehr verbergen konnten. In den Schulen wurde versucht, den Zeigestock gegen das Imaginäre ins Feld zu führen. Dazu passte das zunehmende Technologisieren der Fortpflanzung ebenso wie das Trennen von Recht und Moral. Der Staat zog sich aus einigen Bereichen des individuellen Lebens zurück, sodass das Sexual-, Ehe- und Kontrazeptionsverhalten partiell entpönalisiert wurde. Jugendliche und junge Erwachsene forcierten ihr Sexualverhalten kollektiv, blieben aber mehrheitlich am Ehe- und Treuemodell ihrer Eltern orientiert. Besonders einschneidend war die kulturelle Resexualisierung der Frau als Genus. Sie war jetzt orgasmuspflichtig, nachdem ihr bis in die dreißiger Jahre dieses Jahrhunderts hinein wissenschaftlich abgesprochen worden war, überhaupt ein sexuelles Wesen sui generis zu sein. Hinzu kam die warenästhetische Indienstnahme nicht nur des weiblichen, sondern auch des männlichen Körpers, dessen neue Drapierung die durchschnittlich zwei Unterhosen aus weißem Baumwollripp weit hinter sich ließ. Erinnert sei schließlich an die enorme Psychologisierung des heterosexuellen Paares, das, in eine Beziehungskiste eingesperrt, unterunterbrochen in sich hineinlauschen und sein Befinden zu Protokoll geben sollte, bis sich die erschöpften Partner wieder in sich zurückzogen.

Die neosexuelle Revolution

Das war der Beginn eines eher lautlosen Wandels, den ich die »neosexuelle Revolution« nenne. Die Umwälzung, die in den achtziger und neunziger Jahren erfolgte, ist vielleicht noch einschneidender als die, die mit der »sexuellen Revolution« einherging. Die Kulturform Sexualität verlor an symbolischer Bedeutung, wird heute nicht mehr als die Lust- und Glücksmöglichkeit schlechthin überschätzt. Wurde sie Ende der sechziger Jahre positiv mystifiziert als Rausch, Ekstase und Transgression, wird sie heute negativ diskursiviert als Gewalt, Missbrauch und tödliche Infektion.

Damit es dazu kommen konnte, musste die scheinbare Einheit Sexualität erneut zerschlagen und neu zusammengesetzt werden. Bestand die alte Sexualität vor allem aus Trieb, Orgasmus und dem heterosexuellen Paar, bestehen die Neosexualitäten vor allem aus Geschlechterdifferenz, Prothetisierungen und Thrills. Geschlecht ist heute nicht mehr Geschlecht, sondern wird differenziert nach Körpergeschlecht, Geschlechtsrollenverhalten, Transgenderismus, Geschlechtsidentität usw. Die destruktive Seite der Sexualität wird heute stärker betont als die libidinöse. Wir werden ständig mit sexueller Gewalt konfrontiert, kaum aber an Hingabe und Wohllust erinnert. Der ehemals singulär kranke Triebtäter wurde zum ubiquitär normalen Geschlechtstäter vervielfältigt, bis Männer nur noch geil, gewalttätig und impotent zu sein schienen.

Politisch schlug sich dieses Betonen der zerstörerischen Seite der Sexualität in neuen Pönalisierungen nieder, die die mühsam in den siebziger Jahren vorangetriebene Differenzierung von Recht und Moral brutal widerriefen. Brutal auch, weil Abstimmungsfronten von alternativ bis rechtsradikal, die selbst als so etwas wie die »Pronografie der Demokratie« figurierten, die letzte institutionelle oder kollektive Gegenrede ausschlossen. Wir ahnen jetzt, wie sehr unsere Sexualität auf Überwältigung und Asymmetrie basiert. Wir reflektieren aber nicht den allgemeinen Gewalt- und Verstofflichungszusammenhang, der unsere Gesellschaft mitkonstituiert. Gegen Kindesmissbrauch sind wir unisono, denn das kostet nur das Öl des Humanismus, das bisher höchst erfolgreich die Räderwerke der Gewalt geschmiert hat. Für Programme aber, die Kinderleben retten könnten, sind im Ernst nur wenige, weil es Geld und Gemütlichkeit kostete und eine andere Art zu leben erforderte. Ein höheres Strafmaß zu fordern, wie der alternative Minister von Plottnitz, oder FKK-Heftchen verbieten zu wollen, wie die nichtalternative Ministerin Nolte, ist roh, borniert, untauglich und heuchlerisch.

Doch die neosexuelle Revolution hat nicht nur neue Heucheleien gebracht. So wird die weibliche Sexualität heute dank Frauenbewegung und Feminismus weithin als eine eigensinnige Form betrachtet. Sie ist theoretisch nicht mehr durchweg vom Modell Mann abgezogen, wird praktisch nicht mehr als Negativ der männlichen Sexualität missachtet. Die Vervielfältigung der sozial akzeptierten Beziehungs- und Lebensformen hat zu einer Differenzierung sowohl der alten Hetero- wie der alten Homosexualität geführt, deren vordem monolithischere Charaktere sich damit empirisch als theoretisch in dem Sinn erweisen, dass sie kulturell produziert worden sind. Sexuelle und geschlechtliche Empfindungsweisen, die früher der Heterosexualität, der Homosexualität oder der Perversion zugeschlagen worden sind, weil keine anderen Raster zur Verfügung standen, treten aus deren Bannkreis heraus, definieren und pluralisieren sich selbst als Lebensweisen. Alte Krankheitsentitäten wie Fetischismus, Sadomasochismus oder Transsexualismus zerfallen. Neue Geschlechts- und Sexualformen, wie die Bisexualität, treten hervor.

Vom Ganzen Haus zur Kleinstfamilie

Durch diese Diversifikation, die die Selbstbestimmungs- und Bürgerrechtsbewegungen der vergangenen Jahrzehnte politisch angestoßen haben, verliert die Herkunftsfamilie zunehmend an emotionaler und sozialer Bedeutung. Andere Vernetzungen ohne Bluts- und Keimbahnbande werden immer wichtiger. Die Familie ist im Verlauf einiger Jahrhunderte drastisch geschrumpft. Bestand das »Ganze Haus« aus zehn, zwanzig, hundert Personen, bewegen wir uns seit einigen Jahrzehnten auf eine Kleinstfamilie zu. Immer mehr Einzelpersonen sind zu ihrer eigenen Familie geworden. Die trianguläre Triade Vater-Mutter-Kind, noch vor zwei Generationen der Inbegriff der Familie, ist in einem ungeahnten Ausmaß kulturell verblasst. Ehe und Familie sind faktisch voneinander getrennt. Es gibt jetzt Singles und Alleinerziehende, Dauerbeziehungen mit Liebe, aber ohne sexuellen Verkehr, äußerst komplizierte Intimbeziehungen mit drei und mehr Akteuren, Abstinenz und Partnertausch, One-Night-Stands, Let's party, Call-in, Vakuumpumpen und Love Parades sowie eine Unzahl »pseudoperverser Inszenierungen«, von denen der unvergessene Eberhard Schorsch gesprochen hat. Alle alten Perversionen sind inzwischen elektronisch zerstreut und partiell entdämonisiert worden – mit Ausnahme der nach wie vor tabuisierten Pädosexualität.

Doch auch die Pädosexualität pluralisiert sich nach marktwirtschaftlicher Logik. Immer mehr sexuelle Fragmente und Nöte werden in die Warenförmigkeit gepresst. Flirtschulen, Partnervermittlungen oder Hersteller von Sadomasochisten-Möbeln bieten ihre Dienste an. Embryonen, Tiere oder Jungfrauen werden auf dem Markt angeboten. Warum nicht auch Kinderfleisch, wenn alles käuflich ist? Neben den alten, vereinzelten Pädophilen, der ein Kind ernster nahm, als es ein Fernsehapparat zustande bringt, ist massenhaft der Biedermann getreten. Er macht damit einen Verdacht wahr, den die Sexualwissenschaft seit ihren Anfängen hegt: dass er nur dann »potent« ist, wenn er das Sexualobjekt erniedrigt und beherrscht.

Auch von der Medizin wird allerlei angeboten. Beispielsweise mechanisch, medikamentös oder chirurgisch hergestellte Gliedversteifungen. Dadurch werden sexuelles Erleben und körperliche Reaktion künstlich voneinander getrennt. Ein Mann kann dann ohne inneres Verlangen und oft auch ohne jene psychophysischen Sensationen, die dem sexuellen Erleben bisher eigen zu sein schienen, »sexuell funktionieren« und den Geschlechtsverkehr als das praktizieren, was er in unserer Kultur einer wesentlichen Tendenz nach immer war: Vollzug. Der Traum der Mediziner von der totalen Prothetisierung der sexuellen Funktionen, deren Verkörperungen den Körper zur Leiche machen, also auch Entkörperungen sind, korrespondiert mit dem allgemeinen Traum von der Prävention des Somatischen und der Überwindung des Körpers, von der Entleiblichung des Sexus und des Genus.

Abzulesen ist diese kulturelle Tendenz momentan am Telefon-Sex und den TV-Partner-Treffs, an Fax-, PC- und Cybersex. An letzterem offenbart sich möglicherweise ein generelles Umschreiben der Sinnlichkeits- und Wahrnehmungsstrukturen, das mit dem Übergang von einer Kultur des Wortes und des Bildes zu einer Kultur des Zeichens zusammenhängt. Die alten Mythen schrumpfen zu Punkten und Strichen zusammen. Momentan noch ungefährdet wie der Pilot, der am Flugsimulator trainiert, will der Cybersexer die alte Sexualität hinter sich lassen, ohne die Gefahren der elektronischen Kopulation bereits zu kennen, die eine produktive Verstofflichung dieser Dimension zwangsläufig enthält, so lange den Manipulateuren eine Leibseele alter Manier zugerechnet wird.

Auf der Suche nach dem Thrill sind uns mittlerweile alle Mittel und Methoden recht. Heute wird der Abgrund, der in unserer Kultur zwischen dem Wunsch und seiner Befriedigung klafft, scheinbar durch allerlei Praktiken und Lebensweisen überbrückt. Doch das beinahe lückenlose

Kommerzialisieren und elektronische Inszenieren treibt das Begehren offenbar wirksamer aus als das Unterdrücken durch Verbote. Dass die Verbote immer lustgesättigt waren, ahnt der Vatikan bis heute, Freud und Bataille aber haben es bereits begriffen.

Kein Generalmodell der ebenso harmonischen wie erregenden Intimbeziehung bietet sich mehr an. Selbst Jessica Benjamins »Vision der Anerkennung zwischen gleichberechtigten Subjekten«, einer Anerkennung mit der »Logik des Paradoxons: der ausgehaltenen Spannung zwischen antagonistischen Kräften«, worunter die gleichzeitig bestehenden Bedürfnisse nach Anerkennung und nach Unabhängigkeit zu verstehen seien, ist auf Sand gebaut, weil auch die psychischen Geschlechtsdifferenzen materiell bestimmt sind – eine Bestimmung, die Benjamin außer Acht lässt.

Indem das kleine Kind die Geschlechterdifferenz wahrnimmt, erfährt es, dass nicht alle Menschen gleich sind. Dass die oder der Andere minderwertig sei, sagen aber nicht die Geschlechtskörper, sondern die vergesellschafteten Menschen. Das weibliche Minderwertigkeitsgefühl, das Freud patriarchal als anatomisches Schicksal missverstand, ist noch immer ein gesellschaftliches »Schicksal«, wie das männliche Stärkezeigenmüssen auch. Erst wenn die Frau als Genus gesellschaftlich gleichwertig ist (und das geht bei uns, so wie die wesentlichen Dinge bewegt werden, nur more oeconomico und nicht per Volkshochschule, Selbsthilfe oder per deconstructionem), kann das kleine Kind seine Mutter als gleichwertig wahrnehmen. Erst wenn die Eltern dem Kind bewusst und unbewusst ihre tatsächliche Gleichwertigkeit in der Differenz signalisieren können, wird vielleicht der kollektive Teufelskreis unterbrochen werden, der von Generation zu Generation aus dem weiblichen das zweite Geschlecht macht, das alte sexus sequior, und aus dem männlichen das erste, das alte sexus potior. Wie also will die sonst so kluge Benjamin Männer und Frauen als wechselseitig füreinander Andere gleichwertig in Relation treten lassen, wenn ihre »Intersubjektivität«, die sie betont, materiell und vorgängig aus einem Verhältnis der Hierarchie und nicht der Gleichheit in der Differenz besteht?

Moral ist heute individualisiert, weil allgemeine und praktisch gewordene moralische Ideen fehlen, hinter denen sich die meisten Frauen, Männer, Jugendlichen und Kinder im Konsens versammeln könnten. Müssen Fragen, die eigentlich von moralischer Natur sind, allgemein beantwortet werden, weil sich das nicht mehr vermeiden lässt, verschanzen sich die Institutionen wieder hinter dem Recht. Konstruiert werden dann widersprüchliche Gebilde, die beide diskreditieren, Recht wie Moral.

Wir kennen alle die faulen Kompromisse: Abtreibung ist rechtswidrig, aber nicht strafbar; sexuelle Ausbeutung von Kindern armer Länder ist zwar strafbar, aber kaum ermittelbar.

Sexuelle Dispersion und Lean sexuality

Die alten Blütenträume sind ausgeträumt. Ein Reich des Eros hatten wir uns vor einigen Jahrzehnten selbst versprochen. Es hieß, Sex sei schön, beglückend und außerdem noch subversiv. Doch er war immer, von Momenten abgesehen, hässlich, leidvoll, erstarrt. Wenn wir genauer hinsahen und die Masken abnahmen, fanden wir überall ungestillte Sehnsüchte, enttäuschte Liebe, Traumen, Ängste, Wiederholungszwang, Einsamkeit, Heuchelei, Egoismus.

Was also hat die neosexuelle Revolution gebracht? Es gibt jetzt eine sexuelle und geschlechtliche Buntscheckigkeit, von der frühere Generationen geträumt haben mögen. Der Prozess der kulturellen Dissoziation der alten Einheit Sexualität hat zu einer gewaltigen Zerstreuung der Partikel, Fragmente und Lebensweisen geführt, die ich sexuelle Dispersion nenne. Dadurch sind neue Konstrukte entstanden, die einige Verkrampfungen, Zweifel und Befürchtungen beseitigt haben, sodass sich andere ausbreiten können.

Fraglos sind die Gefühls- und Verhaltenscodes heute variabler und differenter. Ob sie jedoch persönlicher sind, scheint mir fragwürdig zu sein. Man kann auch durch Duzen, schnelles soziales Küssen oder öffentliche Selbstpreisgabe andere Menschen auf Distanz halten. An die Stelle rigider Verhaltens- und Affektkontrollmechanismen sind offenbar nicht nur neue Sensibilitätsstandards getreten, sondern auch neue Desensibilisierungs- und Zurückweisungsstandards, die die Intimität, die verlangt ist, kommensurabel und erträglich machen. Diese Standards erinnern an Isolation und Einsamkeit, die aus der gesellschaftlichen Individualisierung der Codes und Lebensweisen resultieren und durch soziale Verflechtungen maskiert sind.

Mit der Rationalisierung, der Zerstreuung, der Kommerzialisierung und dem Zwang zur Vielfalt ist eine generelle Banalisierung des Sexuellen verbunden. Sexualität ist kulturell etwas weitgehend Selbstverständliches geworden wie Mobilität oder Urbanität. Manfrau tut es oder tut es eben nicht. Aus dem Revolutionären Eros ist, etwas zu modern gesagt, Lean sexuality geworden: selbstdiszipliniert und selbstoptimiert. Love Parades sind folglich der Inbegriff der Neosexualitäten (Sigusch 2005a). Werktags wird sauber und korrekt funktioniert, am Wochenende aber wird eine

Techno-Sau durch den Tiergarten getrieben, die nur noch von ferne an die Verheißungen und Risiken des Gartens der Lüste erinnert.

Eros bezeichnet nicht mehr *die* offene Stelle in unserer Kultur. Dummerweise wissen wir, dass abstinentes, monogames oder promiskes Verhalten gleich weit entfernt ist von einem freien Sinnesleben, dass die Helden der Liebe ebenso Indices des falschen Lebens sind wie die Sexualstraftäter, dass das gesunde und glückliche Sexualleben seit Jahrhunderten die Ideologie seiner Verhinderung ist. Noch aber widersprechen unbewusste Impulse und individuelle Phantasien dem, was allgemein als rational entschieden gilt. Noch können in der sexuellen Erregung Dinge zurücktreten, die das Alltagsleben strangulieren. Alles ist gang und gäbe, alles scheint eingefügt und erstarrt, doch da ereignet sich etwas Unvorhergesehenes, Erschütterndes, Verrücktes. Infantile Allmachts- und Vollkommenheitsphantasien sind auf einmal wieder da. Es geht nicht mehr gemütlich zu, sondern höchst riskant, es herrscht nicht mehr Langeweile, sondern ein Ausnahmezustand. Das, so glauben wir, ohne den Macht-Dispositiven der heutigen Philosophie das alte selbstmächtige Subjekt entgegenhalten zu wollen, vermag das Sexuelle immer noch, das Freud vor einhundert Jahren ein »großes Bedürfnis« genannt hat.

Solange die kulturellen Inszenierungen auf die Sehnsucht der Menschen nach Transzendenz spekulieren, so lange wird der Kampf zwischen Eros und Anteros um die Fragmente weitergehen. Kommt er zu einem Ende, können die Menschen nicht mehr hoffen, den anterotischen Bruchstücke und den käuflichen Dingen nur auf Widerruf zubestimmt zu sein.

Auf der Suche nach dem Transzendenten im Sexuellen

Ein Sexualforscher, der seit Jahrzehnten US-amerikanische Fachzeitschriften liest, weil er akademisch zu feige ist, den ganzen Schund, den er so gerne »wissenschaftliche Pornografie« nennt, in den Abfalleimer zu werfen, ein solcher Sexualforscher steht immer wieder in Gefahr, sein Urteil, das beim kritischen Blick auf eine Branche gewonnen worden ist, auf alle anderen und das ganze Land ausstrahlen zu lassen. Dieser Vorurteilsbildung widerspricht der Romanist Leo Bersani aus Berkeley mit seinem »Lettre international«-Essay »Ist das Rectum ein Grab?« (1988): Siehe da, in den USA wird in Sachen Sexualität trotz Sex Research gedacht, nicht nur gemeint.

Die Erfindung unserer Sexualität

Indem Bersani, bezogen auf Tendenzen, die in den USA wie bei uns zu beobachten sind, von der »Neuerfindung« der Sexualität spricht, legt er den Gedanken nahe, das, was wir »Sexualität« nennen, sei erfunden worden. Tatsächlich könnte, wenn es unbedingt sein müsste, die Fabrikation unserer Sexualität als gesellschaftliche Form und als Begriff bis auf einige Jahrzehnte genau datiert werden: um 1789. *Unsere* Sexualität ist also blutjung, gerade mal 200 Jahre alt, existiert erst seit wenigen Generationen, und zwar nur in Europa und Nordamerika als ein allgemein Durchgesetztes. Sexualität als theoretisches, ästhetisches und moralisch-praktisches Problem ist Bestandteil einer profanen Kultur, die an jener Schnittstelle entstand, welche der Zerfall der religiösen Weltsicht und das Aufkommen des Kapitalismus im Abendland bilden. Als sich Wissen, Wissenschaft und Erkenntnis von der religiösen Sphäre absonderten, entstand allgemein das Gefühl der Sexualität *als solcher* und damit die Voraussetzung der Sexualwissenschaft im heutigen Sinne.

Politökonomisch gesehen, ist *unsere* Sexualität eine Frucht des Kapitalismus, die nur heranreifen konnte, weil die Not der Menschen nicht mehr überwiegend Hungersnot war und gleichzeitig alle menschlichen Vermögen und Kräfte isoliert und als solche fetischisierend vergesellschaftet wurden. Im Sinne der »Dialektik der Aufklärung« (Horkheimer und Adorno 1947) gesprochen, liegen dabei Befreien und Unterdrücken, Befriedigen und Versagen ineinander. Es ist eine historische Errungenschaft, wenn die Essensfrage um die soziale und die soziale um die sexuelle Frage erweitert wird; der alte Kampf ums nackte Überleben ist dann bereits prinzipiell gewonnen. Bei der Fabrikation der gesellschaftlichen Sexualform liegen jedoch Repression und Freisetzung des Sexuellen schon deshalb ineinander, weil die Tendenz zur Unterdrückung, von der Foucault (1976) im Auftakt seiner »Histoire de la sexualité« meinte, sie sei falsch betont worden, die Tendenz zur Freisetzung logisch voraussetzt; ohne sie kann von jener gar nicht gesprochen, geschweige denn etwas erfahren werden. Philosophisch, sexualwissenschaftlich und politisch ist entscheidend, als was die Freisetzung letztlich angesehen wird: Zunahme von Repression oder von Emanzipation.

Wird die neuzeitliche Gesellschaft mit der mittelalterlichen verglichen, fällt »die extreme Uneinheitlichkeit des Verhaltens« in der mittelalterlichen Gesellschaft ins Auge (Elias 1969, Bd. 1: 157f.). Tatsächlich dauerte es Jahrhunderte, einen einzigartigen »Prozess der Zivilisation« lang, bis die Alteuropäer allgemein und effektiv für Lohnarbeit, Sittlichkeit und Sexualität disponiert waren, bis das Sexuelle gleichzeitig hervorgehoben und verschwiegen werden konnte. Unvorstellbar für einen mittelalterlichen Menschen, was für uns einheitlich selbstverständlich ist: in einem dunklen Kino sitzen, einen sexuell erregenden Film sehen, die »Sexualobjekte« in Greifnähe haben – und trieb- wie affektgedrosselt bleiben. Je umgreifender die neue Gesellschaftsformation mit ihren Kernen kapitalistischer *Betrieb* und bürokratischer *Staatsapparat* wurde, desto größeres Gewicht bekam die Erforschung des sexuellen Triebes und des psychischen Apparates. Der philosophische Diskurs erhob die Moderne im späten 18. Jahrhundert zum Thema (Habermas 1985). Kaum jünger ist die *Scientia sexualis*, werden die Anti-Onanisten mit ihren bleibenden Parolen als Vorboten genommen.

Bis zum 19. Jahrhundert muss die gesellschaftliche Sexualform aber auf ihren äquivoken Namen warten; erst dann wird das Adjektiv »sexuell« wie das Adjektiv »modern« in den europäischen Sprachen substantiviert: »Modernität« gibt es zuerst bei den Schönen Künsten, »Sexualität« bei den Pflanzen. Beiden haftet dieses Herkommen noch heute an. Kritische Sexualwissenschaft bedauert, dass die Geschichte des Wortes *Sexualité/ Sexualität/ Sexuality* noch nicht geschrieben ist. Ihr ist es nicht nebensächlich, das Wort Sexualität weder in der Bibel noch bei Homer noch bei Shakespeare zu finden, sondern die Sache selbst: Vergesellschaftung von Geschlecht und Liebe, von Minne, Venus, Wollust usw.

22

Was in den Jahrhunderten davor mit zahllosen Ausdrücken bezeichnet werden konnte, wird seit dem 19. Jahrhundert oft nur noch mit einem Wort bedacht.

Die Fabrikation des »Sexualwesens Mensch«, wie Kentler (1984) es nannte, dauerte sehr viel länger und war blutiger als der Übergang vom Adjektiv zum Substantiv, produzierte nicht einfach weiterhin Unfreie oder gar erstmalig Freie, sondern unfrei Freie. Nach Hegels (1798–1800: 323) Beobachtung unterscheidet sich der wilde »Mogulitze« vom ebenso vernünftigen wie sexuellen Repräsentanten der neuen europäischen Gesellschaft dadurch,

> »daß jener den Herrn außer sich hat, dieser aber den Herrn in sich trägt, zugleich aber sein eigener Knecht ist; für das Besondere, Triebe, Neigungen, pathologische Liebe, Sinnlichkeit, oder wie man es nennt, ist das Allgemeine notwendig und ewig ein Fremdes, ein Objektives; es bleibt eine unzerstörbare Positivität übrig, die vollends dadurch empörend wird, daß der Inhalt, den das allgemeine Pflichtgebot erhält, eine bestimmte Pflicht, den Widerspruch einge-schränkt und allgemein zugleich zu sein enthält und um der Form der Allge-meinheit willen für ihre Einseitigkeit die härtesten Prätentionen macht.«

Das also meint *Subiectum*. So also kann das Prinzip der Subjektivität als eines der Herrschaft verstanden werden. Aber nicht genug der Entzweiungen. Hegel (1798: 268f.) sieht eine weitere, die für das Verständnis der historisch einzigartigen Lage des »Sexualwesens« nicht unwesentlicher ist: »Das Bild besserer, gerechterer Zeiten ist lebhaft in die Seelen der Menschen gekom-men, und eine Sehnsucht, ein Seufzen nach einem reineren, freieren Zustan-de hat alle Gemüter bewegt und mit der Wirklichkeit entzweit.« Das Gefühl der Not wird unerträglich, das Bedürfnis nach Veränderung gewaltig. Der Putzmacher Hössli (1836/1838) und der Rechtsassessor Ulrichs (1862) zum Beispiel drücken es aus, seufzen nach einem »reineren, freieren Zustande«, geben der Wissenschaft den Auftrag, das Geschlechtswesen Mensch jetzt auch als Sexualwesen zu erforschen und für beide »bessere, gerechtere Zeiten« zu erkämpfen. Dieser Auftrag ist bis heute unerledigt, obgleich das Bewusstsein, die Zukunft habe begonnen, bereits im 18. Jahrhundert ent-stand. Akzeleration und Zeitdruck wie Versagung und Sexualdruck wurden damals erfahren. Die Gegenwart erschien als »Zeitgeist« und damit als vorübergehend, als ein »allmähliche(s) Zerbröckeln« (Hegel 1807: 18). Un-sere Begriffe der Veränderung entstanden: Bewegung, Krise, Entwicklung,

Fortschritt, Revolution, Emanzipation usw. Seit mehr als einhundert Jahren sind die Bilder ausgepinselt und rumoren in uns. Seither wollen wir, dass die Tabus zerbrechen, dass die Masken fallen, dass das Leben beginnt.

Sexuelle Besessenheit

Kritische Sexualwissenschaft ist nicht adäquat wie affirmative und bloß emphatisch wie fortschrittliche; sie insistiert auf dem, was bisher nur vorgegaukelt wurde oder vergebens vorschwebte, als einer der Geister, die, einmal gerufen, bleiben, solange Disparates erkannt und zum Sprechen gebracht werden kann. Sich selbst, auch ein Disparates, redet sie ein, auf diesem Weg Lebensnot und Lebenswahrheit finden zu müssen. Da sie aber vom Widerspruch aus denkt, macht sie sich über die Schwere und Unlösbarkeit ihrer Aufgabe keine Illusion: Sexualwissenschaft will zur Befreiung des Sexuellen beitragen und kommt spätestens als Praxis nicht umhin, dessen Zügelung zuzuarbeiten, weil zu sich gekommene Triebliebe keine Bleibe hat.

Will Sexualwissenschaft nicht durch rationalistischen Positivismus einerseits, irrationalistischen Negativismus andererseits an ihren Aporemen, wenn auch noch so verdeckt, scheitern, bewegt sie sich vom Apollinischen zum Dionysischen und umgekehrt. Im sexualwissenschaftlichen Erkenntnisinteresse widerspricht dann der Wille zur rauschhaften Hingabe dem Streben nach nüchterner Ordnung wie Eros dem Logos. Sieht fortschrittliche Sexualwissenschaft in der Einheit von Apollinischem und Dionysischem notfalls das Geheimnis der Sexualität, das ihr, weil Schellingsche Poesie nicht sein soll, mit allen Mitteln im Dienste der Emanzipation entrissen werden muss, nimmt kritische Sexualwissenschaft, einerseits bescheidener, andererseits maßlos, den Widerspruchszusammenhang als die Aporie, die in der Sache selbst gründet wie in den Begriffen, die über sie gefertigt wurden, und bewegt sich von der Einheit zur Vielheit, vom Begrenzten zum Unbegrenzten, von der Empirie zur Apirie – und zurück. Um das Zurück kommt Sexualwissenschaft nicht herum, weil Wissenschaft nun einmal nüchtern und nicht trunken ist. Amor fati konnte sich der Philosoph gestatten, der von Gott und der Welt handelte. Der Sexuologe aber, der sich als Sexuologe in pragmatischer Absicht dionysisch zum Dasein stellte, versank sogleich kopflos in den Ideologemen Akme und Instinkt, Sakrament und Blut.

Weil die herrschende Vernunft durch Tausch und Verstofflichung logisch und systematisch ist, weil sie immer schon gesellschaftlich präformiert ist und den Subjekten uneinsichtig bleibt, ist sie ihrem Wesen nach

dem Falschen ausgeliefert, ob sie nun ein bewusstloses Transzendentalsubjekt aus sich herauspresst oder eine subjektlose Referenzialsystema-
tie. Denken, dem die Widersprüche die Schwachstellen des falschen
Bewusstseins sind, das ein Gespür entfaltet für das Inkommensurable im
Kommensurablen, für das, was untergründig im Eismeer der Geschichte
als Wärmestrom dahinfließt, vermeidet das Aufgehen der Realität in den
Begriffen, nicht indem es sie summarisch verteufelt, sondern indem es mit
ihnen kritisch operiert, aus der generellen Not des Operierens eine
Tugend macht, die den herrschenden Begriffen ihr Gegenbild vorhält und
sich selbst Begriffe zulegt, die das Nichtidentische signalisieren: bei Hegel
das Flüssige, bei Marx der Gebrauchswert, bei Nietzsche das Dionysische,
bei Freud der Trieb, bei Marcuse der philosophische Eros, bei Bataille der
heilige Eros ...

»Sexualtheorien«, die an der subjektiven Erfahrung nichts als die
Reichweite und Totalität ihrer Kategorien exemplifizieren wollen, die
keine Begriffe haben, die sich dem Nichtidentischen zuwenden, die nicht
in diesem Sinne utopisch sind und spekulativ, die nicht das negieren, was
ihnen Common Sense, Ressentiment und herrschende Sexualideologie
unablässig injizieren, sind so unwahr wie das Ganze, sind so ängstlich und
engstirnig, wie sie es von der gängigen Sexualmoral behaupten.

Sympathisch ist Bersanis Position, weil er trotz AIDS, trotz Kriminali-
sierung, Therapeutifizierung, Prävention, Verwaltung, Verrechtlichung,
letztlich Verstofflichung der Sexualität auf der Suche nach dem Transzendenten im Sexuellen ist. Von Georges Bataille inspiriert und offenbar von
Michel Foucault eher abgestoßen, ist Bersani von der »Erfahrung der Macht-
losigkeit oder des Machtverlusts« fasziniert. Er betont jedenfalls die positive Bedeutung, die die Erfahrung einer »Desintegration und Erniedrigung des
Selbst« habe, sofern sie sehr viel mehr sei als Passivität oder nichtaggressives
Verhalten. Das momentan besonders angestrengte Bemühen, Sexualität
ausschließlich als »eine Form der Machtausübung zu betrachten und zu praktizieren«, ist für ihn nichts anderes als der Versuch, uns »vor dem Alptraum
ontologischer Obszönität, vor der drohenden Auflösung des Menschen in
sexueller Intensität, vor einer mit einem Ich-Verlust verbundenen Verbindung
mit ›niedrigeren‹ Lebewesen« zu beschützen. Die »sexuelle ›Besessenheit‹ der
Schwulen« sollte gefeiert und verherrlich werden, weil sie uns »den phallischen Mann in uns als grenzenlos geliebte Opfergabe immer wieder vor
Augen« führe. Die männliche Homosexualität mache deutlich, »dass das
Riskante am Sex in dem Risiko einer Selbstaufgabe besteht, in der Gefahr,

das Ich aus dem Blick zu verlieren«; sie eröffne »damit die Chance einer Jouissance als einer Form der Askese.«

Genussaskese

Genussaskese – das ist ein Oxymoron wie »Leather queen« und »Safer sex« und »Sexual-Wissenschaft« und deshalb geeignet, die Widersprüche unseres Trieb- und Geschlechtslebens zu bezeichnen: bittersüß. Aber. Zu ungefestigt, zu erstarrt war das Ich-Bewusstsein, die Erfahrung des Triebhaften ganz in sich aufzunehmen. Die Riegel, die Freud dem einbrechenden Trieb vorschob, sind keine Hirngespinste, sondern real. Angst erzeugt der Einbruch des Triebhaften, weil er alles erschüttert, was Kontinuität gibt: das austarierte Verhältnis von Innen zu Außen, die Kontrolle über die Äußerungen des Körpers, die Kohärenz der Wahrnehmungen, die Permanenz des Geformten, die Vergegenständlichung. Je schneller der Orgasmus, diese Realparodie auf die phantasierte Trieb-Eruption, zustande kommt und je stärker die mit ihm einhergehende Bewusstseinstrübung ist, desto größer die Angst, desto bestimmter der Ruf der Zensoren. Sexualwissenschaft, die den Orgasmus als Kriterium der Befriedigung nimmt, möchte, dass der Trieb in Acht und Bann bleibe. Triebmetaphysiken, die ihn erhöhen, wollen ihm den Stachel des *Subiectum* ziehen, des zuunterst Fließenden. Die, die ihm liberal zu »seinem Recht« verhelfen wollen, sind natürlich trivial wie die Heftromane: geoymelt wurde immer. Die, die ihn naturalistisch oder vitalistisch zum Lebendigen schlechthin erklären, suchen einen Trost, den es nicht gibt: das Dinghafte sei passé.

Trost in der sexuellen Substanz als der des Lebendigen katexochen suchte Wilhelm Reich als der endgültige Sexuologe, total vom Anfang bis zum Ende. Seinem Lehrer Freud, einem der ersten kritischen Sexualforscher, war das Sexuelle widersprüchlich in sich, nicht zur guten Substanz an sich geeignet. Er rang darum, ob Thanatos Eros zur Seite gestellt werden muss, anthropologisch-begrifflich, aber auch ganz konkret. Konkret sah er die Vorstellung, dass das Sexuelle mit dem Aggressiven legiert sei, ins Reich des Pathologischen verbannt. Auch die Sexualwissenschaft spricht davon bis heute, inkonsequent und verharmlosend genug, ernsthaft nur in forensischer Hinsicht. Momentan kann sie dadurch kalmierend vermeiden, in die unerquicklichen Geschlechterkampfdebatten hineingezogen zu werden.

So weist Bersani Andrea Dworkin und Catherine A. MacKinnon nach, dass sie die Sexualität *schlechthin* kriminalisieren. Dworkins Kritik der

Pornografie, ein Seufzen ganz zuunterst, nennt er eine »poetische Verherrlichung der militant pastoralen Jungfräulichkeit einer Jeanne d'Arc«. Das trifft teilweise, aber eben nur teilweise, und ist auch nicht radikal genug. Verherrlichung? Ja, denn Dworkins Position ist selber patriarchal! Pastorale? Ja, denn es geht um Krummstäbe, Hirtenstücke, idyllische Darstellungen, ruchlose Seelsorge und Würde! Poetisch? Militant? Meinetwegen! Bersani sieht aber nicht, dass Feministinnen wie Dworkin und MacKinnon eigentlich gar keinen Sexualkampf führen, sondern einen *Geschlechter*kampf mit dem Ziel, das männliche Geschlecht auszuschalten. In der Debatte, auf die Bersani mit seinem Essay reflektiert, hat Dworkin Männer als »Schmutz« und »Parasiten« bezeichnet und das Tun der Pornografen mit dem Massenmord der Nazis verglichen. Poetisch? Militant? Nein, doch nicht: meinetwegen!

Warum ignoriert Bersani diese Ruchlosigkeiten? Sind sie ihm zu unpoetisch? Ich kann solche Äußerungen weder als zugespitzte »Kritik« nehmen noch als »Entgleisungen«. Für mich sind sie menschenverachtend und ein Ausdruck jener Tendenz der Verstofflichung, die seit Auschwitz und Hiroshima für jede und jeden erkennbar Verdinglichung zur Nebensache macht. Ob nun ein deutsches Nachrichtenmagazin Menschen, die mit dem HIV infiziert sind, »Tote auf Urlaub« nennt oder eine Feministin wie Andrea Dworkin dem Androzid das Wort redet – auf solche Äußerungen kann nicht mehr mit schönen Worten dialektisch geantwortet werden. Wer so denkt und schreibt, erklärt Menschen einer Gruppe, die ein Merkmal gemeinsam haben, anhand dieses einen Merkmals zu »bloßen Menschenhülsen«, zu »gefährlichen Subjekten«, zu »Minderwertigen« und »Ballastexistenzen«, gibt sie letztlich dem allgemeinen Willen zur Vernichtung preis. Das ist rassistisch, sexistisch, terminal.

Salz der Sexualwissenschaft

Wenn Individuum und Gesellschaft nicht nur im Kopf der Theoretiker zusammengebrannt sind, sondern tatsächlich, gehören Lust und Macht, Aggression und Appetenz, Sexualität und Herrschaft zusammen. Die Angst vor dem destruktiv Triebhaften ist so groß, weil die Vernichtung real auf dem Plan steht; weil das destruktive Bedürfnis nicht nur subjektiv vorzustellen ist, sondern heteronom produziert durch Tausch und Verstofflichung, die destruieren; weil das Ich zu schwach ist, seine Form zu riskieren; weil das Ich zu sehr präpariert ist, reflexartig auf die Ordnung des Allgemeinen zu reagieren und die ist Herrschaft des Menschen über den Menschen. Wer

27

wagt es da schon, offen aggressiv zu sein, noch dazu in jener Sphäre, die der Ideologie nach dem funkenlosen Aneinander kuscheln exklusiv reserviert ist. Erst wenn die Reservate ohne Angst vor der allgemein drohenden Vernichtung geöffnet werden könnten, erst wenn gesellschaftlich ohne Angst gelebt werden könnte, erführen wir vielleicht, wie lustvoll eine Lust ist, die ihr Herkommen aus einer Aggression nicht mehr verschweigen muss.

Mit Abscheu blicken heute beide, rationalistische Sexualwissenschaft wie ihr Widerpart, auf jene alte Sexuologie, die, bekanntlich beginnend vor allem mit dem Freiherrn von Krafft-Ebing (1886), das begriffslos sexuell Einzelne präsentierte, allerdings, um ihm sogleich in einem Herbarium den Saft auszupressen. Man spricht von »Gruselkabinetten« und ruft nach Häufigkeitsverteilungen. Dabei könnten »Gruselkabinette«, gäbe es sie jenseits von Pornografie und Versandhauskatalogen, also als nicht von vornherein um das Individuelle vollends beraubte, der Sexualwissenschaft demonstrieren, in welchem Ausmaß sie das Sexuelle ihrer Apparatur geopfert hat und damit auch das Leiden der Individuen und die Sehnsucht der Subjekte.

Eine Sexualwissenschaft, die Leiden und Sehnsucht sprechen lassen will, darf das Interesse am Besonderen nicht hinter dem am Allgemeinen zurückstehen lassen. Heute wissen nur noch wenige Psychoanalytiker und Sexualwissenschaftler, die sich dieses Interesse bewahrt haben, wie disparat und kreativ das Sexuelle ist und wie anarchisch. Begriffe wie »Perversion« sind nichts als Käseglocken, die nicht verhindern können, dass das Triebhafte duftend und stinkend entweicht. Daher der hohe Rang der statistischen Tabelle; sie ist sinnlos. Weil sie sinnenlos ist, hat die statistische Tabelle einen so hohen Rang. In ihr herrscht noch mehr Adaequatio, als sie ein Begriff wie der der Perversion trotz aller Instrumentalisierung je wird suggerieren können. Richtigen Sexologen, denen ohne »u«, gilt er deshalb schon lange als obsolet. Erinnert er doch allein etymologisch daran: dass etwas quer geht, auf den Kopf gestellt ist und, dem Sprachgeruch nach: dass etwas faul ist im Staate Sexyland. Dieses Quere, Konträre, Abirrende, Überfließende, Faule aber, das nicht nur der Perversion eignet, sondern trotz des Fetischcharakters der Sexualität allen Manifestationen des Sexuellen abgerungen werden kann, ist das Salz der Sexualwissenschaft, das immer wieder die Signifikanzen zerfrisst.

Dem, was verdrängt werden muss, widersprechen die Metaphysiken, die Trieb und Tod zusammendenken. Nur das Ich, das bewusst bis an die Grenze seiner Auflösung geht, könnte erahnen, dass das Triebhafte fremd und eigen, nahe und fern, zusammenfügend und auflösend zugleich ist.

Dieser Zustand konfrontierte das Subjekt mit seiner Gesellschaftlichkeit und dem, was darüber hinaus- oder darunter hinwegweist. Das gesellschaftliche Management des Triebes wie des Todes stünde als vergebliches Bemühen da, die letzten noch verbliebenen Poren des Immanenzzusammenhanges mit Immanenz zu verschließen: Aus der Ewigkeit, die die Lust nach Nietzsches Einsicht will, zöge das Ich jene transzendente Dauer, die das Leben versagt; aus dem Blick auf den Tod jene metaphysische Unmittelbarkeit, die dem Absoluten zubestimmt ist. Verständlich die Angst vor einem solchen Zustand und das Unvermögen der Vergesellschafteten, sich Trieb und Tod einzuverleiben und einzuverseelen. Denn was an ihnen soll ewig sein, was an ihnen soll nicht sterblich sein, was an ihnen könnte sagen: dass sie jetzt und hier unmittelbar seien, dass ihr Ich verflüssigt sei und sie doch noch lebten?

Kritisch ist solche Metaphysik, weil sie an das Gegenbild der alles planierenden Verdinglichung, an subjektive Unmittelbarkeit erinnert und daran, dass kein Leben ist und keine Lust, ohne dass ein ihnen Transzendentes versprochen würde. Wirklich Lebendiges, wirkliche Lust wäre jenseits der gesellschaftlichen Identität, in der der individuelle Tod an den kontinuierlichen der Versachlichung anschließt und die individuelle Lust an die, die die Subjekte als schon lange den fetischisierten Dingen zubestimmte verhöhnt. Entäußerte sich die Lust wirklich an die Dinge, nicht ästhetisch abstrahiert, nicht kategorial, fingen sie an zu atmen, lebten sie; entäußerten sich die Dinge wirklich an die Lust, finge sie an zu verbluten, stürbe sie.

Von der Kostbarkeit Liebe

Wir wollen alle lieben und geliebt werden – auf dass unsere kleine Welt voller erregter Harmonie sei und die große in Ordnung. Wir sehnen uns nach kindlichen Paradiesen, die unsere Begriffe nicht zu erreichen vermögen. Offenbar ist nichts wonniger, als der Mutter nah zu sein. Doch alles ist riskant. Zu große Nähe erstickt, und die Ferne macht Angst. Unsere Fähigkeit zu lieben, ist eine Anpassungsleistung; sie geht auf Prozesse des Verbindens und Gewährens, des Trennens und Versagens zurück. Liebe und Sinnlichkeit gründen auf Einsamkeit und Gewalt ebenso wie auf kolossaler Wuncherfüllung und dem Eintauchen ins psychosomatische All. Sie sind real und irreal, pragmatisch und irrational. Das, was wir Liebe nennen, enthält einander entgegengesetzte Strebungen. Repräsentiert die eine den Himmel, steht die andere für die Hölle des ersten Verhältnisses zu einem Menschen. Folglich singen wir lebenslänglich ein hohes und ein niederes Lied.

Das hohe Lied der Liebe klingt bekanntlich so: Mein Geliebter ist leuchtend rot, auserkoren unter Tausenden. Sein Haupt ist das feinste Gold, seine Locken sind rabenschwarze Dattelrispen, seine Augen sind wie die Augen der Tauben an den Wasserbächen, mit Milch gewaschen und in Fülle stehend, seine Lippen sind Blumen, die von fließender Myrrhe triefen, sein Leib ist reines Elfenbein, mit Saphiren geschmückt, seine Schenkel sind Alabastersäulen, gegründet auf goldenen Sockeln, sein Gaumen ist lauter Süße. Alles an ihm ist Lust. Er ist ganz lieblich. Wenn er mich doch küsste mit den Küssen seines Mundes!

Auch an der Geliebten ist kein Flecken. Ihre Brüste sind wie zwei junge Rehe, die unter Rosen weiden. Doch als er sie küssen will mit den Küssen seiner Rosen, sind sie alle im Garten der Lust versiegelt: Milch und Honig, Granatapfel und Aloe, Narde, Safran, Zimt und Kalmus, all die edlen Früchte des Weihrauchs, die ihm das Herz genommen haben. Die Geliebte ist eine verschlossene Quelle, ein versiegelter Born lebendiger Wasser. Steht auf ihr Winde, muss er rufen, weht durch den Garten, dass seine Würzen triefen! So begann das niedere Lied der Liebe bereits vor Jahrtausenden, seine Verse zu suchen.

Heute können wir sie alle im Schlaf hersingen, weil die Liebenden im salomonischen Lied der Lieder keine Pioniere mehr sind. Seit es unser

Individuum gibt, jedenfalls auf dem Papier, sollen wir alle wie Daphnis sein oder wie Cloë. Auf den Schlachtbänken, die zwischen uns und den antiken Bürgern liegen, wurde ein neuer sittlicher Maßstab errichtet: Liebe als freie Übereinkunft autonomer Subjekte, als ein Menschenrecht beider, des Mannes *und* der Frau, ebenso erregend wie gewissenhaft. Diese Idee von der freien, gleichen, individuellen Geschlechtsliebe, die die Bourgeoisie zur allgemeinen erhoben hat, setzt den Menschen als Menschen und sein Verhältnis zur Welt als ein menschliches voraus.

Dazu aber ist es bisher im Leben nicht gekommen. Jenseits der Romane und Traktate geht es der Liebe weiterhin an den Kragen. Von klein auf geängstigt, entwertet und maskiert, tagein, tagaus, wenn es hoch kommt, ein Rädchen in der Maschinerie des Bestehenden, eingestanzt ins Verhältnis von Herr und Knecht, sollen wir im Liebesleben das Gegenteil all dessen sein – plötzlich wir selber, lebendig und unverstellt, die Seele ganz gelöst. Und wie ist das möglich: gleichzeitig erregend und gewissenhaft? Jeder ahnt es: Im schlechten Allgemeinen kann das Verhältnis von Mensch zu Mensch nicht einfach gut sein. Paarbildung, in welcher Form auch immer, garantiert keinen sicheren Unterschlupf. Umso verbissener wird es versucht.

Wie vergeblich unser Bemühen ist, verdeckt die gesellschaftliche Mystifikation der Liebe. Als fetischisierte schöpft die Liebe ihren Wert aus ihrem Wesen selber, setzt sich in ihr eigenes Recht. Jetzt sind Naturgesetze am Ruder. Das volle, persönliche, intime Leben ist errichtet, die Verdinglichung überwunden. Das Verhältnis zum Menschen scheint als eines der Unmittelbarkeit dem Diktat des Tauschs entzogen zu sein. Aber dieser Schein ist es gerade, der der Liebe den allgemeinen Stempel aufdrückt, sie zu einer gesellschaftlichen Form macht. Denn es gilt weiterhin: keine Zärtlichkeit ohne Hintergedanken, keine Freundschaft ohne Verbrauchen, kein sich Schönmachen ohne Reklame, keine Hingabe ohne Besitzenwollen, kein Glücklichsein, ohne es hinauszuschreien. Umzingelt von den eingepflanzten Etappen und Handgriffen, läuft das alles nach Schema F ab, ganz individuell. Pseudoaktiv suchen sich die geronnenen Liebesformen durch eine gewisse Buntscheckigkeit und allerlei Schauspiel zu verlebendigen. Doch die Mysterien von Spontaneität und Rausch sind von außen eingespritzt, und den Kern der Liebe durchherrscht die Ambiguität des Fetischs: bewegte Starre, Genussfeindschaft im Genuss, beziehungsvolle Beziehungslosigkeit, Treulosigkeit in der Treue, Menschenverachtung in Liebe. Umso romantischer geht es zu.

Ein Trost kann es nicht sein, aber es ist wahr: Auch als Fetisch ist unsere Liebe lebenserhaltend und eine kostbare Einzigartigkeit, weil sie weder

produziert noch gekauft werden kann. Sie ist ein Erfordernis in der gesellschaftlichen Kälte, Distanz und Abstraktion. Wo denn sonst könnten wir uns
verstanden, geborgen und nahe fühlen, wenn nicht in unseren Liebesbeziehungen? Ist der Liebe wie dem Sexuellen seelisch und sozial die Funktion
zugewiesen, gesellschaftliche Leere zu überbrücken, Lücken aufzufüllen,
Sinn vorzutäuschen, Lebendigkeit einzublasen, die Menschen überhaupt
noch etwas Menschliches spüren zu lassen, so tun beide eben dies alles.

Deshalb wird an der Idee festgehalten wie am Fetisch. Deshalb versuchen
die Liebenden immer wieder mit den Mitteln des Rauschs, der Sucht und
des Wahnsinns das Erstarrte zum Tanzen zu bringen. Das aber ist ein Wagnis, weil wir auf Abwehr, das Niederhalten der Affekte und das Einpassen
in die erstarrte Realität ebenso angewiesen sind. Da es so widersprüchlich,
ambivalent und egoistisch zugeht, werden wir nicht nur auf die Kurzlebig-
keit und das Versagen der mystifizierten Liebe gefasst sein müssen, sondern
auch auf ihre Substitution. Abgeklärt ist man schon lange in intellektuellen
Unterschichten und solchen, die am Rande liegen. Dort werden die Liebes-
existenzialien nicht als äquivalenzlose Eingebungen des Heiligen Anton genommen, vielmehr als von dieser Welt. Dort ist man auf einiges gefasst und
hat manches erprobt: Gemeinschaftspraxis, Bisexualität, lockere Onanie,
Beißen und phantastisch Vergewaltigen, Jimmy, Cruising und Peeping, Allein-
sein und Von-Verliebtheit-zu-Verliebtheit-Taumeln.

Die scheinbaren Alternativen, die uns beschäftigten, waren Aufschrei
und Aufruhr, Abklatsch oder modisches Zeug, obszön, reaktionär oder
nur von Privilegierten scheibchenweise einzulösen. Das gilt für die »freie
Liebe« ebenso wie für die »Kommune«. Partnertausch und Gruppensexualität sind an kleinbürgerlicher Stupidität kaum zu überbieten; sie sind
weiß Gott zeitgemäße Sumpfblüten spezifisch zerstörter Sinnlichkeit. Und
der kleine Angestellte, der das Grau-in-Grau seines Alltags etwas auffrischen möchte, indem er aufgeschnappte Sexualtechniken an seiner Frau
exekutiert, ahnt nicht: dass das nur ein Reflex auf die allgemeine Reifikation des Mitmenschlichen ist.

Denen, die auf der Höhe der neuen Moral handelten, und denen, die
einander emanzipiert »alles gestatteten«, sind geblieben: der rumorende
Stau der Gefühle, die falbe Kürze der Lust, die stille Sehnsucht nach dem
Glück und als roter Faden all dessen: die Beziehungskiste. Beziehung und
Kiste, das klingt nicht nach autochthonem Sprudeln ganz persönlicher
Regungen, nach metaphysischer Erleuchtung, das klingt nach vergegen-
ständlichten Verhältnissen, benutzt ein Ding dazu, um etwas Lebendiges

zu benennen. Die Lage ist also getroffen. Eine Kiste, die im Weg ist, kann man zerschlagen, wegwerfen, verbrennen. Beziehungen aber, wie liberalisiert, verdinglicht und mystifiziert auch immer, sind noch als Substitute phantastisch und leibhaft, sie liegen in Bauch und Herz und Kopf.

Deshalb wird der Kampf weitergehen. Wir werden unser Lied der Liebe singen, mal am Rand, mal in der Mitte, mal hoch, mal nieder, doch immer das allgemeine.

Thrill der Treue oder
Veränderungen der Jugendsexualität

Zur Zeit der sexuellen Revolution der sechziger Jahre wurde die Sexualität mit einer solchen Mächtigkeit ausgestattet, dass einige davon überzeugt waren, durch ihre Entfesselung die ganze Gesellschaft stürzen zu können. Andere verklärten die Sexualität zur menschlichen Glücksmöglichkeit schlechthin. Generell sollte sie so früh, so oft, so vielfältig und so intensiv wie nur irgend möglich praktiziert werden. Generativität, Monogamie, Treue, Virginität und Askese waren Inbegriff und Ausfluss der zu bekämpfenden Repression. Dass mit der »Befreiung« erhebliche Fremd- und Selbstzwänge, neue Probleme und alte Ängste einhergingen, wollten die Propagandisten nicht wahrhaben. Sie verlangten Geschlechtsverkehr in der Schule.

Heute ist davon keine Rede mehr. Das Sexualleben der jungen Generation, das die Sexualwissenschaft seit Jahrzehnten empirisch erforscht, oszilliert heute zwischen romantischer Treue in Beziehungen und schrillen Selbstinszenierungen auf Liebesparaden. Das, was die Generationen der sexuellen Revolution als Lust, Rausch und Ekstase erlebten oder ersehnten, problematisieren jüngere Patienten und Probanden unter dem Aspekt der Geschlechterdifferenz, der sexuellen Übergriffigkeit, der Missbrauchserfahrung, der Gewaltanwendung und der Infektionsgefahr infolge des Einbruchs der Krankheit AIDS. Diese Topoi herrschen in der wissenschaftlichen Diskussion seit den achtziger Jahren vor und bezeichnen in empirischen Studien die Themen, die Jugendliche und junge Erwachsene heute beschäftigen.

Empirische Studien

Geht es um Jugendsexualität, ist die deutsche Sexualwissenschaft empirisch in einer glücklichen Lage. Denn seit mehr als drei Jahrzehnten wird vorrangig die Sexualität junger Leute studiert. So wurden beispielsweise 11- bis 16-jährige Schüler, 16- und 17-jährige Jugendliche, 20- und 21-jährige Arbeiter, 19- bis 30-jährige Studenten sowie Homosexuelle und Paare mit sexuellen Problemen aus allen Altersgruppen interviewt. Da einige Studien in großen Abständen wiederholt worden sind (z. B. Sigusch und

Schmidt 1973, Schmidt 1993/2000), ist es möglich, gesicherte Aussagen zu den Veränderungen im Verlauf der letzten Jahrzehnte zu machen.

Ende der sechziger Jahre stellten wir fest, dass sich die damals 16- und 17-Jährigen sexuell so verhielten wie die 19- und 20-Jährigen zehn Jahre zuvor. Das, was »sexuelle Revolution« genannt wurde, bestand also hinsichtlich des Verhaltens darin, etwa drei Jahre früher mit Verabredungen, Küssen, Petting und Geschlechtsverkehr zu beginnen. Die tradierten Wertvorstellungen wurden jedoch nicht in Frage gestellt. Liebe, Treue, Ehe und Familie bestimmten weiterhin die moralischen Vorstellungen der jungen Leute. Sie interpretierten sie aber nicht so eng und vor allem nicht so männerzentriert wie die Generationen davor. Statt einer festen Beziehung vor der Ehe plädierten sie für mehrere Liebesbeziehungen mit gegenseitiger Treue, sodass wir damals den Standard »passagere Monogamie vor der Ehe« diagnostizierten. Wichtig ist, dass damals viele Jugendliche Sexualität als lustvoll und beglückend erlebten und nicht mehr so stark wie ihre Eltern unter Ängsten und Schuldgefühlen litten. Das war historisch etwas wirklich Neues, vor allem für Mädchen und junge Frauen. Neben der allgemeinen sexuellen Liberalisierung in der Gesellschaft hat sicher die Möglichkeit der hormonellen Kontrazeption zu dieser Entspannung beigetragen.

Enthemmt oder enthaltsam?

Wie sieht es nun heute aus? Einerseits sehr ähnlich, andererseits recht different. Ähnlich, weil Jugendliche heute mit Dating, Küssen, Petting und Geschlechtsverkehr nicht früher beginnen und auch keine umfangreicheren Erfahrungen machen als am Ende der sechziger Jahre. Insofern hat sich die sexuelle »Revolution« nicht fortgesetzt. Berichte in den Medien, nach denen die heutige Jugend entweder sexuell enthemmt sei oder sich von der Sexualität ganz verabschiedet habe, gehen gleichermaßen an der Wirklichkeit vorbei.

Nach wie vor haben mit 16 oder 17 Jahren etwa drei Fünftel der Jungen und Mädchen schon einmal genitales Petting und etwa zwei Fünftel schon einmal Geschlechtsverkehr erlebt. Auch die zentralen Wertvorstellungen haben sich nicht wesentlich verändert. Heute binden junge Männer die Sexualität sogar noch stärker an eine feste Liebesbeziehung mit Treue als vor einer Generation. Sie sind zwar noch nicht so romantisch wie junge Frauen, legen aber deutlich größeren Wert auf gegenseitiges Verstehen und Vertrauen. Häufiger als früher gestehen sie ihrer Freundin Gefühle, vor allem die der

Liebe. Große Angst haben Jugendliche vor dem Verlassenwerden, vielleicht weil sie als Nachkommen der sexuellen »Revolutionäre« erfahren mussten, dass Ehen weder heilig sind noch ewig.

Was aber hat sich geändert? Wie in der Gesellschaft insgesamt hat auch für junge Leute die symbolische Bedeutung der Sexualität abgenommen. Sie ist heute selbstverständlicher, ja banaler, wird nicht mehr so stark mystisch überhöht. Weil sie nicht mehr die große Überschreitung ist, kann sie auch unterbleiben. Junge Männer, die sexuell abstinent leben, können sich heute eher dazu bekennen, ohne von ihren Freunden automatisch verhöhnt zu werden. Junge Frauen geben heute seltener an, dass ihre sexuellen Erlebnisse lustvoll und befriedigend waren. Jungen erleben die Pubertät nicht mehr wie früher als den unbeherrschbaren Einbruch des Sexualtriebes. Auch später erleben sie ihre Sexualität nicht mehr als so dranghaft und unaufschiebbar. Dazu passt, dass sie heute weniger Sexualpartnerinnen haben als vor einer Generation. Von Promiskuität kann sowieso keine Rede sein. Nur Minderheiten haben im Jugendalter mehr als einen bis maximal drei Sexualpartner. Gleichzeitig sind Selbstbefriedigung und gleichgeschlechtliche Erlebnisse nicht mehr so bedeutungsvoll. Während der Rückgang der Onanie nur gering ist, sind homosexuelle Kontakte inzwischen eine Rarität. Früher machte beinahe jeder fünfte Junge derartige Erfahrungen, heute sind es nur noch zwei Prozent.

Verhältnis der Geschlechter

Für diese Veränderungen gibt es viele Gründe. Genannt habe ich bereits die kulturelle Entmystifizierung der Sexualität. Sie ging in den letzten Jahrzehnten mit dem Abbau von Sexualverboten und der Egalisierung der Geschlechter einher. Heute wachsen Mädchen und Jungen von der Kindheit an zusammen auf, wie sich an der allgemein durchgesetzten Koedukation ablesen lässt. Sexuelle Betätigung im Jugendalter, allein oder zu zweit, wird heute von vielen Eltern akzeptiert oder sogar befürwortet. Geschlechtsverkehr findet ganz überwiegend nicht mehr heimlich an konspirativen Orten statt, sondern zu Hause inmitten der Familie. Diese »Familiarisierung« der Jugendsexualität bringt natürlich neue Probleme im Sinne einer fürsorglichen Belagerung mit sich.

Der Wegfall der Verbote und die Annäherung der Geschlechter haben der homophilen Jugendphase, die einst von den Dichtern besungen worden ist, den Garaus gemacht. Seitdem die Homosexualität als eine eigene Sexualform öffentlich verhandelt wird, kommt die Befürchtung der Jungen hinzu, womöglich als »Schwuler« angesehen zu werden. Dass die Homosexualität auch noch mit der Krankheit AIDS auf besonders enge Weise verbunden ist, schreckt gewiss zusätzlich ab. Insgesamt ist die Bedeutung von AIDS für die sexuelle Entwicklung junger Leute nicht ganz leicht einzuschätzen. Nach dem, was sie bewusst im Kopf haben, scheint der Einfluss relativ gering zu sein. So kennen die meisten Jugendlichen die Übertragungswege des Erregers, und die allermeisten verhalten sich so, dass es gar nicht zu einer Infektion kommen könnte. Wie es jedoch im Unbewussten aussieht, welche irrationalen Ängste dort vorhanden sind, wissen wir viel zu wenig.

Doch zurück zum Verhältnis der Geschlechter, das heute im Zentrum des Geschehens steht. Ging es früher um den Trieb des Mannes und den Orgasmus der Frau, geht es heute darum, wie junge Frauen und Männer am besten miteinander zurechtkommen. Wichtiger als der sexuelle Akt ist eine feste Beziehung, in der sich die Partner angenommen und aufgehoben fühlen. Pointiert gesagt, ist das der historische Weg von der Wollust zur Wohllust. Beschritten werden konnte er nur, weil Tabus und Geschlechterdifferenzen abgebaut worden sind und sich Jungen allmählich trauen, Gefühle zu zeigen und darüber mit ihrer Freundin zu sprechen, obgleich sie immer noch eher als Mädchen dazu erzogen werden, stark und hart zu sein. Das Heft aber haben die jungen Männer heute nicht mehr unwidersprochen in der Hand. Hier schlägt sich sehr konkret der jahrzehntelange Kampf vieler Frauen um Selbstbestimmung nieder. Dafür ein Beispiel: Sehr viel häufiger als früher bestimmen heute junge Frauen, was in einer Beziehung geschieht und wie weit sexuell gegangen wird. Die sexuelle Initiative geht heute deutlich seltener vom Jungen und deutlich häufiger vom Mädchen aus. Das gilt auch für den ersten Geschlechtsverkehr. Ende der 60er Jahre willigten beinahe 90 Prozent der Mädchen »dem Jungen zuliebe« ein. Heute sind es nicht einmal 30 Prozent.

Ängste und Sorgen

Recht vernünftig ist auch das Verhütungsverhalten der jungen Leute. Beim ersten Geschlechtsverkehr wenden heute rund 80 Prozent ein sicheres Mittel an, etwa doppelt so viele wie vor einer Generation. Später kümmern sich beinahe alle um die Verhütung. Als Mittel nennen gut 70 Prozent der Mädchen und gut 50 Prozent der Jungen die »Pille«, fast 40 Prozent der Mädchen und fast 60 Prozent der Jungen das Kondom. Zur Akzeptanz des Kondoms bei Jugendlichen haben sicher die AIDS-Präventionskampagnen

beigetragen, die dessen Anwendung als erwachsen und verantwortungs-
bewusst darstellen. Auch die Kontrazeption ist heute eine Angelegenheit
beider Geschlechter. Neben die Empfängnisverhütung der Frauen ist die
Zeugungsverhütung der Männer getreten.

Obgleich das Verhütungsverhalten heute rational und wirksam ist,
gehört die Angst vor einer ungewollten Schwangerschaft nach wie vor zu
den großen Belastungen der Jugendzeit. Über 70 Prozent der jungen Frau-
en haben schon einmal Angst gehabt, schwanger zu sein. Demgegenüber
hat weniger als ein Zehntel der Jugendlichen schon einmal befürchtet, sich
auf sexuellem Weg mit dem AIDS-Erreger infiziert zu haben.

Neben der Angst vor dem Ende einer Beziehung und vor einer ungewollten Schwangerschaft belasten sexuelle Übergriffe das Liebesleben der
Heranwachsenden und damit das Verhältnis der Geschlechter zueinander.
Zwei Drittel der Mädchen im Alter von 16 oder 17 Jahren geben an,
mindestens einmal sexuell attackiert worden zu sein. Bei den Jungen ist es
jeder vierte. Knapp ein Zehntel der Mädchen wurde Opfer eines schweren Übergriffs wie eines erzwungenen Geschlechtsverkehrs. Mädchen
werden ausschließlich von Männern attackiert, Jungen ganz überwiegend.
Im Gegensatz zu früher sind junge Leute heute für das Problem des sexuellen Missbrauchs durch die öffentlichen Diskurse stark sensibilisiert. Jedenfalls ist das im Westen Deutschlands so, auf den ich mich hier konzentriert
habe. Im Osten ist vieles – noch? – anders. Beispielsweise kommt es deutlich seltener zu sexuellen Übergriffen, sind Mädchen aus dem Osten häufiger koituserfahren als Mädchen aus dem Westen, leben Jungen aus dem
Westen häufiger enthaltsam als Jungen aus dem Osten.

Paraden der Selbstliebe

Doch wie geht es nach der Jugendphase weiter? Statistisch gesehen, werden
die jungen Frauen bei der Heirat 27 oder 28, die Männer fast 30 Jahre alt
sein. Beinahe jede dritte Ehe wird geschieden werden. Immer mehr Männer
und Frauen werden unverheiratet zusammenleben oder allein bleiben. Im
Durchschnitt wird eine Frau ein bis zwei Kinder bekommen, statistisch:
eineinhalb. Jede dritte Frau wird kinderlos bleiben. Nach dem Übergang vom
»ganzen Haus« vergangener Jahrhunderte zur Kleinfamilie bewegen wir uns
der Tendenz nach auf eine Kleinstfamilie zu, die nur noch aus einer oder zwei
Personen besteht. In den Großstädten sind die Familien schon drastisch
geschrumpft, hat die Herkunftsfamilie erheblich an symbolischer und realer

38

Bedeutung verloren. Umso wichtiger ist es für die Heranwachsenden, sich durch einen bestimmten Lifestyle subkulturell zu vernetzen.

Die oft undramatische Beziehungsliebe wird immer deutlicher von dramatischen Events der Selbstinszenierung und Selbstliebe flankiert. Die Beziehungsdisziplin wird durch allerlei Aufputschungen und Drapierungen erträglich gemacht. All das kann am besten an den Love Parades und Raver parties der heutigen Jugend abgelesen werden, die ebenso sexuell und erotisch wie nonsexuell und narzisstisch sind. Alle, die teilnehmen, sind individuell und different, gleichzeitig aber in Gemeinschaft. Alle fallen aus dem Rahmen und sind gerade dadurch eingebunden und formiert. Aufgebrezelt wird die Verschmocktheit des Alltagslebens bis zum Zusammenbruch gesampled abgefeiert – um es in der Sprache der Jugend zu sagen. Das ist ebenso schrill und bunt wie realistisch.

Denn in der Gesellschaft haben die jungen Leute nichts mehr zu lachen. Dort ist nur noch die Rede von Arbeitslosigkeit, Fremdenfeindlichkeit, Drogen und Gewalt, wenn es um die Generation geht, die unsere Zukunft ist. Im Nachkriegsdeutschland ist noch keiner nachgewachsenen Generation so schonungslos bedeutet worden, dass sie zu großen Teilen weder kulturell noch gesellschaftlich benötigt wird. Das Merkwürdigste aber ist: Unsere Gesellschaft frönt dem Fetisch Jugendlichkeit, doch die Jugend selbst wird missachtet, ist eine beinahe vergessene Generation. Sie steht nicht im Zentrum des gesellschaftlichen Geschehens, sondern an dessen Rand. Der Jugendfetisch verlangt von allen, immer neugierig, frisch, glatt, dynamisch, gesund und zukunftsorientiert zu sein. Der jungen Generation aber, die die Zukunft eigentlich gestalten sollte, wird von Erwachsenen bedeutet, sie sei ein Problem, eine Last, bereite mehr Sorgen als Hoffnung. Wirklich ernst genommen und umworben werden Jugendliche nur als Konsumenten.

Ein nennenswerter Teil der Eltern- und Großelterngeneration lebt spätestens seit der sexuellen Revolution der 60er Jahre in dem Wahn, Jugendlichkeit und Durchblick gepachtet zu haben. Vor allem Männer dieser Generationen, die es zu etwas gebracht haben, können nicht alt werden. Mit 60 Jahren benehmen sich viele noch so, als seien sie gerade 30 geworden. Es müsste Erwachsenen doch sehr zu denken geben, dass sie trotz des herrschenden Jugendfetischs nicht mit der Jugend tauschen würden. Nicht einmal die, die schon mit ihrem verwelkten Leib konfrontiert sind, möchten heute noch einmal von vorne anfangen. Arme Jugend. Ist sie nicht angesichts dieser Lage erstaunlich sanft und diszipliniert? Müsste sie in dieser Lage nicht noch sehr viel härter und schriller sein?

Die »Pille« – Jahrzehnte danach

Noch immer spottet die Frage nach den Auswirkungen der Pille der glatten Antwort, und umgekehrt.

Die einen meinen auch heute, sie habe das tierische Diktat »Seid fruchtbar und mehret euch!«, das sich auf Mutter Natur ebenso beruft wie auf Gottvater, wenn schon nicht beseitigt, so doch abgemildert. Zum ersten Mal in der Geschichte der Menschheit habe sie Frauen ermöglicht, mit einer bis dahin unerreichten Sicherheit selbst zu entscheiden, ob sie Kinder bekommen möchten und, wenn ja, wie viele. Das habe die Emanzipation der Frauen eingeleitet, das Verhältnis von Mann und Frau revolutioniert und die sexuellen Lüste entfesselt. Die Pille sei folglich dem Reich der Freiheit zuzurechnen.

Die anderen meinen nach wie vor, gerade durch technologische Mittel wie die Pille hätten an die Stelle der alten christlich-naturalistischen Diktate neue, raffiniertere treten können: die des modernen Prothesengottes, dem nichts heilig sei, und die des nicht minder modernen Königs Sex, der nur sich selbst vergöttere. Dadurch verlören die Menschen jeden Halt, auch den, den eine überkommene Moral biete. Indem die Intentionen der Schöpfung und die Gesetze der Natur außer Kraft gesetzt würden, lieferten sich die Menschen dem gesellschaftlichen Prozess aus, der bei uns auf einen kollektiven Individualismus hinausgelaufen sei, dessen Stichworte bekanntlich Gleichschaltung und Egoismus lauteten. Die Pille sei folglich dem Reich der Unfreiheit zuzurechnen.

Warum nicht Zeugungsverhütung?

Die konträre Bewertung der Pille erinnert daran, dass ein technologisches Mittel nicht darüber entscheidet, ob sich Menschen von Zwängen befreien. Als solches ist es blind. Die Pille fiel nicht aus heiterem Himmel. Sie ist eine Frucht der blindwütigen Entfesselung der wissenschaftlich-technischen Produktivkräfte, die Leben ermöglicht und erleichtert, verstofflicht und vernichtet hat. Auf den Markt kam sie nicht, weil Konzerne die Menschheit beschenken wollten, sondern weil sie sich des Profits sicher waren.

Dass die Parmakonzerne bis heute keine vom Mann anzuwendenden Zeugungsverhütungsmittel auf den Markt gebracht haben, hängt sicher nicht nur mit komplizierteren physiologischen Bedingungen beim Mann zusammen, sondern mit den Resultaten von Marktanalysen, nach denen viele Männer nicht bereit sind, auf einen Teil ihrer »Potenz« zu verzichten. Viel versprechende und sehr alte Bio-Mittel wie das chinesische Gossipol und neue wie eine Überwärmungsmethode wurden nicht ernsthaft erforscht. Statt dessen arbeiteten unsere Wissenschaftler an der Immunisierung von Frauen gegen Samen, und zwar ausschließlich gegen den »ihres« Mannes (vgl. Leiblein 1984a).

Hätte die Entfesselung der Produktivkräfte nicht in einer Kultur des Patriarchalismus stattgefunden, wäre mit an Sicherheit grenzender Wahrscheinlichkeit die hormonale Fortpflanzungsregelung entweder dem Mann oder beiden Geschlechtern aufgebürdet worden. So aber wurde die Pille ganz naturwüchsig »für« die Frau entdeckt. Ebenso naturwüchsig werden bis heute riskante Arzneistoffe an den Armen der Welt ausprobiert. Wir Satten gehen darüber hinweg, getrost und ungetrost. Im Augenblick hoffen wir, dass uns recht bald ein Impfstoff gegen AIDS beschert werden wird. Namenlose werden dafür ihr Leben gegeben haben, und einer von uns wird dafür den Nobelpreis bekommen.

Die erste so genannte Antibabypille, die 1960 unter dem Handelsnamen »Enovid« in den USA auf den Markt kam, ist zuvor an etwa eintausend puertoricanischen Frauen getestet worden. Sie waren arm und uninformiert genug, um US-amerikanischen Wissenschaftlern und Wissenschaftlerinnen als duldsame »Versuchskaninchen« dienen zu können. Gabriele Kunz (1989) hat gezeigt, wie die krankmachende Potenz der Hormonpräparate bagatellisiert und die äußerst mangelhafte Methodik der Menschenexperimente verschleiert worden ist.

Da es keine »objektive« Wissenschaft gibt, ist es selbst in den reichen Ländern unmöglich zu erfahren, wie riskant die Pillen der jeweils letzten Generation wirklich sind. Die einen Experten untertreiben das Risiko, die anderen übertreiben es. Weil die einen geschäftliche Interessen haben und die anderen politische, bleibt uns nur, beiden zu misstrauen.

Widersprüchliche Wirkungen

Als technisches Mittel macht die Pille so frei, wie es eine Kultur gestattet. Folglich waren ihre bisherigen Auswirkungen im Iran anders als in

Dänemark und in der DDR anders als in der alten Bundesrepublik. Immer aber tobten sich an ihr die jeweils herrschenden Weltanschauungen aus und versuchten, sie in Dienst zu nehmen. Sind Zwänge und Gewalt, Ungleichheit und Unfreiheit für eine Gesellschaft konstitutiv, werden auch die Auswirkungen der Pille davon gezeichnet sein. Ist das Sexuelle generell mit Angst, Ekel, Scham und Schuld legiert, wird es auch der Gebrauch der Pille sein. Und selbst wenn dieses Mittel bewusst zur Empfängnisverhütung benutzt wird, schließt das noch lange nicht einen unbewussten Wunsch nach einem Kind aus. Anders wären bestimmte »Pannen« bei der »an sich« sehr sicheren Kontrazeption mit oralen Ovulationshemmern kaum zu verstehen.

Die scheinbar eindeutige Frage nach den Auswirkungen der Pille hat es also sehr schnell mit zwei- oder vieldeutigen individuellen und sozialen, mit widersprüchlichen kulturellen und gesellschaftlichen Bedingungen der Auswirkungen zu tun. Die Frauen, die die Pille einnehmen, haben ambivalente Wünsche und differente Beweggründe und sind unterschiedlichen körperlichen und psychosozialen Belastungen ausgesetzt.

In armen Ländern wird die Pille nach wie vor aus bevölkerungs- und wirtschaftspolitischem Kalkül eingesetzt. Von internationalen Organisationen wird sie nach wie vor als Mittel gegen die »Bevölkerungsexplosion« propagiert. Bei uns wurde sie zu einem gewaltigen Geschäft, weil die katholische Kirche nicht mehr den Ton angab und die politischen Machtkonstellationen es zuließen, weil unter den Bedingungen des kalten Krieges und der so genannten Pax atomica keine Menschen für den nächsten heißen Krieg produziert werden »mussten« und vor allem, weil kulturelle Prozesse seit langem auf eine Trennung der Sphäre der Fortpflanzung von der der Sexualität hinausliefen.

Es ist also unmöglich, eine Errungenschaft wie die Pille allein dafür verantwortlich zu machen, dass bestimmte kulturelle Veränderungen eingetreten sind. Dazu sind Gesellschaften zu komplex und kulturelle Prozesse zu vielfältig bestimmt. Einmal in die Welt gesetzt, ist sie aber aus dem Geschlechts- und Sexualleben ebenso wenig wegzudenken wie früher die Syphilis und der Coitus interruptus oder heute AIDS und das Kondom.

Ob die »sexuelle Revolution« der 60er und 70er Jahre ohne sie anders verlaufen wäre, können wir nicht wissen. Unübersehbar aber ist, dass die Pille in diesem Prozess einerseits ermöglichte, ungewollte Schwangerschaften zu verhindern und entsprechende Ängste zu dämpfen, andererseits jedoch bereits junge Frauen einem neuen Zwang zur Ungezwungenheit aussetzte, da damals, jedenfalls im reichen Westen, die Parole »Genuss ohne Reue« den letzten Winkel der Kultur durchdröhnte.

Gute und schlechte Erinnerungen

Damals, Anfang der 70er Jahre, ich war gerade nach Frankfurt am Main berufen worden und hatte meine ersten Antrittsbesuche der Psychoanalyse und der Pro Familia, das heißt dem unvergessenen Alexander Mitscherlich und der unvergessenen Anna-Luise Prager abgestattet, damals waren wir keineswegs nur mit theoretischen Fragen wie der Konzeption einer kritischen Sexualmedizin befasst, wozu ich mich übrigens auch in den »Pro Familia Informationen« geäußert habe (Sigusch 1972).

Ganz überwiegend behandelten wir handfeste Probleme der Praxis (vgl. z. B. Meyenburg und Sigusch 1974). So wiesen wir empirisch nach, dass die allermeisten Ärzte weder fachlich noch mental dazu in der Lage waren, so etwas wie Sexualberatung vorzunehmen (vgl. z. B. Pacharzina 1979), und entwickelten in mühsamer Seminararbeit eine entsprechende Fortbildung für Ärzte (vgl. z. B. Margarete Metzler-Raschig et al. 1976), die wir anschließend zehn Jahre lang selbst als »Frankfurter Fortbildungskurs für Sexualmedizin«, kurz FFKS, angeboten haben. So erforschten wir schon damals das Kondom (vgl. z. B. Meyenburg 1979) und den Stand der Zeugungsverhütung (vgl. Leiblein 1984b) und untersuchten die Auswirkungen der Neufassung des § 218 StGB an 941 Frauen, die bei der Pro Familia Frankfurt am Main Hilfe gesucht hatten (Ursula Grünwald 1979).

Hinter dem ebenso uralten wie hölzernen Text »Die Pille als Vehikel sexueller Eingemeindung« (Sigusch 1974c), der hier – in der Festschrift »25 Jahre Pro Familia Magazin« (Doppelheft 3 und 4, 1996) – noch einmal abgedruckt wird, standen ziemlich voluminöse Abhandlungen, die zwei Ziele hatten: einerseits der eindimensionalen Indienstnahme der Pille durch Linke wie Rechte widersprechen, andererseits das Verdikt der Bundesärztekammer gegen die orale Kontrazeption junger Frauen brechen.

Der Aufsatz »Junge Mädchen und die Pille«, der 1974 in der »Sexualmedizin« erschienen ist (vgl. auch Sigusch 1974b), hatte nämlich eine Vorgeschichte, die die Redaktion dieser Zeitschrift ein Jahrzehnt später offen gelegt hat (vgl. Sexualmedizin 14, 349–350, 1985). 1973 war ich vom »Deutschen Ärzteblatt«, das alle deutschen Ärzte ins Haus geschickt bekommen, um einen Beitrag aus meinem Fachgebiet gebeten worden. Ich entschied mich für das erwähnte Thema. Der zuständige Fachredakteur, ein Gynäkologieprofessor, war angetan, doch die politische Chefredaktion wies den Aufsatz zurück, weil ich die Leitsätze der Bundesärztekammer zur Verordnung oraler Ovulationshemmer an junge Frauen als »unärztlich« bezeichnet und die medizinischen Gründe gegen eine Verordnung anhand der internationalen Literatur zurückgewiesen hatte.

Der Aufsatz erschien dann unverändert in der »Sexualmedizin« – und die Bundesärztekammer hob ihr Verdikt exakt zehn Jahre später auf, wie im »Deutschen Ärzteblatt« vom 26. Oktober 1984 nachgelesen werden könnte.

Doch genug der erfreulichen und der unerfreulichen Erinnerungen. Es gibt zu viel zu erzählen. Der Platz ist verbraucht, und die kulturelle Lage des Sexuellen und des Geschlechtlichen hat sich in den letzten Jahrzehnten so dramatisch verändert, dass wir alles neu betrachten müssen.

Versucht haben wir das in dem Buch *Sexuelle Störungen und ihre Behandlung* (Sigusch 1996), das stark erweitert 2001 in dritter Auflage erschienen ist (Sigusch 2001a) und dessen demnächst erscheinende vierte Auflage ich allen Mitarbeiterinnen und Mitarbeitern der Pro Familia reinen Herzens empfehlen kann. Ärzten, die sich der Sexualmedizin praktisch nähern möchten, empfehle ich eine knappe Einführung (Sigusch 2005b), die gerade gedruckt wird.

Tote Menschen, lebendige Dinge oder Zivilisatorische Verstofflichung

Als ich las, Michael Jackson spiele und bade mit kleinen Jungen, habe ich mich theoretisch gefreut. Dachte ich doch vorher, der Megastar sei mittlerweile nichts als ein Kunstprodukt, weder Mann noch Frau, weder Trieb noch Liebe, kurzum ein bandagierter Leichnam, der schreit. Jetzt hören wir: Die Leiche lebt wirklich! Plötzlich ist er wieder einer von uns, ist er wieder ein kulturelles Gesamtsubjekt. Willkommen in der Gemeinschaft der Egoisten, Geschlechtsverwirrten, Verstümmler und Selbstverstümmler!

Die Frage, ob sexueller Missbrauch und Gewalt um sich greifen oder ob wir nur diesen Eindruck haben, weil wir für diese Probleme sensibilisiert worden sind in den letzten Jahren, kann vielleicht theoretisch beantwortet werden, nicht aber empirisch. Denn Vergleichsdaten fehlen aus strukturellen Gründen selbst dann, wenn vor Jahren bei empirischen Studien formal ganz ähnliche Fragen gestellt worden sind. Sie können nicht existieren, weil sich unser Bewusstsein verändert hat. Was früher als durchaus normal angesehen worden ist, würde heute mit Sicherheit von vielen als sexueller Missbrauch oder Übergriff verstanden werden.

Ist eine derartige Veränderung im Wahrnehmen, Darstellen und Reagieren eingetreten, nennen wir das einen Diskurs. Fraglos findet zur Zeit bei uns ein Missbrauchs- und Gewaltdiskurs statt. Nun denke ich, Diskursen muss immer das entgegengedacht und entgegengehalten werden, was sie niedermachen. Sie sind selber gewaltförmig. Mit Diskussion und Disput haben sie eigentlich gar nichts zu tun. Findet die Diskursivierung eines Themas oder eines Lebensbereiches wirklich statt, gibt es keine Gegenmeinung von Gewicht mehr. Auffassungen und Reaktionen sind dann wie voneinander abgezogen, Kopien von Kopien. Wissenschaftler benehmen sich wie Papageien auf der Stange. Und Politikern, die im rechten Moment auf den rasenden Zug gesprungen sind, laufen volksrünstige Schauer terminaler Demokratie über den Rücken.

Wenn ich morgens in der Zeitung statt ARD automatisch AIDS lese, was mir in den 80er Jahren passiert ist, dann darf vermutet werden, das Thema Aids wurde bereits diskursiviert. Wenn ich tags darauf »Viren machen Geschichte« in einem Nachrichtenmagazin lese, darf angenommen werden, dass der Diskurs auch das Denkvermögen hat gerinnen lassen. Wenn ein Medizinprofessor nach der Mitteilung, er bade mit seiner minderjährigen Tochter gelegentlich in einer Wanne, wie ein Unmensch behandelt wird, dann findet wahrscheinlich gerade ein Missbrauchsdiskurs statt. Wenn alle Parteien, von der FDP bis zur PDS, unisono so tun, als könnten Kinderpornografie und Sextourismus durch schärfere Gesetze wirksam bekämpft werden, ja als könnte dadurch das Los von Kindern im eigenen Land und in der Welt wesentlich erleichtert werden, dann hat der Diskurs ganz offensichtlich auch den Bundestag gleichgeschaltet.

Auf eine grundsätzlichere Weise ist bei uns der Pädophile gleichgeschaltet. Er macht deutlich, dass nichts und niemand der Benutzung entgeht. Ein Schonraum für Kinder wäre ja auch ebenso anachronistisch wie das Tabu, das immer noch auf deren Sexualität liegt. Das Skandalöse aber am Pädophilen, das die vom Diskurs erfassten Abgeordneten nicht erkennen konnten, ist: dass er Kindern jene Zuwendung und Liebe geben will, die generell versprochen, aber kaum vermocht wird. Pädophile pflegen nicht auf den Fetisch Auto »Ein Herz für Kinder« zu kleben, nachdem sie es ihnen auf ganz normale Weise herausgerissen haben. Ihren Fetisch, das Kind, nehmen sie so ernst, wie es kein Fernsehapparat fertig bringt.

Prinzipiell gleichgeschaltet ist auch der gemeine Gewalttäter. Das Skandalöse an ihm ist, dass er etwas wahr macht, was niemand wahr haben will. Er nimmt andere Menschen als so belanglos, willenlos, bereits abgestorben und zu Stoff geworden, wie es zwar im Gang unseres Zivilisationsprozesses liegt, im Alltagsbewusstsein aber maskiert bleibt. Indem der gemeine Gewalttäter die Devise wahr macht, nach der der Mensch nur dann zählt und nur so viel, sofern und inwieweit er benutzbar ist, scheint sein individuelles Tun mit dem Vernichtungs-Charakter unserer Kultur identisch zu sein. Umso heftiger unser Aufschrei.

Ich denke also, der gegenwärtige Missbrauchs- und Gewaltdiskurs verhüllt gerade dann mehr als er enthüllt, wenn er sich am sowieso hervorstehenden triebhaft Sexuellen festmacht. Und er bleibt an der Oberfläche kleben, wenn er die Mechanismen der Menschenflucht und Menschenvernichtung nur in der psychischen oder sozialen Sphäre sucht. Wie die sexuelle Gewalt mit der nichtsexuellen Gewalt zusammengedacht werden muss, so der reale Totschlag mit jenem Mechanismus, durch den wir alle Lebendiges dem Reich des Unbelebten zuordnen. Schauen wir doch einmal in diesem Sinn in unsere Alltagskultur hinein.

Da serviert uns vielleicht zunächst eine Brauerei »ein sympathisches Bier«. Da ruft uns vielleicht anschließend eine Bausparkasse zu: »Ja, ich will fair zu meinem Haus sein!« Und ein Ölkonzern inseriert: »Wichtige Informationen für Ihr Auto«. Einmal erkannt, entdecken wir die Verdrehung überall: Eine Professorin, die Ministerin werden soll, gilt der Öffentlichkeit als geeignet, weil sie sich »fernsehgerecht« bewege und »druckreif« spreche. In den Naturwissenschaften begehen jetzt Zellen »Selbstmord«, bislang ein kostbares Privileg der Gattung Mensch. Gene sind mittlerweile »intelligent«, Molekülketten »lesen einander richtig oder falsch«, Viren sind »heimtückisch«, enzymatische Reaktionen »vernünftig«. In der Zeitung sucht ein Mann, der sich »31, 180, 65« nennt, einen »blonden Pferdeschwanz«. Leichte Damen bieten AV, ZK, NS, LM, KR oder einfach O an. So heißen heutzutage die Tränen des fragmentierten Eros. In der Türkei hungern politische Gefangene unter der Losung »Es lebe der Tod!« Bei uns »sterben« immer mehr Bauernhäuser. Der Bomber, sagt der Kommentator, habe eine »klare Sprache« gesprochen. Die Zeitung sieht die Raketen »graziös« ihr Ziel erreichen, »als ob eine eigene Choreografie für sie geschaffen worden sei«.

Menschliche Vermögen und Eigenschaften scheinen an die toten Dinge überzugehen, die ihnen bedeuten, wie sie sich zu bewegen und zu sprechen, wie sie zu sein haben. Ist das individuelle Tun für den Gang des Ganzen belanglos, gewinnt der Kampf ums Überleben der Rasse oder der Nation oder der Pflanzen großes Gewicht. Verstummt das Individuelle, sind die Fische beredt. Äußere Natur tritt menschengleich auf den Plan. Menschliches macht sich dinghaft, Dingliches scheint menschlich zu sein. Lebendiges stellt sich tot, Totes wird erweckt.

Sympathisch ist nicht der Vietnamese, sondern das Bier. Fair behandelt wird nicht der Zigeuner, sondern das Reihenhaus. Informiert wird nicht der mündige Bürger, sondern seine Fetischmaschine. Begehrt wird nicht die ganze Person, sondern der Pferdeschwanz. Praktiziert wird nicht ein erotisches Kontinuum, spontan und ganz subjektiv, sondern ZK und NS. Die professorale Kandidatin bewegt sich nicht graziös, sondern die Rakete. Ihre Sprache ist nicht schön, weil lebendig und voller Überraschungen, sondern weil sie wie gedruckt ist. Geschichte wird nicht mehr von Menschen gemacht, sondern von Krankheitserregern. Lesen und schreiben können in unserer Hochkultur Millionen Menschen nicht, umso müheloser aber die Chemikalien und Biofragmente.

Menschen sind bemüht, sich zu vergegenständlichen, weil das Unbelebte so erfolgreich ist. Sie wollen die toten Dinge vermenschlichen, wenn es schon nicht so einfach ist, ihre Grazie und ihren Effekt zu erreichen. Man weiß auch nicht, wozu es noch einmal gut sein wird, sich dem Reich der Dinge eingespritzt und unterworfen zu haben – und dieses sich.

Meine These ist (vgl. Sigusch 1997): Der Prozess der Zivilisation hat viele individuelle und allgemeinen Freiheiten gebracht, von denen frühere Generationen nicht einmal zu träumen wagten. Zugleich aber hat er eine Tendenz gestärkt, die ich Verstofflichung nenne. Diese allgemeine Tendenz degradiert Menschen zum Rohstoff oder zur Ballastexistenz oder stellt sie gesellschaftlich tot. Sie geht weit über das hinaus, was die klassische kritische Philosophie mit den Begriffen Entfremdung, Verdinglichung oder Fetischisierung zu fassen suchte.

Reflektieren wir Tendenzen wie die der Verstofflichung nicht, kritisieren wir den Prozess der Zivilisation nicht, macht sich der Gewaltdiskurs an einzelnen Formen fest und blendet den allgemeinen Gewaltzusammenhang aus, innerhalb dessen sie sich massenhaft realisieren.

So sehr es dem Bedürfnis nach individueller Empörung und Verfolgung entgegenkommt, einzelne abscheuliche Gewaltdelikte zu ächten, so sehr wird dadurch unsere abscheuliche Art und Weise zu leben verdeckt. Kinderpornografie zu verpönen, kostet gar nichts, weder finanziell noch politisch noch moralisch. Da machen sich alle Parteien schnell ein falsches gutes Gewissen. Dass dieses gute Gewissen falsch ist, werden jene Abgeordnete wissen, die es nicht für möglich halten, Menschenwürde mit den Mitteln des Strafrechts herzustellen. Dass ihr falsches gutes Gewissen aber als falsches notwendig ist, wird kaum ein Abgeordneter reflektieren. Er müsste dann nichts Geringeres als unsere Art und Weise zu denken und zu produzieren in Frage stellen, mit einem Wort: den Gewaltzusammenhang, der unsere Gesellschaft charakterisiert.

In den USA wird für die Verpackung der Waren so viel ausgegeben wie in ganz Indien für Nahrungsmittel. Vor Jahren haben die Vereinten Nationen ausgerechnet, was das Leben eines Kindes in der so genannten Dritten Welt kostet: 230 Deutsche Mark pro Jahr, inklusive Ernährung, medizinische Grundversorgung, Lesen und Schreiben. Doch warum diese fernen Leben erhalten, wenn wir selbst ein Reich der lebenden Toten werden.

In der Sphäre der Arbeit geht es technologisch schon seit Jahrzehnten nicht mehr um kürzere oder längere *Arbeits*losigkeit, sondern um die *Arbeiter*losigkeit der Produktions- und Dienstleistungsstätten. Die »Unmanned Factory«, die arbeiterlose Fabrik, ist seit dem Beginn der 80er Jahre technisch möglich. Wurde ein Arbeiter nach Gewerkschaftsprotesten wieder statt eines mechanischen Fahrscheinentwerters als Schaffner eingesetzt, war das unterm Kalkül der herrschenden Rationalität ein sinnloser Tribut an die verrückte Tatsache, dass dieser Mensch ein Bewusstsein und Gefühle hat. Wieder in den Arbeitsprozess eingefügt, unterlag der Schaffner der Selbstverstofflichung. Und zu was sind die Angestelltenmassen bei uns noch nütze, wenn ein Computer in einer Sekunde 100.000mal mehr Daten verarbeiten kann, als es 100.000 Menschen in 100.000 Stunden könnten?

Die Tiefenpsychologie lehrt uns, dass wir aggressiv oder gewalttätig gegen das vorgehen, was uns Angst macht, bewusst oder unbewusst. Ich denke, die Angst ist so verbreitet, weil Vernichtung real auf dem Plan unserer Zivilisation steht, weil das destruktive Bedürfnis nicht nur subjektiv vorzustellen ist, sondern heteronom produziert durch gesellschaftliche Mechanismen wie den der Verstofflichung, die destruieren. Unser Ich ist zu schwach, seine Form zu riskieren. Wir wollen alle identisch sein, weil nur das Ruhe garantiert, ahnen aber nicht, dass jede Identität Andersartiges ausgrenzt und gegebenenfalls ausmerzt.

Die Angst, nur noch zum Schein zu leben, die heute als maskierte und diffuse real genannt werden müsste, ist gesellschaftlich abstrahiert. Wir haben uns physisch selbst überlebt, wir sind, wie es der Philosoph Günther Anders sagte, »antiquiert«, weil wir mit unseren sinnlichen und seelischen Vermögen das, was wir fabriziert und angerichtet haben, gar nicht mehr erfassen können. Welches Gefühl vermöchten wir auch mit der Atomspaltung zu verbinden, mit der Möglichkeit, den eigenen Untergang zu bewerkstelligen, eine Möglichkeit, die auch dann nicht aus der Welt wäre, wenn alle Atomwaffen vernichtet würden – weil die Formel nun einmal bekannt ist?

Und was empfinden wir, wenn es mitten unter uns um einen alten Mann geht, der sieben Jahre lang tot in seiner der »Gemeinnützigen Wohnungsbau-Fürsorge AG« gehörenden Wohnung lag, zur Mumie geworden, bevor jemand nach ihm fragte, nein, nicht jemand, sondern ein Bankinstitut, dem natürlich nicht die Starre des Mannes auffiel, sondern: dass es nicht mehr zu Kontobewegungen gekommen war?

Als die exakte Wissenschaft terminal wurde, befürchteten Menschen, lebendig beerdigt zu werden. Diese Angst grassierte so sehr, dass beispielsweise Chopin Tod anordnete, nach dem Tod seinen Körper zu öffnen. Das war damals individuell realistisch, allgemein aber romantisch. Heutzutage ist der Scheintod kein subjektives Problem mehr. Heute müssten Menschen befürchten zu leben, obgleich sie schon von der Gesellschaft

beerdigt sind, aussortiert, selbstverdingt, abgewickelt, ausgehalten, abge-
hängt. Das wäre allgemein realistisch, individuell aber irrational. Und weil
das so ist, weisen wir unsere Gewalt dem Reich des Irrationalen zu, um
nicht erkennen zu müssen, dass unsere rationalen Maschinerien irrational
sind. Dass wir zu den größten Waffenhändlern der Welt gehören, hat mit
unserer alltäglichen Gewalt nichts zu tun. Es ergibt sich schließlich aus
Sachzwängen und der Logik des freien Marktes. Unserem Lebenszu-
sammenhang scheinen selbst Giftgase und Tretminen äußerlich zu bleiben.

Wird aus dem allgemeinen Verblendungszusammenhang partiell
herausgetreten, drohen Mord und Totschlag ganz konkret. Während wir
immer nur quatschen, handeln die Gewalttäter. Während wir uns einfü-
gen, sind die Links- und Rechtsradikalen bereit, ihre Existenz zu riskieren.
Während wir Krieg »friedensschaffende Maßnahme« nennen, stellen die
Unverdrehten Anstand und Sitte vor unserer Haustür her. Die gemeinen
Gewalttäter reißen all die verdrehten und maskierten menschenfeindlichen
Tendenzen unserer Kultur aus der Abstraktion und machen sie blutig
wahr: den Egoismus, die Preisgabe, die Abtötung des fremden und des
eigenen Lebens. Doch was haben wir, depressiv und bibelfest, süchtig und
tierliebend, damit zu tun?

Wissenschaft, Krankheit und die Logik der modernen Medizin

Michel Foucault ist immer für eine verblüffende Bemerkung gut, die zum Nachdenken anregt. In seiner *Archäologie der Humanwissenschaften* sagt er plötzlich: »Vor dem Ende des achtzehnten Jahrhunderts existierte der Mensch nicht« (Foucault 1966/1993: 373). Was will er damit sagen? Wenn ich ihn begriffen habe, Folgendes: Die Ordnung des Wissens, die Episteme, die das Leben unserer Vorfahren buchstäblich bestimmte, bildete sich erst im Übergang zum 18. Jahrhundert heraus. Damals, in den zwei bis drei Jahrzehnten vor und nach 1800, trat das selbstmächtige, organisierende Subjekt ins Zentrum des Wissens, ereignete sich ein epistemologischer Bruch. Vor dieser Schwellenzeit gab es kein erkenntnistheoretisches Bewusstsein vom Menschen *als solchem*. Die vorausgegangene Episteme isolierte kein spezifisches und eigenes Gebiet »*des*« Menschen. Deshalb sagt Foucault, »*der*« Mensch existierte noch nicht.

Erst jetzt traten Objekt-Bereiche und Subjekt-Vermögen ins Zentrum des Wissens, die uns epistemologisch noch vertraut sind, die aber wieder zurückzutreten scheinen: Arbeit und Arbeitskraft, Leben und Lebenskraft, Sprache und Sprachvermögen. Der Begriff des Lebens wurde »für die Anordnung der natürlichen Wesen unerläßlich« (ebd.: 282); die fundamentale Opposition von Leben und Tod, von Lebendigem und Nichtlebendigem tauchte auf; Biologie konnte entstehen. Das Organische wurde zum Lebendigen, das produziert, indem es wächst und sich reproduziert; das Anorganische wurde zum Nichtlebendigen, das unfruchtbar und bewegungslos mit dem Tod zusammenfällt.

Zwei Jahrhunderte später sind die Oppositionen nicht mehr fundamental, weil Leben und Tod diversifiziert worden sind und durch Prozesse der Ent- und Verstofflichung ineinander übergehen. Kein Zweifel mehr, der Status des Subjekts ist epiphänomenal. Es ist nicht Herr (und schon gar nicht Frau) im eigenen Haus und in den Systemen, kein Integral, geschweige denn Konstituens. Im Zentrum der System-, Bedeutungs- und Bewusstseinskonstitution stehen Objektive, die Subjektivität, Personalität und Individualität als Formen des Selbstbewusstsein deplacieren, in eine exzentrische Position zwingen. Die Gesellschaft, die jetzt ist, kann nicht mehr als konstituierende Leistung eines selbstmächtigen, selbstgewissen Subjekts oder als Resultat einer organisierenden Subjektivität im Sinne von Wille zur Macht, Wille zum Leben, Élan vital, Wille zum Wissen, semiotischem Vermögen, hermeneutischer und sinnverändernder Kraft, überhaupt geistig-sprachlicher Energeia begriffen werden.

Dem Gang der Dinge und Diskurse ist heute kein Sinn des empirischen Subjekts, das schon Kants Denken als antiquiert behandelte, zu unterstellen. Die Prozesse und Mechanismen, die die Gesellschaft konstituieren und bewegen oder stillstellen, laufen in sich selbst, generieren sich durch sich selbst, beziehen sich auf sich selbst und können von Menschen nicht mehr unter Kontrolle gehalten werden, ob es nun um die Genese von Nachrichten und den Fluss von Informationen geht, um die Kontrolle von ABC-Waffen und Gen-Technologieprodukten oder um Kapitalbewegungen und Aktienkurse.

Die Theoretiker der Entfremdung und Verdinglichung konnten oder wollten die totalisierende Dimension des akkumulierten Wissens zur Selbstauslöschung und des Wissens zur Selbsterzeugung, dessen momentan publizierte Realie Klon heißt, nicht voraussehen. Während die Kritische Theorie »sich trotz aller Erfahrung von der Verdinglichung, und gerade indem sie diese Erfahrung ausspricht, an der Idee der Gesellschaft als Subjekt« orientierte (Adorno 1969a: 44) und aus der »Erfahrung von der Verdinglichung« ein Argument für die Vernunft zu gewinnen suchte, immer wieder wie Marx hoffend, »daß die sich spaltende Gesellschaft kraft ihrer eigenen Dynamik in eine höhere: eine menschenwürdigere Form überführt werden könne« (Adorno 1962: 231), gehören für die allermeisten Gesellschaftstheoretiker der Gegenwart Subjekt und Vernunft, Kritik und Mündigkeit zur Semantik der romantisch-klassischen Zeit. Sie denken Gesellschaft nicht mehr vom Subjekt her. So auch Luhmann (1997), dessen Systemtheorie in den hiesigen Sozialwissenschaften tonangebend ist.

Wissenschaft als Fetisch

Der Wissensfetisch trat neben den Warenfetisch, als die Verblendungskraft der religiösen und politischen Fetische drastisch abnahm. Inzwischen hat er alle Fetische übertrumpft, die von der kritischen Philosophie im Anschluss an die Theorie vom »gegenständlichen Schein der gesellschaftlichen Charaktere der Arbeit« (Marx 1867: 80) analysiert worden sind. Altmodisch gesprochen, ist er der ideelle Gesamtfetisch; neumodisch gesprochen, ist er der Mega-Fetisch, der all das verspricht, worauf die Gesellschaftsformation hinauswill: immer tiefer, exakter und perfekter, immer schneller, machtvoller und besser zerlegen ohne Rücksicht auf Mensch, Moral und Natur. Dabei sollte das, was die Aufklärung »Wissenschaft« nannte, den Glauben erschweren, wollte also Schwergläubigkeit sein. Tatsächlich aber hat Wissenschaft zur Leichtgläubigkeit geführt. Medizinprofessoren zum Beispiel, die sich als Naturforscher missverstehen, können der Öffentlichkeit jeden Unsinn als neueste Erkenntnis der Forschung einblasen.

Was die marxistische Orthodoxie vom Sozialismus immer behauptet hat, nämlich: dass er wissenschaftlich begründet sei, kann jetzt ironischerweise der Kapitalismus von sich behaupten. Wissen und Wissenschaft sind nicht nur eine direkte Produktivkraft, sondern vor allem als Informations- und Kommunikationsweise zur »Produktionsweise« geworden. Dadurch wurden viele Menschen zu Funktionären im Getriebe oder zum Ballast degradiert, der nicht mehr benötigt wird, weil die wissenden Maschinen schneller, komplexitätsmächtiger und exakter sind, jedenfalls nach den Maßstäben der subjektlosen Wissenschaft. Der alte Widerspruch von Geist und Macht, den Aufklärer bis heute beschwören, ist in sich zusammengebrochen, hat sich selbst korrumpiert. Gerade der wissenschaftliche Geist hat in den letzten Jahrhunderten nicht einfach nur Macht gehabt, vielleicht gelegentlich eine größere als das Kapital, das ohne ihn nicht zu seinen modernen Regimen der Akkumulation gekommen wäre. Er hat die Barbareien vorgedacht, geplant, organisiert und gerechtfertigt.

Inbegriff der Wissenschaftlichkeit ist das Experiment. »Was verstehen Sie unter ›wissenschaftlich‹?«, fragte der Philosoph Günther Anders (1982: 238) in seinen *Ketzereien* einen Physiker, der die Schriften von Anders als unwissenschaftlich bezeichnet hatte. Der Physiker antwortete: »Daß wir die von jedermann nachprüfbaren Gesetze finden, die ausdrücken, welche, und zwar welche gleichen Effekte unter gleichen Voraussetzungen, also bei wiederholtem Experimentieren, jedermann erwarten darf und muß.« Dieser Wahn, von dem sich die moderne Physik, soweit ich das beurteilen kann, längst distanziert hat, indem sie nicht mehr postuliert, gleiche Ursachen hätten gleiche Wirkungen, und indem sie mit imaginären Zeiten, Räumen und Zahlen operiert – dieser Wahn ist in der tonangebenden Körpermedizin immer noch Methode. Sie experimentiert mit Menschen wie mit toten Dingen und ist verwirrt, wenn ihre Gleichungen nicht aufgehen.

Dass wir ohne das, was wir Seele nennen, von dem, was wir Körper nennen, gar nichts erführen; dass die Seele ohne den Körper im doppelten Sinne metaphysisch wäre; dass das eine im anderen niedergeschlagen, repräsentiert ist; dass die erste Natur der Cartesianer ihrem Wirklichkeitsgrad nach die zweite ist – all das sind für die meisten Mediziner Böhmische Dörfer. Am Beginn ihres Studiums zerlegen sie Leichen mit dem Messer, am Ende Organe mit dem Computertomografen. So wird der kartesianische Schnitt, hier Res extensa, dort Res cogitans, in ihren Kopf geschnitten. Und so halten sie sich, trotz des psychosozialen Beiwerks, mit dem sie seit Kurzem behelligt werden, an die molekulargenetischen Hypothesen der letzten Kartesianer. Wäre es nicht objektiv beruhigend – ich fürchte, unterm Strich für uns alle –, wenn Gewalttätigkeit, Alkoholismus, Schizophrenie und Xenophobie, wenn Perversionen und Geschlechtsidentität organgenetisch bedingt wären? Könnten sie dann nicht epistemologisch leichter begriffen und technologisch besser gemanagt werden, als wenn sie auf eine undurchdringliche Weise irgendwie gesellschaftlich und kulturell konstruiert und psychosozial vermittelt sind?

Weil sie in der sich als (Natur-)Wissenschaft (miss-)verstehenden modernen Medizin gang und gäbe sind, fallen Experimente am Menschen aus keinem Rahmen. Was also als Menschenexperiment bezeichnen, wenn die moderne Medizin als ganzes einen experimentellen Charakter hat? Nur die bewusst politisch motivierten Eingriffe? Oder auch die Erprobung neuer Wirkstoffe, wenn wir beispielsweise an die menschenverachtende Testung der ersten oralen Ovulationshemmer an etwa eintausend puertoricanischen Frauen denken (Kunz 1989)? Oder sollen wir das Einführen neuer Untersuchungstechniken als Menschenexperiment bezeichnen, Techniken, die immer tiefer in die Körper eindringen, die übergenau sind und sich auch noch bezahlt machen sollen, die zwar das Leben einzelner retten können, dafür aber Abertausende von Probanden zu Patienten machen und in eine vordem unbegründbare Verzweiflung stürzen? Oder sollen wir eine Liste jener sozialen Probleme zusammenstellen, gegen die heute medikamentös oder chirurgisch, jedenfalls somatologisch und somatisch zu Felde gezogen wird? Oder sollen wir herausarbeiten, wie durch das klassifikatorische Umwidmen von Krankheiten eine neue Behandlungstechnik legitimiert wird? Ich denke beispielsweise daran, dass süchtige Entwicklungen neuerdings als Zwangssyndrome mit Serotonin-Reuptake-Hemmern behandelt werden.

Oder sollen wir diskutieren, wie neue Technologien Leben und Tod neu definieren und die bisherigen, als natural angesehenen Grenzen des

Körpergeschlechts, der Fortpflanzung, der Keimbahn oder der Generationenfolge überschreiten? Etliche Beispiele haben wir in diesem Buch genannt (siehe S. 242ff.).

Angesichts derartiger Grenzüberschreitungen und Umbrüche reicht es nicht, die gerade bekannt gewordenen oder zeitweilig hervorstechenden medizinischen Experimente zu kritisieren. Allzu schnell sind sich Seelenmediziner über deren Abscheulichkeit einig, ohne zu neuen Einsichten zu gelangen. Außerdem entsteht der Eindruck, es ginge um Auswüchse oder Entgleisungen, die abzustellen oder abzuwehren sind, insgesamt aber sei eigentlich der Zustand der Medizin ganz zufriedenstellend. Da das nicht der Fall ist und da die Medizin selbst experimentellen Charakter hat, muss sie einer grundsätzlichen Kritik unterzogen werden – und die kann nur gesellschafts- und kulturtheoretischer Art sein.

Deshalb spreche ich von allgemeinen Installationen, die unser aller Empfinden, Denken und Handeln, also auch das der Experimentatoren, wesentlich bestimmen. Blicken Psychotherapeuten »nur« auf das Leiden des einzelnen, sehen Kritiker »nur« das immer noch anstößige Degradieren von Patienten zu Versuchsobjekten individueller Gewalt, übersehen sie das, was gang und gäbe ist. Reflektieren sie Prozesse wie den der gesellschaftlichen Verstofflichung nicht, macht sich die Kritik an einzelnen Formen fest und blendet den allgemeinen Zusammenhang aus, innerhalb dessen sie sich massenhaft realisieren. So sehr es dem Bedürfnis nach individueller Empörung entgegenkommt, einzelne abscheuliche Experimente und Verstofflichungen zu ächten, so sehr wird dadurch eine abscheuliche Art und Weise zu leben verdeckt: In den USA kostet die Verpackung der Waren so viel wie in ganz Indien die Grundversorgung mit Nahrungsmitteln.

Leben hieß einst emphatisch: kein platonischer Schatten, mehr als animalische Instinktreste, kein bloßer Gesellschaftsreflex, sondern Eigensinn. Jetzt und hier heißt Leben: Darstellung und Marketing möglichst bunter und flexibler Fraktale. An die Stelle von Leben und Tod ist insofern der Markt getreten, als er jene Einheit und jene Kontinuität herstellt, die vordem aus Transzendentialien wie Gott, Natur, Weltgeist oder Subjekt fließen sollten. Deshalb hat wohl »Sinnlosigkeit« allgemein um sich gegriffen; denn der Satz »Ich bin ein buntes und flexibles Fraktal« ist unlogisch, hat keinen »Sinn«. Das Skandalöse aber am medizinischen Experimentator ist, dass er etwas wahr macht, was niemand wahr haben will. Er nimmt andere Menschen als so belanglos, willenlos, bereits abgestorben und zu Stoff geworden, wie es zwar im Gang unseres Zivilisationsprozesses liegt, im Alltagsbewusstsein aber maskiert bleibt. Indem der Experimentator die Devise wahr macht, nach der der Mensch nur dann zählt und nur so viel, sofern und inwieweit er benutzbar ist, scheint sein individuellen Tun mit dem Vernichtungs-Charakter unserer Kultur identisch zu sein. Umso heftiger unser Aufschrei.

Krankheit als Objektiv

Eine andere These, die mir beim Blick auf die gegenwärtige Medizin wichtig zu sein scheint, lautet: Es gibt in unserer ökonomisch-experimentellen Tausch- und Wissensgesellschaft eine strategische Installation, ein akzidentelles Krankheitsobjektiv, durch das gesellschaftliche Missstände als individuelle erscheinen und behandelt werden nach der Diskursdevise: Gestört, entgleist, gefährlich und destruktiv ist nicht die Gesellschaft, sondern das kranke Individuum.

Unter einem »Objektiv« verstehe ich eine gesellschaftliche Installation, in der sich materiell-diskursive Kulturtechniken, Symbole, Lebenspraktiken, Wirtschafts- und Wissensformen auf eine Weise vernetzen, die eine historisch neuartige Konstruktion von Wirklichkeit entstehen lässt. Da sich diese Installationen, einmal etabliert, aus sich selbst heraus generieren, imponieren sie in eher alltagssoziologischer Betrachtung als Sachzwänge, denen nichts Wirksames entgegengesetzt werden kann, und in eher alltagspsychologischer und ethisch-rechtlicher Betrachtung erscheinen sie als Normalität und Normativität, die einzig in der Lage sind, Ordnung, Ruhe und Sicherheit zu garantieren.

Im Anschluss an Foucault (z. B. 1978) könnte eine allgemein installierte Strategie »Dispositiv« genannt werden. An die Theoriestelle des Diskurses oder »événement discoursif«, das bereits transsubjektiv ist, tritt in seiner Genealogie und Analytik der Macht das »dispositif«. Darunter ist eine jeweils historisch spezifische Machtstrategie zur Integration von diskursiven (Aussageformationen) und nichtdiskursiven Praktiken (Inhaltsformationen institutioneller, ökonomischer, sozialer, politischer usw. Art) zu verstehen, eine Integration von Innen (das Gleiche) und Außen (das Andere, das Schweigen). Die konkrete Gestalt des Dispositivs wird nicht philosophisch, sondern sozialgeschichtlich bestimmt. Weil ich die hinter diesem Theorem stehende Philosophie der Macht, die den Faden der Kritik der Politischen Ökonomie abreißen lässt, nicht mittransportieren möchte, spreche ich jedoch lieber von »Objektiven« als von »Dispositiven«.

Das Objektiv der Krankheit, das in der zweiten Hälfte des 19. Jahrhunderts allgemein installiert wurde, erhob die Medizin nach Theologie, Jurisprudenz, Pädagogik usw. zu einer Deutungsmacht. Mentale, körperliche, soziale, politische oder sexuelle Abweichungen wurden nicht mehr oder nicht mehr überwiegend als Verbrechen gegen Gott, die Natur oder die Gesellschaft interpretiert, sondern als eine Krankheit oder Missbildung des inzwischen entstandenen »bürgerlichen« Individuums, für die es nicht oder nicht ganz und gar zur Verantwortung zu ziehen war, die vielmehr verstanden und behandelt werden musste. Wie es Objektive (oder Dispositive) so an sich haben, entging auch dem der Krankheit (und Gesundheit) keine und keiner, der irgendwie aus dem Rahmen fiel. Über Konstrukte wie Dégénéréscence, Moral Insanity oder Entartung, die dem Krankheitsobjektiv entsprangen, wurden große Menschengruppen auf einen Schlag mit naturwissenschaftlich drapierten Begründungen humanitär und liberal diskreditiert und einer Zwangsbehandlung unterworfen.

Bei Frauen beispielsweise, die sich gegen den Patriarchalismus stemmten und um Emanzipation kämpften, wurden diverse geistig-seelische Störungen, eine abnorm große Klitoris oder der »falsche«, nämlich männliche Orgasmus diagnostiziert, oder sie wurden einer Klitoridektomie unterzogen (vgl. S. 77). Personen, die politisch als Sozialisten, Revolutionäre oder Deserteure aufgefallen waren, attestierten namhafte Psychiater psychischen Entartungen, »moralische« Krankheiten oder auch nur moralische »Verkommenheiten«. Zur (Re-)Lektüre empfehle ich: *Diebstahl und socialistische Umtriebe seitens eines Gewohnheitsverbrechers – Moralischer Irrsinn oder moralische Verkommenheit?* (v. Krafft-Ebing 1884), *Psychopathie und Revolution* (Kahn 1919), *Psychiatrische Randbemerkungen zur Zeitgeschichte* (Kraepelin 1919), *Zur Psychopathologie der unerlaubten Entfernung* (Kleist & Wißmann 1920/21) oder *Forensische Begutachtung eines Spartakisten* (Hildebrandt 1920/21). Kein Wunder also, dass das »Große Schema« der »Einteilung der Geisteskrankheiten«, das Emil Kraepelin im Namen des Deutschen Vereins für Psychiatrie im Mai 1920 auf dessen Jahresversammlung in Hamburg vorstellte, die einstimmig beschlossene Krankheitseinheit »Gesellschaftsfeinde« enthielt (vgl. Allgemeine Zeitschrift für Psychiatrie, 76. Band, 1920/21, S. 627). Kein Wunder auch, dass die Erfahrungen der Psychiatrie, die sie in geschlossenen Anstalten, in Kriegen und Revolutionen gesammelt hat, bis zur Gegenwart eingesetzt werden. Welche Funktion der »Psychotechnik für den Krieg« vom Ersten Weltkrieg an in diesem

Jahrhundert zugekommen ist, kann beispielsweise in Riedessers (1984) gleichnamiger Abhandlung nachgelesen werden.

Viele Beispiele aus der jüngeren Zeit könnten angeführt werden, Beispiele, die zeigten, dass das Objektiv nicht nur weiterhin wirkmächtig ist, sondern dass auch weiterhin »therapeutische« Waffen schwersten Kalibers gegen Abweichende, Aufsässige und ansonsten angeblich Unbehandelbare angewandt werden – wie es zuletzt die Psychochirurgie exzessiv vorexerziert hat (Sigusch 1977/1978, 1978a, 1978b, 1999b; vgl. S. 202ff.). Indem Psychochirurgen nicht nur anboten, Rädelsführer, Krawallmacher und Terroristen am Gehirn zu operieren, sondern es auf Flugwaffenstützpunkten auch taten, gaben sie zugleich ein immer noch gegenwärtiges Beispiel für die offene politische Instrumentalisierung des Krankheitsobjektivs. Während in diesen Fällen das Über- oder Zurückspringen des Objektivs ins »rein« Politische nach übereinstimmender Meinung der Humanitären deletäre Auswirkungen hat wie bei der NS-Ideologie von der »entarteten« Kunst, erweist sich die Vorstellung, das Zurückdrängen des Krankheitsdiskurses könne Auffälligen Schutz bieten, als das, was sie immer war: eine Illusion. Im Augenblick könnte diese Täuschung am Umgang mit so genannten Sexualtätern studiert werden. Ihnen wird von weiten Bevölkerungskreisen und einigen Experten als »Heilmaßnahme« nur noch die Kastration zugestanden, wodurch die Devise der 70er Jahre »Therapie statt Strafe« auf ihren historisch-objektivalen Kern reduziert wird: Therapie-Strafe.

Virulent wie zu keiner Zeit in diesem Jahrhundert war der Krankheitsdiskurs in den 70er und 80er Jahren. Nach dem offenkundigen Versagen alter Beschwichtigungs- und Bewältigungsinstanzen wie Seelsorge, Strafjustiz und Erziehung gelang es der Medizin, die sich sogar anschickte, die Psychologie als Heilhilfskunde zu integrieren, den ebenso allgemeinen wie unüberprüfbaren Eindruck zu erwecken, die Not des Lebens wenn schon nicht beseitigen, so doch mildern zu können, und zwar in der ganzen Breite: vom Unbehagen an der Kultur bis hin zur innerfamiliären Destruktivität. So wurde Therapie bei uns tendenziell zum Leben und Leben tendenziell zur Therapie. Es fiel schwer, das eine vom anderen zu unterscheiden. Offenbar wurde in diesen Jahrzehnten, als so etwas wie eine Therapiegesellschaft entstand, allgemein gespürt, wie beschädigt unser aller Leben ist, wie sehr es in einer Tausch-, Wissens- und Verstofflichungs-Gesellschaft mit ihren Metamorphosen von Leben und Tod zur Disposition steht.

Auf jeden Fall bewirkte das Krankheitsobjektiv eine Therapeutifizierung des Lebens, die weit über den Bereich der Heilkünste hinausreichte und einen

Homo patiens produzierte, der sich zum Homo creator, Homo extinctor und Homo materia gesellte, die die Philosophie der Gegenwart beschrieben hatte. Seither sind viele Menschen von bestimmten Fremd- und Selbst-»Behandlungen« abhängig, sodass es viele paramedizinische Subkulturen gibt, die im Bannkreis der Schulmedizin verharren. Die Palette der »Behandlungen« reicht von Medikamenten, beispielsweise Antihypertensiva und Psychopharmaka, die massenhaft verordnet werden, über Selbsthilfegruppen und Verfahren wie die Fußzonenreflextherapie bis hin zum Frühstücksmüsli.

Gegenwärtig mehren sich jedoch allgemeine Zeichen, die für einen signifikanten Zerfall des Krankheits- und Therapieobjektivs sprechen. Die scheinbar selbstmächtige Deutungs-, Beschwichtigungs- und Reparaturmacht Medizin scheint an die Grenze ihrer historisch spezifischen Gültigkeit zu gelangen, wie sich jeden Tag auch an ihrer politischen Demontage ablesen lässt.

Tatsächlich wird der Therapiegesellschaft der 70er und frühen 80er Jahre gegenwärtig nicht nur aus politischem Grund der Kampf angesagt, sondern aus allgemeinem – unter dem Generalmotto der postfordistischen Marktgesellschaft mit ihrem Lean Management und ihrer Lean Production, das lautet: Selbstdisziplinierung und Selbstoptimierung. Das heißt, alle sollen sich gefälligst selbst gesund, flexibel, mobil und leistungsbereit halten. Ohne es zu ahnen, hat die kostensparende und entlastende Selbsthilfegruppenbewegung, die zu der übermächtigen und teuren Schulmedizin auf Distanz ging, diese Devise vorweggenommen. Setzt sie sich – wie zu erwarten ist – auch im Gesundheitswesen durch, dessen universitärer Teil im Augenblick offen und durchgreifend einer Evaluierung unter ökonomischen Kriterien und solchen der naturwissenschaftlichen Experimentalmedizin unterworfen wird, werden wir wieder den Sozialstatus eines Menschen verlässlich am Zustand seines Gebisses ablesen können und uns an Zeiten einer Klassenmedizin erinnern müssen, von denen einige zwischenzeitlich glaubten, sie gehörten für immer der Vergangenheit an (vgl. dazu Deppe 1998).

Dass Medizin und Psychologie auch in Zukunft scheinbar in der Lage sein werden, Millionen Gesellschaftsindividuen, die an den Verhältnissen und an sich leiden, zu beschwichtigen, ruhigzustellen, als angeblich somatisch Kranke zu verkörpern, ist fraglich geworden, weil die Deutungsmacht Medizin im Grunde spätestens seit den so genannten Materialschlachten des Ersten Weltkrieges keine irgendwie überzeugenden Deutungen mehr geben kann, beispielsweise solche der so genannten Gesellschaftsbiologie, und weil die Disziplinarmächte, wenngleich mit Überhängern und Überlappungen, immer dem Gang der Dinge angepasst worden sind: vom Beichtstuhl zu den Asylen, vom Gefängnis zum Krankenhaus. Heute sind Ärzte, Psychologen und Psychotherapeuten unübersehbar und massenhaft mit sozialen und psychischen Problemen und Störungen konfrontiert (in der Kinder- und Jugendpsychiatrie nach meinem Einblick in etwa zwei Dritteln der »Fälle«), die nur dämpfend und zudeckend »behandelt« werden können, nicht aber »als solche«, weil zwischen Gesellschaft und Therapie ein Hiatus klafft, weil eine Gesellschaft keine Krankheit ist, logischerweise also auch nicht behandelt werden kann.

Das Verblassen jener Strategien, die auf Psycho- und Soziotherapie setzten, dürfte zu einer Stärkung des Operationsobjektivs führen. Denn in ihm schießen seit langem wirkmächtige Tendenzen und Strukturimperative unanstößig zusammen. Inbegriff des Therapieobjektivs – selbstredend bis hinein in die Psycho-Analyse – war in unserer Kultur des Zerlegens, Absonderns und Verzehrens, der Prothetisierung und der Plastizität durchgehend der experimentell-operative Eingriff. Folglich war der Chirurg auch immer der Inbegriff des »richtigen« Arztes. Indem er den Patienten und sich selbst notwendigerweise und zielgerichtet fragmentiert, zwingt er den Homo materia, der zu Stoff macht und totstellt, mit dem Homo extinctor, der auslöscht, in eine Synthese mit dem Homo creator, der allmächtig schöpft, und dem Homo patiens, der ohnmächtig leidet. Davon aber träumen alle Ärzte und Patienten und damit alle Gesellschaftsindividuen. Vielleicht sind aus diesem Grund in diesem Jahrhundert operative Eingriffe und zum Teil drastische Manipulationen am eigenen Leib bei uns zu einem psychisch ebenso bedeutsamen wie mittlerweile kulturell etablierten Modus geworden, die Not des Lebens wenigstens vorübergehend zu bannen.

Nicht nur die zahllosen »Selbstbeschädiger« und die, denen die Medizin (vgl. Roeder et al. 1995) seit den 30er Jahren allerlei Seltsames bescheinigt (Polysurgical Addiction, Dysmorphophobie, Münchhausen-Syndrom, artifizielle Erkrankung, Koryphäen-Killer-Syndrom, Munchausen Syndrome in Proxy usw.), richten unter dem und mit dem Operationsobjektiv ihr Leben diskursiv-operativ ein und aus, sondern wir alle. Ich denke dabei nicht in erster Linie an die sich selbst als »Zivilisierungstechnik« anpreisende Hirnstereotaxie, sondern an Allerweltseingriffe: an die zahllosen Leistenbruchoperationen bei Männern oder Gebärmutteroperationen bei Frauen, die ärztlich nicht indiziert sind; an die Appendektomien bei jungen Mädchen, die nur psychoanalytisch zu verstehen sind; an die in die Hunderttausende gehenden Schönheitsoperationen, denen sich zunehmend auch Männer unterziehen; an die Eingriffe der Wiederherstellungs-Chirurgie, die auf der Grenze zwischen individueller Intention und medizinischer Indikation liegen; an die operative Rekonstruktion von Präputien bei Männern, die beschnitten worden waren, von Hymen bei Frauen, die wieder Jungfrauen sein wollen, und von Labien bei alten Frauen, deren alte Männer »pralle« Venuslippen wünschen; an die gynäkologischen Gewalteingriffe beim Vaginismus; an die Penisimplantationsoperationen und die Schwellkörper-Autoinjektions-Therapien bei Männern mit Erektionsstörungen, invasive Techniken, über die ich andernorts ausführlich berichtet habe (Sigusch 2001d).

Im Operationsobjektiv verschränken sich untrennbar kreative und verstofflichende, verlebendigende und totstellende, produktive und unproduktive allgemeine Tendenzen – wie in den meisten medizinischen Verstofflichungen und speziellen Experimenten auch. Am deutlichsten zeigt wohl die Wiederherstellungs-Chirurgie beide Züge, wenn sie beispielsweise Patienten mit einem Down-Syndrom ein »menschliches Antlitz« konstruieren will. Irritiert sind wir, wenn wir hören, wie viele Menschen sich die Lippen, die Nase, die Zunge, den Bauchnabel, den Penis oder die Schamlippen durchstechen lassen, um Schmuckstücke zu tragen. »Piercing« heißt diese Leibestechnik. Entsetzt sind wir, wenn ein Mann den Frauenarzt ersucht, die Vagina »seiner« Frau nach den gleich mitgebrachten Maßen seines Penis zurechtzuschneidern, wie mir »aus der ärztlichen Praxis« berichtet wurde. Befremdet sind wir, wenn ein plastischer Chirurg im Beisein seiner im Wortsinn eigenen Frau ohne jede emotionale Bewegung in einer Talkshow schildert, wie er deren Gesicht nach seinen Vorstellungen von Schönheit geformt hat. Wir denken dann an Pygmalion, den legendären König von Kypros. Doch die Legende ist längst zur technologischen Wirklichkeit geworden.

Medizin als Gesellschaft

Im Prozess der Aufklärung und der Installation der ökonomisch-experimentellen Tausch- und Wissensgesellschaft sind immer mehr Menschen als degeneriert, entartet, gemeinschaftsgefährlich und lebensunwert stigmatisiert, zu Rohstoff und Ballast degradiert, als gesellschaftlich nutz- und bedeutungslos totgestellt und dem Reich des Unbelebten zugeordnet worden. Dieser Prozess geht seit den so genannten Materialschlachten des Ersten Weltkrieges, seit Auschwitz und Hiroshima und seit den angedeuteten Grenzüberschreitungen mithilfe der Wissenschaften weit über das hinaus, was die klassische Philosophie seit Hegel und Marx mit den Begriffen Entfremdung, Vergegenständlichung, Verdinglichung, Reifikation oder Versachlichung zu fassen suchte. Diese Begriffe haben einen utopischen Gehalt. Sie gehören zu einer idealistischen Subjektphilosophie oder zu einer materialistischen Geschichtsphilosophie und sind von deren Optimismus tingiert. Wie der Begriff des Triebes seit Freud der Vernünftigkeit der Realität widerspricht, sie als herrschendes Prinzip denunziert und in sich, um es in Hegels und Adornos Sprache zu sagen, das Wunschbild der Verflüssigung des Festen, des Dinghaften ohne Rest bewahrt, so bewahren die Begriffe der Entfremdung und der Verdinglichung das Wunschbild der ungebrochenen Unmittelbarkeit des Subjekts in sich auf. Diese Konfrontationen binden die Begriffe an das, dem sie sich konfrontieren. Noch als Gegenbilder sind sie von all dem geprägt, dem sie widersprechen.

Könnte als Elementarform des marxischen Kapitalismus die Ware mit dem Generalobjektiv Tausch bezeichnet werden, tritt in der »spätkapitalistischen«, postfordistischen Gesellschaft nicht mehr übersehbar die Elementarform Wissen hinzu mit dem längst objektivierten Objektiv Ver- und Entstofflichung (vgl. Sigusch 1997). So weit konnte es nur kommen, weil die Konstruktions- und Destruktionsprozesse der ökonomisch-experimentellen Tausch- und Wissensgesellschaft alle vorausgegangenen Grenzziehungen beseitigt oder in Frage gestellt haben (siehe dazu S. 242ff.). Während Marx noch an den Fortschritt durch Beherrschung der Natur glaubte und Adorno (1966: 228) an die »Versöhnung von Geist und Natur«, ist für Anders (1980a, 1980b) das Buch der menschlichen Eigenliebe zugeschlagen. Die Menschen seien »antiquiert«, weil sie sich das, was sie herstellen, nicht mehr vorstellen, weil sie mit ihren Vermögen das, was sie entfesselt haben, nicht mehr erreichen könnten. Seit der Revolutionierung des Homo faber zum Homo creator, der aus Natur Naturprodukte produziere, und zum Homo materia, der sich selbst, beginnend mit Auschwitz, in Rohstoff verwandele, ist für ihn Technik der »Weltzustand«; denn »die Technik ist nun zum Subjekt der Geschichte geworden« (1980b: 9). Die Hoffnung auf Transgression und Revolution, von deren gesellschaftlicher »Naturgesetzlichkeit« Marx durchdrungen war, hat sich ebenso verflüchtigt wie die »Hoffnung auf die Auferstehung«, die selbst Adorno (1966: 371) noch nicht losgelassen hatte, obgleich er wie kein zweiter die transzendentale Allgemeinheit der Vernunft als Reflexionsform der Verdinglichung durchschaute.

Der Prozess der Verdinglichung ist nicht mehr in einem Bereich der Gesellschaft zu lokalisieren. Marx hat zwar beschrieben, wie Beziehungen von Personen in Verhältnisse von Sachen transferiert werden, sodass tote Dinge ein Eigenleben führen und die Individuen nicht mehr voneinander, sondern von Abstraktionen abhängig sind – allerdings im Wesentlichen *more oeconomico*, im Rahmen der Waren- und Tauschverhältnisse, nicht generell. Er konnte sich sogar die Selbstauflösung des Kapitals vorstellen, und zwar dann, wenn Wissenschaft und Technik zu einer direkten Produktivkraft würden. In diesem Fall sah er seine Werttheorie an die Grenze ihrer historischen Gültigkeit gelangen: Wenn »die unmittelbare Arbeit und ihre Quantität als das bestimmende Prinzip der Produktion« sowohl

> »quantitativ zu einer geringen Proportion herabgesetzt [wird], wie qualitativ als ein zwar unentbehrliches, aber subalternes Moment gegen die allgemeine wissenschaftliche Arbeit, technologische Anwendung der Naturwissenschaften nach der einen Seite, wie [gegen die] aus der gesellschaftlichen Gliederung in der Gesamtproduktion hervorgehende allgemeine Produktivkraft«, dann arbeite das Kapital »an seiner eignen Auflösung als die Produktion beherrschende Form«. (Marx 1857/58: 587f.)

Dieser Fall ist nicht nur eingetreten, sondern übertroffen worden. Und »das Kapital« spottet realitätsgerechter als je zuvor in seiner Geschichte aller Theorien seiner Selbstauflösung.

Es ist entlastend und außerdem bequem, mit den herrschenden Objektiven und Strategien Frieden zu schließen: mit dem Wissens- und Wissenschaftsfetisch, der gegenwärtig an den Universitäten im Zuge der direktiven Ökonomisierung der Wissenschaften bis hin zur Abwicklung »unrentabler« Denkfabriken auf terminal erweiterter Stufenleiter sein (Un-) Wesen treibt; mit der perennierenden Suche nach den fixierbar dinghaften Ursachen einer Störung und damit mit dem ubiquitären somatiformen Denken, dem die meisten Patienten und Ärzte automatisch unterliegen; oder mit dem Furor operativus, der für das Objektiv der Krankheit charakteristisch ist. Für einige Medizinkritiker mag diese Annahme immer noch empörend und unangenehm sein. Es spricht aber alles dafür, dass sie insofern realistisch ist, als sie aus der Logik der Objektive resultiert, der die Mystifikation der Sachzwänge entspringt. Zu bedenken ist dabei, dass das, was in der Medizin geschieht, im Wesentlichen nur ein Reflex auf gesellschaftliche Strukturen und Mechanismen ist. Manfrau könnte sogar die These wagen, dass im gesellschaftlichen Teilsystem Medizin die allgemeinen Parolen und Diskurse besonders hörig umgesetzt werden.

Wenn Operationalisierung, Somatisierung, Fragmentierung, Kalkulation, Fanatisierung und Verstofflichung allgemein sind, ist niemand durch eine kritische Haltung davor gefeit, sich selbst und andere experimentell zu behandeln. Selbstgerechtigkeit ist also ebenso naiv wie blind. Unter hiesigen Gesellschaftsbedingungen ist es eine Bedingung der Möglichkeit des Überlebens, diesen Objektiven und Mechanismen genüge zu tun. Ohne Ver- und Entstofflichung zerflösse alles, und die Menschen würden auf klassische Weise verrückt. Denn die Gesellschaft hält sich nicht trotz Hylomatie am »Leben«, sondern durch sie. So wie sich das alte Subjekt und das alte Objekt, wie sich Menschen und Dinge untrennbar ineinander geschoben haben, so wie die Dinge jetzt vorgängig sind und die alten Objekte erst so richtig zur Objektivität gemacht haben, wäre den Individuen eine Gesellschaft ohne Verstofflichung wahrscheinlich noch unerträglicher als eine mit Verstofflichung. Folglich ist Kritik in der Gefahr, nicht nur unnachsichtig, sondern auch, um es mit Marx zu sagen, borniert und roh zu sein.

Offenbar gibt es angesichts der Paradoxien und Widersprüche keinen anderen Weg, als in der Theorie radikal pessimistisch und konsequent zu sein, sollen die menschenverachtenden Strategien nicht unwidersprochen bleiben und wollen wir uns selbst nichts schenken, beispielsweise ein besseres Gewissen, weil wir kritisieren und im Einzelfall helfen. Zugleich aber müssen wir in der Praxis radikal optimistisch sein, inkonsequent und pragmatisch vorgehen, also darauf hoffen, dass wir medizinische Experimente und andere Verstofflichungen verhindern können, weil wir uns sonst um ein weiteres Mal selbst verstofflichten, einverstanden mit der Flucht von Menschen vor sich selbst und dem, was sie in der Welt angerichtet haben. Soll Kritik nicht auf dem Rücken von Patienten ausgetragen werden, muss die Realität so, wie sie nun einmal ist, zur Kenntnis genommen werden. Denn schließlich gibt es nicht nur unproduktive, totstellende Experimente und Verstofflichungen, zu denen die Psychochirurgie gehört, sondern auch produktive, verlebendigende, zu denen die Genochirurgie gezählt werden kann. So notwendig eine Kritik medizinischer Experimente ist, die die Mechanismen der Menschenflucht und Menschenvernichtung nicht nur in der psychosozialen Sphäre des Experimentators oder in der institutionellen Sphäre der Medizin sucht, so falsch ist ein Rigorismus, der die für uns, die globalen Nutznießer, erweiternde Seite der Prozesse der Ver- und Entstofflichung verschweigt. Es ist nicht nur eine verstofflichende Monstrosität, durch das Züchten körpereigener Knorpel als Unfallopfer wieder ein vorzeigbares Gesicht zu bekommen oder dank transplantierter Leichenteile, gentechnisch produzierter Medikamente und operativ implantierter Mikrochips am wie auch immer hylomatisch umkodierten Leben zum bleiben. Und es ist mehr als eine stoffliche Virtualität, in Internet-Zeiten sein Geschlecht, seinen Körper, seine Rasse oder andere Stigmata zumindest vorübergehend hinter sich lassen zu können. Es ist autodestruktive Autopoiesis, vor allem aber autopoietische Autodestruktion, wobei das »Auto« nicht auf selbstmächtige Subjekte bezogen werden kann, die darüber entscheiden würden, ob sie lieber der zerstörerischen Kreativität oder der kreativen Zerstörung ihren Tribut zu zahlen bereit sind.

Es ist leicht, Luhmann als einen Apologeten des Bestehenden, als einen herzlosen Sozialtechnologen vorzuführen. Es ist aber schwer, seine Thesen zu widerlegen, beispielsweise die von der Selbstreferentialität der sozialen Teilsysteme oder die vom lärmenden Herumschweifen des Psychischen. Es ist leicht, Marx als einen illusionären Positivisten zu diskreditieren, weil er daran glaubte, der Kapitalismus werde eine humane Gesellschaft aus sich selbst heraus erzeugen. Es ist aber mehr als blind, das Tauschverhältnis aus dem hiesigen Leben wegzudenken. Es ist leicht, Adorno (1969b: 153) als einen transzendentalistischen Träumer zu ertappen, weil er vom »Einverständnis von Menschen und Dingen« sprach. Es ist aber denkbar, dass ein »Einverständnis«, ein anderes, als es sich Adorno dachte, bereits besteht.

Fester Kern von Sexualität und Geschlechtlichkeit

Neuartige geschlechtliche Assoziationen zeichnen sich trotz vielfältiger Performationen nicht ab, Assoziationen, die von vielen Männern und Frauen wenn schon nicht in erregender Harmonie, so doch einigermaßen besänftigend gemeinsam gelebt werden könnten, was allein angesichts des strukturellen Patriarchalismus auch nicht zu erwarten ist.

Die momentan kursierenden Figuren – von der Frau mit dem erotischen Kontinuum oder mit dem technokratischen Dildo bis hin zu dem Mann mit dem eisernen Willen oder der warmen Mütterlichkeit – haben einen geringen Diskursivierungsgrad, schlagen folglich kollektiv nicht durch. Außerdem sind sie eher egoistisch und abriegelnd als altruistisch und aufschließend. Vielleicht sind sie die postmodern drapierten Vorboten einer neuerlichen Bekräftigung jener Geschlechtsphantasmata, die uns die europäische Moderne beschert hat, selbstredend mit einigen Variationen.

Nehmen wir ernst, was Alltags- und Fachempirie beobachten, spricht vieles für eine Angleichung des weiblichen an das männliche Geschlecht – und vice versa, ohne dass ein Uni-Geschlecht herauskommen könnte. Immer mehr junge Frauen sind sexuell so fordernd, im öffentlichen Leben so durchsetzungsfähig und so gewalttätig wie es bisher nur vom männlichen Geschlecht erwartet worden ist. Andererseits sind immer mehr junge Männer sexuell so abwartend, im privaten Leben so gefühlsbereit und so sanftmütig wie es bisher dem weiblichen Geschlecht zugeschrieben worden ist.

Setzen sich diese Überlappungen fort, könnten sie eines Tages unwillkürlich den Blick auf jenen festen Kern von Geschlechtlichkeit und Sexualität frei geben, den der radikale Geschlechts-Feminismus ebenso wenig wahrnehmen will wie ihn selbstsüchtige Alleskönner wahrnehmen können, jene Neosexuellen, die sich modulhaft als Multiinventer inserieren.

Trotz der Dynamik des Kapitalismus und seiner Tendenz, immer mehr Bereiche unter seine Imperative zu zwingen, scheint das Sexualsystem relativ autonom zu sein, sich nur langsam zu verändern, im Fall der erotisch-romantischen Liebe sogar im Schneckentempo, wie ein Vergleich zeitlich relativ weit auseinander liegender Erhebungen zeigt (Sigusch und Schmidt 1973, Schmidt 1993/2000). Ich denke, das hat viele Gründe.

Wesentlich ist sicher, dass beide, Kapitalismus und Sexualität, einen *festen Kern* enthalten, um nicht zu sagen einen inerten, der sich, seit es sie als historische Bildungen gibt, trotz aller Umbrüche durchgehalten hat. Dieser feste Kern macht ihr gesellschaftliches Wesen aus.

Beim Kapitalismus gehören zu dieser sich immer einschneidender real abstrahierenden Grundstruktur Privatproduktion, Warenform, Tauschprinzip, Akkumulation und Verwertung des Kapitals, d. h. Produktion und Realisierung einer Mehrwert- und Profitrate, noch abstrakter gesagt: Wert, Tausch, Kapital.

Die Grundstruktur der Sexualität wird gebildet vom geschlechtlichen Dimorphismus, der einen Dipsychismus samt Geschlechterspannung mitbedingt, von der geschlechtlichen Fortpflanzung, von der Rätselhaftigkeit der erregenden sexuellen Anziehung und der Erregtheits- und Liebesgefühle und von der Leibhaftigkeit der Sensationen.

Fest ist der *sexogenerische Kern*, weil beispielsweise kein »Bio-Mann« je erfahren und verstehen wird, was der Einbruch der Menstruation und der Brüste, was die Blutfüllung der Vorhofschwellkörper, die Vergrößerung der Klitoris und die Kontraktionen im Unterleibsinneren, was Schwangerschaft, Geburt und Stillen oder was das natürliche Verlieren der Fruchtbarkeit in einem Alter, das heute keineswegs als hoch angesehen wird – was all das *wirklich* bedeutet. Diese mit dem Körpergeschlecht unlösbar verbundenen Ereignisse schlagen sich in Körper und Seele nieder, und nicht zuletzt aus diesen Niederschlägen entsteht das, was wir seit einiger Zeit Sexualität und Geschlechtsidentität nennen. Das gilt selbstverständlich ebenso für die traumatischen Ereignisse wie zum Beispiel eine Abtreibung, die kein Körpermann so wie eine Frau erleben muss: als Selbstverletzung, ja Selbstvernichtung.

So wahr es heute ist, dass die vergesellschaftete Gesellschaft auch die Körper der Menschen bis in die letzte Krypte hinein durchherrscht und fabriziert, so wahr ist immer noch, dass die Schnitte nach den Gelenken gelegt werden (müssen), so lange sie nicht ganz zertrümmert sind. Der geschlechtliche Dimorphismus geht folglich nicht spurlos in den Arten und Weisen auf, in denen er gesellschaftlich und sozial konstruiert und installiert wird. Die *Differentia sexualis specifica* mit ihrer psychophysischen und psychosozialen Eigenart setzt jeder gesellschaftlichen Konstruktion und jeder theoretischen Dekonstruktion Grenzen, die unhintergehbar sind.

Diese altmaterialistische Sicht wird zu Zeiten der (De-) Konstruktionen und der Enoncés als essenzialistisch zurückgewiesen. Doch die Zeiten werden sich auch wieder ändern.

Würde die Geschlechterdifferenz erkenntnistheoretisch wirklich ernst genommen werden, zeigte sie sich als dialektisch in einem eminenten Sinne: weil sie nicht nur ein Niederschlag im Unbewussten oder eine Tatsache des Bewusstseins ist, sondern beides produziert.

Daraus ergibt sich, dass auch das, was wir bisher mit Blick auf die Dissoziationen der neosexuellen Re-Formation gesagt haben, nur *eine* Realität bedenkt. Denn so sehr Geschlechtlichkeit und Sexualität epistemologisch und diskursiv getrennt sein mögen, sie sind in einer anderen Dimension assoziiert, liegen ineinander.

Ist der vaginale Orgasmus reifer als der klitoridale?

Im Rausch der experimentellen Befunde von Masters und Johnson (1966/1967) sind die nachfolgenden Bemerkungen Ende der sechziger Jahre geschrieben und kurz darauf in der Monografie »Exzitation und Orgamsus bei der Frau« (Sigusch 1970a) veröffentlicht worden, also – das muss doch einmal gesagt werden – vor den ersten Auseinandersetzungen von Feministinnen mit dem »Mythos vaginaler Orgasmus«. Da ich damals als junger Forscher Literatur exzessiv zitiert und belegt habe – in diesem Fall etwa 800 Arbeiten – , verweise ich jene, die nicht mit den Angaben zu den Standardwerken von Freud, Horney, Kinsey, Sherfey usw. zufrieden sind, auf die genannte Monografie. Die damaligen Überlegungen aber seien – von einigen Fußnoten abgesehen – ungekürzt und damit ungeschönt wiedergegeben:

Freud (1905: 121f.; 1916/1917: 328; 1933: 126) war der Ansicht, die »leitende erogene Zone« sei beim Mädchen in der phallischen Phase »an der Klitoris gelegen, der männlichen Genitalzone an der Eichel also homolog«. Die Klitoris spiele daher »im Kindesalter durchaus die Rolle des Penis«; sie sei »der Träger einer besonderen Erregbarkeit, die Stelle, an welcher die autoerotische Befriedigung erzielt« werde. In der Pubertät erfolge dann eine »Verdrängungswelle, von der gerade die Klitorissexualität betroffen« werde; eine »Übertragung der erogenen Reizbarkeit von der Klitoris auf den Scheideneingang« finde statt, »damit das Weib seine für die spätere Sexualbetätigung leitende Zone« wechsele und »ein Stück männlichen Sexuallebens« verdränge. Diese *Übertragung* soll »oft eine gewisse Zeit« in Anspruch nehmen, »während welcher dann das junge Weib anästhetisch« sei. Die Anästhesie könne bestehen bleiben, »wenn die Klitoris ihre Erregbarkeit abzugeben sich weigert, was gerade durch ausgiebige Betätigung im Kindesalter vorbereitet« werde.

Die Transmissionshypothese

Diese Hypothesen Freuds haben viele Psychoanalytiker und einige Nicht-
analytiker mehr oder weniger modifiziert *übernommen*, u. a. Karl Abraham, Fenichel, Chideckel, Ferenczi, Kemper, Knight, Elkan, Sapirstein,
Stokes, Weiss und English, Dorcus und Shaffer, Erikson, Greenacre,
Kroger und Freed, Wittels, Kehrer sowie Greenhill. Besonders orthodox
waren Hitschmann und Bergler, Eissler, Helene Deutsch, Lundberg und
Farnham, Bychowski, Eisenstein sowie Robinson. Die Anhänger dieser,
sagen wir, »Transmissionshypothese« sind davon überzeugt, dass Frauen
zwei unterscheidbare, sehr unterschiedlich zu beurteilende *Orgasmus-
Modi* erleben können: *einen klitoridalen und einen vaginalen Orgasmus*
(von denen Freud übrigens nicht direkt gesprochen hat). Die orthodoxen
Verfechter der Freudschen Hypothese folgern, nur der in coitu erreichte
vaginale Orgasmus könne voll befriedigen; nur er sei ein Zeichen für Reife
und Weiblichkeit und damit für eine normale psychosexuelle Entwicklung.
Entsprechend nehmen sie an, der klitoridale Orgasmus könne allenfalls
oberflächlich befriedigen und sei ein Zeichen für Unreife und Männlichkeit, für eine gestörte psychosexuelle Entwicklung. Dabei wird zum
Beispiel von infantiler Fixation und Verleugnen der weiblichen Rolle, von
krankhafter maskuliner Identifikation oder gestörter Entfaltung der
Persönlichkeit und Entstehung von Neurosen gesprochen. Wenn man
diesen Vorstellungen anhängt, kann man Frauen, denen es nicht gelingen
will, »reife vaginale« Orgasmen zu erreichen, nicht beneiden: Sie können
neurotisch, frigide oder auch homosexuell sein oder werden.

Tatsächlich sprechen diese Psychoanalytiker dann von *Frigidität*, wenn
eine Frau »vaginale« Orgasmen nicht erreichen kann, beispielsweise
Sadger, Karl Abraham, Bergler, Helene Deutsch, Kroger und Freed, Eisenstein sowie Michel-Wolfromm. Hitschmann und Bergler (1936: 20) haben
das unmissverständlich gesagt: »Under frigidity we understand the inca-
pacity of woman to have a vaginal orgasm.« Und: »The sole criterion of
frigidity is the absence of the vaginal orgasm.« Ohne Erstaunen liest man
dann bei Bergler (1951), dass fast alle Frauen frigide sein sollen. Da aber
nicht nur Bergler die Frigidität für ein »neurotisches Symptom« hält, ist
man am Ende doch recht verwundert.

Einige Psychoanalytiker, interessanterweise vor allem Frauen, haben
die oben skizzierte Hypothese Freuds, nach der die »erogene Reizbarkeit«
in der Pubertät von der Klitoris auf die Vagina übertragen wird, *nicht*

kritiklos übernommen, beispielsweise Brierley, Horney, Marmor, Benedek sowie Rado. Sie sind der Überzeugung, dass die Klitoris auch nach der Pubertät der sexuellen Stimulierbarkeit diene, ja dass die Reizung der Klitoris eine notwendige Voraussetzung für den vaginalen Orgasmus sei. Wenn eine Frau ihre klitoridalen Empfindungen unterdrücke, um dadurch ihre vaginale Reaktion zu steigern, könne das sogar ihrer Gesundheit abträglich sein. Außerdem stimme es nicht, dass erst die erwachsene Frau auf eine vaginale Stimulation sexuell reagiere; viele Mädchen hätten schon in der Kindheit sexuelle Lustgefühle, wenn die Vagina stimuliert werde. Somit sei es nicht gerechtfertigt, allein die vaginale Erregbarkeit als Kriterium der normalen psychosexuellen Entwicklung und Reife anzusehen.

In der von Freud induzierten Kontroverse um die zwei Modi des Orgasmus nehmen auch diejenigen Autoren eine *mittlere Position* ein, die weder der Klitoris noch der Vagina eine generelle Superiorität zusprechen, u. a. Dickinson und Beam, Payne, Lorand, Malleson, O'Hare, Shor, Oliven, Imerman und Dewey, Calderone sowie Baruch und Miller. Sie betonen die Bedeutung beider Organe für die sexuelle Exzitabilität und Reaktion der Frau und stellen vor allem die Komplementarität der vaginalen und klitoridalen Stimulation heraus, manchmal jedoch, ohne eindeutig die Frage zu beantworten, ob es überhaupt zwei Orgasmus-Modi gibt. Die Autoren, die sich zu dieser Frage äußern, plädieren in der Regel für die »Gleichwertigkeit« des klitoridalen und vaginalen Orgasmus.

Ähnlich äußert sich auch Stourzh (1962), die insgesamt 1500 Frauen befragt hat. Aufgrund ihrer Daten kommt sie zu dem Schluss,

> »dass der klitoridale Orgasmus keine Ausnahme, kein infantiles Residuum, auch keine virile Monstrosität ist und nicht unter die Anorgasmie abgeschoben werden kann, denn ein Drittel aller Orgasmen betraf die Klitoris allein, die übrigen zwei Drittel teilen sich verschiedentlich auf, fallen also auch nicht alle dem Fornix zu« (S. 80).

Für eine »Umschaltung« des Orgasmus in der Pubertät sieht Stourzh keine Beweise: Die Klitoris sei im Erwachsenenalter ein »vollwertiges weibliches orgastisches Organ« (S. 21), und auch bei Kindern komme schon, wenn auch selten, ein vaginaler Orgasmus vor. Eine »Rangordnung der Sexualorgane« lehnt sie ebenso ab wie eine »Anthropomorphisierung« (S. 39). Außerdem sei »nicht nur die Fähigkeit zum Orgasmus an sich, sondern auch dessen Lokalisation vorwiegend anlagemäßig bestimmt« (S. 81).

»Männlicher« Kitzler, »weibliche« Scheide

Bisher haben wir die Autoren zu Wort kommen lassen, die prinzipiell zwei Orgasmus-Modi unterscheiden. Wir wollen daher im Folgenden diskutieren, ob es, insbesondere aus sexualphysiologischer Sicht, überhaupt gerechtfertigt ist, vom klitoridalen im Gegensatz zum vaginalen Orgasmus zu sprechen. Dabei können wir den psychosexuellen und persönlichkeitspsychologischen Aspekt der Transmissionshypothese nicht erörtern; das muss weiteren Diskussionen in psychoanalytischen Kreisen vorbehalten bleiben. Ganz gewiss wird die Kontroverse über den klitoridalen und vaginalen Orgasmus, die nun schon ein halbes Jahrhundert lang geführt wird, sehr bald neu belebt werden. Schließlich ist es erstmals möglich, die Hypothese von den zwei Modi des Orgasmus anhand experimentell ermittelter sexualphysiologischer Befunde zu überprüfen (Sherfey 1966; vgl. auch mehrere Artikel im J. Am. Psychoanal. Ass., Bd. 16, 1968). Vielleicht ist es von Nutzen, wenn sich die orthodoxen Verfechter der Transmissionshypothese erinnern, dass Freud sehr wohl den Mangel an physiologischen oder überhaupt biologischen Daten gesehen und beklagt hat.

Obwohl wir, wie gesagt, der psychoanalytischen Diskussion nicht vorgreifen wollen und können, halten wir doch einige Bemerkungen für angebracht: Nach unserer Ansicht sind von psychoanalytischer Seite keinerlei gesicherte Befunde vorgelegt worden, die für die Richtigkeit der umstrittenen Hypothese sprechen, sodass diese bis heute nicht einmal im Ansatz verifiziert worden ist. Wenn man daran denkt, welche Bedeutung der »Ablösung« der »an die Klitoris fixierten Erogeneïtät« für die Entfaltung der Persönlichkeit und speziell für die Psychosexualität zugesprochen wird, und wenn man sich im Sinne von de Beauvoir (1956: 52) auf den »Buchstaben der Lehre« und nicht auf ihren »Geist« bezieht, dann imponiert das allzu mechanistisch: Die psychosexuelle Entwicklung soll ganz entscheidend von dem »Schicksal« eines Organs abhängen; mit der anatomischen soll auch – pointiert gesagt – die physiologische »Defloration« verbunden sein, mit der körperlichen soll auch die psychosexuelle »Virginität« überwunden werden.

Das nachträgliche Tabuisieren der Klitoris belehrt vielleicht, abgesehen von der Nähe zur herrschenden reproduktiven Sexualideologie, am ehesten darüber, wie sehr Freud *vom Modell Mann ausgegangen* ist, wie sehr er die weibliche Sexualität in den Schatten der männlichen gestellt hat. In unserem Zusammenhang heißt das: Da die Klitoris in der Kindheit ein

»Penisäquivalent« ist, muss die »Klitorissexualität« in der Pubertät als »ein Stück männlichen Sexuallebens« verdrängt werden (Freud 1905: 122; 1933: 126). Offenbar muss sich die Frau als ein verstümmelter Mann verstehen, wenn ihrem »virilen«, »phallischen« Organ nicht die Regalität abgesprochen wird. Diese wird daher der Vagina zugesprochen, die sich als Exekutor geradezu »anbietet«: Sie hat kein männliches Pendant, ist morphologisch introvertiert und funktionell rezeptiv; sie ist spezifisch »weiblich«: als »Kopulationsorgan«, das sehr wenig mit »infantiler«, masturbatorischer, nichtkoitaler Aktivität zu tun hat; als Receptaculum seminis, das den Samen aufnimmt und mit der Keimdrüse verbunden ist; als Austrittsschlauch bei der Geburt. So gesehen, ist es gar nicht verwunderlich, wenn man in der Vagina auch noch das »orgastische« Organ sah, wenn man die Klitoris, die gar nichts mit Reproduktion zu tun hat, zur »genitalen Tonsille« der reproduktiven Phase reduzierte und einen »weiblichen vaginalen« im Gegensatz zum »männlichen klitoridalen« Orgasmus postulierte.

Physiologische Einwände

Nun ergibt sich jedoch für die Hypothese von den zwei Modi des Orgasmus keine empirische Evidenz. Insbesondere aus sexualphysiologischer Sicht ist dazu im Einzelnen zu bemerken:

1. Der Orgasmus kann physiologisch nur als eine sehr komplexe Reaktion des Gesamtorganismus verstanden werden. Diese Feststellung ist berechtigt, weil wir heute wissen, dass viele und sehr unterschiedliche Organe auf eine sexuelle Stimulation reagieren. Höchstwahrscheinlich sind sogar alle Organsysteme beteiligt; das muss aber erst durch weitere Untersuchungen bewiesen werden. Auf jeden Fall ist es nicht möglich, den Orgasmus nach irgendeiner lokalen Reaktion zu bezeichnen oder zu rubrizieren. Dann müsste man nicht nur vom »klitoridalen« oder »vaginalen«, sondern auch – zum Beispiel – vom »kardialen«, »zerebralen« oder »uterinen« Orgasmus sprechen. Das impliziert beispielsweise die Behauptung, dass es nur einen Orgasmus gibt: den im Uterus stattfindenden. Jede dieser Benennungen ist aber eine Contradictio in adjecto, weil sich der Orgasmus nicht anatomisch oder physiologisch »zerlegen« lässt. Weder die Vagina noch irgendein anderes Organ reagiert »losgelöst« vom übrigen Körper; es gibt keinen »Orgasmus« der Klitoris, der Vagina oder anderer Organe.

Die gleichen Überlegungen gelten, wenn man nach der Stimulationspraktik oder nach der stimulierten Körperregion fragt: Orgasmen können nicht anhand dieser Kriterien voneinander unterschieden werden, da grundsätzlich immer die gleichen physiologischen Reaktionen ablaufen. Darauf haben wir bereits ausführlicher hingewiesen. Wenn man sich dieser Einteilungskriterien bediente, müsste man zwangsläufig auch – zum Beispiel – vom »oralen«, »mammären«, »analen« oder sogar »aurikulären« Orgasmus sprechen.

Masters und Johnson (1966: 66), auf deren Befunde wir uns hier vor allem beziehen, haben die Frage, ob es zwei wirklich unterscheidbare Modi des Orgasmus gibt, ganz knapp beantwortet: »From a biologic point of view, the answer to this question is an unequivocal No.« Ganz ähnlich haben sich u. a. auch Albert Ellis sowie Kinsey et al. (1953) geäußert.

2. Wenn auch aus physiologischer Sicht weder von einem »klitoridalen« noch von einem »vaginalen« Orgasmus, sondern nur, wenn man so will, von einem »sexuellen« Orgasmus gesprochen worden kann, so könnten die Anhänger der Hypothese, um die es hier geht, doch einwenden, damit sei noch nichts über Unterschiede im subjektiven Empfinden und Erleben gesagt. Auf solche Differenzen haben insbesondere Payne, O'Hare sowie Malleson, vor allem auf Grund persönlicher Erfahrungen, hingewiesen. Dagegen sprechen die Befunde, die auf systematische empirische Untersuchungen zurückgehen, nicht für die Richtigkeit dieser Annahme (Kinsey et al. 1953; Masters und Johnson 1966; vgl. Stourzh 1962). Damit wird nicht eine Uniformität der subjektiven Empfindungen beim Orgasmus postuliert. Wie variabel die Sensationen sein können, haben wir bereits erwähnt. Man kann aber nicht aus der Tatsache, dass die intensivsten Empfindungen bei dem einen Orgasmus im Bereich der Vagina und bei dem anderen Orgasmus im Bereich der Klitoris wahrgenommen werden, zwei völlig unterschiedliche Modi des Orgasmus ableiten, die zudem Aussagen über »Reife« oder »Unreife«, »Weiblichkeit« oder »Männlichkeit« zulassen sollen. Das wäre wieder ein Fraktionieren eines psychophysischen Phänomens, das nur als Gesamt zu verstehen ist; diesmal nur anhand anderer Einzelkriterien als beim Heranziehen von Stimulationsort, Stimulationspraktik oder Lokalisation einer körperlichen Reaktion.

Es reicht völlig aus, wenn man von einem mehr oder weniger intensiven, mehr oder weniger befriedigenden Orgasmus spricht; denn schließlich kommt es nicht auf die subjektive Lokalisation an, die überdies nicht mit dem Ort der intensivsten körperlichen Reaktion übereinzustimmen braucht. Wichtig sind einzig und allein die Intensität der Lustgefühle und der Grad der Befriedigung. Auch so gesehen, ist es für uns völlig unannehmbar, wenn der »vaginale« Orgasmus, der zudem durch eine bestimmte sexuelle Praktik erreicht werden soll, wissenschaftlich oder ärztlich quasi lizenziert wird.

3. Da die Klitoris nach der Transmissionshypothese ihre »erogene Reizbarkeit« an die Vagina abgeben soll, sind dazu noch einige Bemerkungen erforderlich: Anatomisch-histologische Untersuchungen haben ergeben, dass der Kitzler (Klitoris), die kleinen Schamlippen (Labia minora) und der Scheidenvorhof (Vestibulum vaginae) sehr viel mehr sensible Nervenendapparate enthalten als die Scheide (Vagina), die bei vielen Frauen überhaupt nicht mit diesen Rezeptoren ausgestattet sein soll (vgl. Sigusch 1970a: 31, Fn. 24). Entsprechend haben sinnesphysiologische Untersuchungen an insgesamt fast 900 Frauen ergeben, dass nur wenige Frauen nicht auf eine taktile Reizung der Klitoris (2 %), der Labia minora (2 bis 5 %) und des Vestibulum vaginae (2 bis 8 %), aber bis zu 89 % nicht auf eine entsprechende Reizung der Vagina reagierten (Kinsey et al., 1953). Erinnert sei hier auch daran, dass Gynäkologen kleinere chirurgische Eingriffe im Bereich der Scheide oft ohne Anästhesie vornehmen können, während die Klitoris sehr schmerzempfindlich ist.

Wegen dieser Befunde kann die »Transmission« eigentlich schon als »biologic impossibility« (Kinsey et al. 1953: 584) bezeichnet werden. Tatsächlich sprechen – nach den zur Zeit vorliegenden empirischen Untersuchungen – auch die Masturbationspraktiken erwachsener Frauen gegen eine »Transmission«: Fast alle stimulieren, meist indirekt, die Klitoris, aber nur wenige reizen die Vagina, zudem in der Regel nicht durch tiefe Insertionen, die auch von homosexuellen Frauen selten intendiert werden. Schließlich muss noch erwähnt werden, dass viele Frauen durch die Masturbation schneller zum Orgasmus kommen als durch den Koitus und dass der durch die Masturbation induzierte Orgasmus gar nicht selten als intensiver beschrieben wird. Wegen dieser Befunde haben viele Autoren auf die größere Effektivität der klitoridalen in Relation zur vaginalen Stimulation hingewiesen.

Psychologie der Vereinigung

Nun geben jedoch viele Frauen an, »dass ein Koitus mit tiefem vaginalen Eindringen ihnen eine Art der Befriedigung verschafft, die von der alleinigen

Stimulation der Labien oder der Klitoris verschieden ist« (Kinsey et al. 1953: 581). Dieser Befund ist wohl am ehesten psychologisch zu erklären: Mit dem vollständigen Eindringen des Penis in die Scheide wird auch die »Vereinigung« der Partner vollständig. Hinzu kommt der »totale« Kontakt beider Körper beim Koitus, der besonders stimulierend sein kann. Besonders wichtig und effizient ist aber auch hier wieder die Stimulation der Klitoris, die bei jedem Koitus zumindest indirekt erfolgt. Es ist also gar nicht möglich, einfach von ihrer Sensibilität abzusehen. Ebenso wenig darf die Stimulation der Labia minora, des Vestibulum vaginae und des Dammes (Perineum) außer Acht gelassen werden. Die Vagina kann dagegen nur bei den Frauen – nach Kinsey et al. (1953) maximal 14 % – eine Rolle spielen, die überhaupt Berührungsreize wahrnehmen. Allerdings könnten auch Dehnungs- und Druckreize von Bedeutung sein.

Nach dem, was wir gesagt haben, ist es völlig falsch, nur ein Organ oder eine Praktik zu qualifizieren, wenn es um die »Auslösung« des Orgasmus geht. Schließlich können Frauen auch durch eine außergenitale Stimulation, durch Phantasieren, nach einer operativen Entfernung des Kitzlers (Klitoridektomie) oder mit einer artefiziellen Vagina Orgasmen erreichen. Weder die Klitoris noch die Vagina ist also für eine effektive sexuelle Stimulation und Reaktion unbedingt erforderlich. Trotzdem hat die Klitoris – zusammen mit anderen Regionen des äußeren Genitales – in der Regel auch bei der erwachsenen Frau die größte Bedeutung im Hinblick auf die sexuelle Exzitabilität, während die Vagina in der Regel erst über psychologische Mechanismen und wegen der gleichzeitigen Stimulation gerade auch der Klitoris für die Exzitabilität von Bedeutung ist.

Wir wollen also weder die Bedeutung der Klitoris überschätzen noch die der Vagina unterschätzen. Es liegen aber keine wissenschaftlichen Befunde vor, die die Annahme stützen, die Klitoris, die ausgesprochen sensibel und sexuell exzitabel ist und ausschließlich dem sexuellen Lustgewinn dient, könne ihre »Erogeneität« ganz oder teilweise auf die Vagina übertragen, deren Sensibilität sehr gering ist und die viel eher im weitesten Sinne der Reproduktion dient. Falsch ist es auch, wenn man meint, die Klitoris werde beim Koitus nicht stimuliert, und man könne daher einfach von ihrer Sensibilität absehen, oder man müsse lernen, wenn das nicht möglich sei, klitoridale Sensationen in vaginale zu transformieren. Vielleicht haben sich hier die Verfechter der Transmissionshypothese in den Stricken einer reproduktiven Sexualideologie sehr viel mehr verfangen als sie ahnen.

Nicht zuletzt müssen wir die Transmissionshypothese auch ablehnen, weil sie zu einer Beunruhigung vieler Frauen führt, die sich für gestört, unweiblich, unreif, sexuell defizient, frigide, impotent oder womöglich neurotisch halten. Kinsey et al. (1953: 584) teilten mit, dass Hunderte von Frauen ihrer Stichprobe und Tausende von Patienten »gewisser« Ärzte »tief beunruhigt« waren, weil ihnen der Übergang von der »Klitoris-Reaktion« auf die »Vagina-Reaktion« trotz therapeutischer Bemühungen nicht gelang. Kemper (Nachdruck 1967: 86), selbst ein Anhänger der Transmissionshypothese, berichtete, dass sogar das Wegoperieren der Klitoris, die Klitoridektomie, empfohlen wurde – aus der naiven Erwartung, damit die vaginale Empfindungsfähigkeit einschließlich Orgasmus herstellen zu können. Das hat seine makabre Parallele nur im Kampf der Chirurgen gegen die Masturbation.

Satz vom ausgeschlossenen Geschlecht

Der anatomische Geschlechtsunterschied scheint natürlich zu sein und ist tatsächlich fundamental. Es scheint sogar, als habe er einen logischen Status, als sei er eine Kantische Opposition aus der »Kritik der reinen Vernunft«. Ohne die Beschaffenheit der äußeren und inneren Genitalien, geschweige denn der physio-logisch grundsätzlichen generischen Merkmale wie Geschlechts-Chromosomen und Keimdrüsen zu kennen, teilen wir geradezu zwanghaft, das heißt unaufhaltsam selbstverständlich, die, die uns erscheinen, in »weiblich« (w) und »männlich« (m) ein. Mancher Sexualforscher notierte schon vor einhundert Jahren, dass kleine Kinder die Personen ihrer Umgebung zuallererst nach dem phänomeno-logischen Geschlechtsunterschied differenzierten.

Nach Gesa Lindemann (1993: 288) lässt sich, ausgehend von der »Doppelstruktur der leiblichen Umweltbeziehung, ein Geschlecht zu sein, indem ich eines für andere bin, und eines zu sein, indem andere eines für mich sind«, in die »polyzentrische Realität des Geschlechts von Personen die Differenz der Geschlechter eintragen.« Dabei sei es erforderlich, »die unterschiedliche Struktur der Oppositionsbeziehung Mann-Frau« von der Leib-Umwelt-Beziehung abzusetzen, die dieser zugrunde liege: »Der Geschlechtergegensatz ist von der männlichen Seite aus kontradiktorisch und von der weiblichen Seite aus konträr bzw. polar beschaffen«. Diese Bemerkung in der Sprache der Schullogik provoziert die Überlegung, ob sich die Geschlechterdifferenz tatsächlich logisch begreifen lässt, ob die Begriffe w und m bei denklogischer Betrachtung konträr oder kontradiktorisch sind.

Seit Aristoteles (De categoriae, 10b–11b) heißen in der philosophischen Logik Begriffe dann konträr, wenn sie einander ausschließen, und zwar so, dass ein Tertium als »dazwischen« liegender Begriff möglich ist. Das ist bei w und m der Fall, wenn wir, auf der Ebene der Gemeinplätze und damit auch ideo-logisch, an den Zwitter denken oder, mytho-logisch und tiefen-psycho-logisch, an die Androgynie, Mannweibliches und Weibmännliches oder, patho-logisch, an den Intersexualismus. Kontradiktorisch heißen Begriffe dann, wenn sie einander ausschließen, ohne dass ein Tertium möglich ist. Auch das ist bei w und m der Fall, denn wir fragen ja nicht nach der realen Beschaffenheit der diversen Geschlechtsmerkmale, wenn wir unser Urteil abgeben, und wir versuchen außerdem zwanghaft, unser Urteil immer sofort, auf den ersten Blick, *Prima vista*, zu fällen.

Sind w̲ und m̲ also sowohl konträre als auch kontradiktorische Begriffe? Nach der traditionellen Schullogik sieht es so aus. Wenn wir w̲ annehmen, ist m̲ ein konträrer Begriff, weil es Zwischenstufen gibt, gewissermaßen mittlere Geschlechtsbegriffe. Nicht-w̲ dagegen wäre ein kontradiktorischer Begriff, weil mit w̲ und nicht-w̲ alle Geschlechtsbegriffe erfasst wären. Mithilfe der Schullogik können wir das Problem demnach nicht durchdringen.

Nun hat Hegel (Wiss. der Logik, II: 256) die Existenz der konträren und kontradiktorischen Begriffe als besonderer Arten bestritten: »Sie werden als zwei besondere *Arten* angesehen, d. h. jeder als fest für sich und gleichgültig gegen den anderen ohne allen Gedanken der Dialektik und der inneren Nichtigkeit dieser Unterschiede, – als ob das, was *konträr* ist, nicht ebensosehr als *kontradiktorisch* bestimmt werden müßte.« Es kann nach Hegels Erörterung weder an der Form noch am Inhalt der Begriffe liegen, ob ein Tertium möglich ist oder nicht. Kants Theorie der dialektischen Oppositionen hatte bereits postuliert, dass Urteile konträr sein können, die der Form nach kontradiktorisch sind. Seine Antinomien belegen das. Offensichtlich ist die Differenz konträrer vs. kontradiktorischer Begriffe vom Kontext abhängig. Ihr Verhältnis zueinander kann Hegel zufolge nicht allein auf ihren Inhalten beruhen; es gründet vielmehr auf komplexeren Beziehungen.

In der Philosophie vor Hegel, Kant eingeschlossen (vgl. Kritik der reinen Vernunft, A: 262, B: 317f.), heißt die Deutung der Beziehungen zwischen Begriffsinhalten Reflexion. Die traditionelle Reflexionslogik nennt Begriffe, die einander inhaltlich »widerstreiten« oder »entgegengesetzt« sind, kontradiktorisch. Sind die Begriffe ihrem Inhalt nach lediglich »verschieden«, so sind sie höchstens konträr. »Widerstreit« oder »Gegensatz« und »Verschiedenheit« sind so genannte Reflexionsbegriffe, die die Beziehungen zwischen den konträren und kontradiktorischen Begriffsinhalten bestimmen. Hegels Überwindung der traditionellen Reflexionslogik besteht nun darin, nicht mehr anzunehmen, dass die Beziehungen zwischen den Inhalten der Begriffe durch die Begriffe als solche vorgegeben seien. Ob die Inhalte der Begriffe als lediglich »verschiedene« oder als »entgegengesetzte« angesehen werden, hängt von der Bestimmtheit des Gegenstandes ab, auf den die Begriffe als Prädikate bezogen werden. Die traditionelle Reflexionslogik klassifizierte Begriffe nach dem Unterschied von Reflexionsbestimmungen, obgleich diese Begriffe als Begriffe gar nicht unterschieden sind – »ohne allen Gedanken der Dialektik«.

Die traditionelle Reflexionslogik ging also naiv metaphysisch vor wie unsere *Prima vista*-Bestimmung des Geschlechts naiv physisch. In der Philosophie vor Hegel liegt zwischen dem Reich der Gegenstände, die für sich bestehen, und dem Reich der Begriffe, die als Prädikate dienen, ein Hiatus. Bei unserer *Prima vista*-Bestimmung des Geschlechts einer Person wird die generische Sphäre von allen anderen Sphären isoliert – als ob w und m nur den (entgegengesetzten) anatomischen Geschlechtsunterschied beinhalteten, als ob w und m nicht auch in anderen, vielleicht ebenfalls fundamentalen Hinsichten unterschieden seien, nicht notwendigerweise im Sinne des Gegensatzes, vielleicht nur im Sinne der Verschiedenheit, beispielsweise in Hinsicht auf Kinder oder Priester, in Hinsicht auf die Sphäre der öffentlichen Arbeit, des privaten Haushalts, der Politik oder der Wissenschaft.

In der Logik wie im Leben kommt es folglich darauf an, die Beziehungen, die die Begriffe w und m inhaltlich zueinander haben sollen, nicht nur als Beziehungen von Begriffsarten, als konträr *oder* kontradiktorisch, nicht nur innerhalb der Sphäre der Begriffe zu denken, sondern als abhängig von der Bestimmtheit der Gegenstände, auf die die Inhalte der Begriffe bezogen werden. Diese Aufgabe stellt sich Hegel in der »Wissenschaft der Logik«. Dort untersucht er die Reflexionsformen, in denen sich die Gegenstandsbestimmungen aufeinander beziehen: solche der Identität, der Verschiedenheit, des Gegensatzes usw. Als »Einheit der Identität und der Verschiedenheit« bezeichnet Hegel (Wiss. der Logik, II: 493f.) die Reflexionsbestimmung des Gegensatzes. Einerseits ist jeder Gegensatz ein Verschiedenheitsverhältnis, als entgegengesetzte Relate als entgegengesetzte nicht identisch sein können. Andererseits sind entgegengesetzte Relate nicht in beliebiger Hinsicht, also nicht naiv metaphysisch, Verschiedenes. Positives und Negatives, entgegengesetzte Relate, in unserem Beispiel w und m, sind nach Hegels Einsicht »in Einer Identität verschiedene« (Wiss. der Logik, II: 40).

W und m, so kann geschlossen werden, sind beide gegeneinander negativ. Wenn w als Positives m entgegengesetzt ist, dann muss w mit nicht-m in einer bestimmten Hinsicht identisch sein; und umgekehrt. Diese Identität nennt Hegel in seiner »Wissenschaft der Logik« »Negativität«. Ihrer reflexionslogischen Struktur nach ist sie eine Beziehung auf sich selbst:

»Jedes bezieht sich auf sich selbst, nur als sich beziehend auf sein Anderes« (Wiss. der Logik, II, S. 42). Auf unser Beispiel angewandt, ergibt sich: W und m sind negativ gegeneinander, wenn w mit nicht-m und m mit nicht-w identisch ist. Dieses Verhältnis bedingt, dass w mit nicht-nicht-w identisch ist. Diese Identität als Selbstbeziehung wird also vermittelt durch zweifache Negation. Deshalb nennt Hegel die Negativität auch »zweite Negation« oder »Negation der Negation«.

Sehen wir eine Person als Frau oder Mann an, belegen wir sie mit den Prädikaten w oder m, scheint es so, als folgten wir dem ehrwürdigen und an seinem Platz fraglos notwendigen »Satz vom ausgeschlossenen Dritten«, also einem formallogischen Prinzip. Hegels Begriff der Negativität (und des Widerspruchs), der die Differenz von konträrem und kontradiktorischem Gegensatz relativiert, reißt uns jedoch aus dieser formalen Trennungsruhe, die dem »Willen« des Verstandes entspringt, »den Widerspruch von sich abzuhalten« (Encycl. der philos. Wiss., § 119). Indem der »Satz vom ausgeschlossenen Dritten« in jenem Verständnis, das auf Aristoteles zurückgeht, besagt, jedes Prädikat komme jedem Etwas entweder zu oder nicht zu, wird mit ihm formallogisch von den Beziehungen zwischen Gegenständen und Gegenstandsbestimmungen abstrahiert. Auf unser Beispiel angewandt: Einer Person kommt entweder das Prädikat w oder das Prädikat m zu; und da vor aller Schullogik psycho-logisch und sozio-logisch, das heißt hier durch die seelischen und sozialen Bedingungen unseres Lebens, entschieden ist, dass eine Person w oder m zu sein hat, weil wir ganz offensichtlich die Irritation nicht ertragen können, die eine Person, die weder w noch m ist, in uns erzeugt, kommt es auch tat-sächlich dazu.

Dieser formal scheinbar logische formallogische Satz, den ich einmal ohne Respekt vor der Logik den »Satz vom ausgeschlossenen Geschlecht« nennen möchte, treibt seltsame Blüten aus sich heraus, sofern er durch die reale Vielfalt des Geschlechtlichkeitserlebens in die Enge seiner Unmittelbarkeit gedrängt wird. Dann gelten alle Abstraktionen des »Satzes vom ausgeschlossenen Dritten«: dass bereits das Prädizieren einem Gegenstand Bestimmungen beilegt, dass diesen Bestimmungen andere Bestimmungen entgegengesetzt sind, dass, wie Hegel betont, die Relation der Entgegensetzung immer schon bestimmte »reflexionslogische Substrate« voraussetzt – auf dass der Widerspruch, bei Hegel als Reflexionsbestimmung gefasst, und die Irritation, von der wir in psychologischer Hinsicht sprachen, beseitigt und die offenbar unabwendbare Alternativgeschlechtlichkeit w oder m instituiert, fundamentiert und fundamentalisiert werde. Indem der Verstand von wesentlichen Relationen, von Vermittlungen abstrahiert, legt er seinen Prädikationen Gegenstände zugrunde, die »die Gestalt des toten Etwas« haben (Wiss. der Logik, II: 57). Von dieser Gestalt sind unsere Allerwelts-Geschlechter: gereinigt vom Widerspruch, aus der äußeren Erscheinung scheinbar formal- und argumentations-logisch geschlossene, scheinbar rein bio-logische Etwas vom Range der Einheit der *Facta bruta*.

Logisch ist der anatomische Geschlechtsunterschied also nicht. Folglich kann er auch nicht in der Sprache der Logik beschrieben werden. Aber der kleine Streifzug in die philosophische Logik war vielleicht nicht ganz umsonst. Immerhin kann von Hegel gelernt werden, dass Positives und Negatives, dass entgegengesetzte Relate, also hier w und m, »in Einer Identität verschiedene« sind. Diese merkwürdige Identität, die Hegel »Negativität« nennt, ist, wie angedeutet, eine Selbstbeziehung: »Jedes bezieht sich auf sich selbst, nur als sich beziehend auf sein Anderes.«

Gäbe es eine Geschlechtslogik, wäre sie hier zu suchen. Jedes scheinbar aus sich selbst heraus bestimmte Geschlecht ist, was es ist, nur durch die ihm entgegengesetzte geschlechtliche Bestimmtheit, von der es sich als Entgegengesetztes *ebenso unterscheidet, wie es mit ihr identisch ist*. Die Geschlechtsidentität als Hegelsche Negativität – das könnte die philosophische Fassung dessen sein, was der Religionsphilosoph Heinrich (1962) »Geschlechterspannung« nannte und der Psychoanalytiker Reiche (1990/2000) aufgriff: Spannung zwischen den Geschlechtern und in einem Individuum.

Jede Kultur geht mit dieser Spannung, die alle Sphären, nicht nur die sexuelle und die intellektuelle, durchdringt, anders um, versucht, sie mit jeweils anderen Mitteln zu dämpfen. In unserer Kultur ist das Verhältnis von w und m im Zuge der neosexuellen Revolution wieder ins Zentrum des Reflektierens getreten. Dabei wollen einige Gleichheit und Verschiedenheit, Identität und Opposition der Geschlechter grundsätzlich begreifen, indem sie die Früchte klassischen Denkens noch einmal aus den Einmachgläsern holen und in Weckgläser füllen: Lindemann erinnert an Plessner, Reiche an Max Hartmann. Ich wollte hier an Hegel erinnern und daran, dass ein »Satz vom ausgeschlossenen Geschlecht«, dem wir in verschiedener Gestalt in feministischen und sexualwissenschaftlichen Studien, nicht zuletzt in jenen über Geschlechterdifferenz und Geschlechtswechsel, begegnen, insofern anachronistisch ist, als er selbst hinter das Reflexionsniveau zurückfällt, das die klassische Philosophie bereits erreicht hatte.

Nun war gerade blumig konkret von seltsamen Blüten die Rede, die der »Satz vom ausgeschlossenen Geschlecht« scheinbar formallogisch zu produzieren in der Lage ist. Ein unvergessliches Beispiel aus der Praxis ist schnell erzählt:

Als 1980 ein von uns schon einige Zeit empfohlenes Gesetz über die Geschlechtszugehörigkeit von Geschlechtszweiflern und Geschlechtswechslern am Widerstand der damaligen Mehrheit einer Volkspartei im Bundesrat zu scheitern drohte, reisten Eberhard Schorsch und ich, von der damaligen Koalition gerufen, nach Bonn, um vor dem Vermittlungsausschuss zwischen Bundestag und Bundesrat unsere fachwissenschaftlichen Beweggründe zu erläutern. Unser oberstes Ziel war es, dass endlich jenen Menschen, die ihr bei der Geburt festgelegtes Geschlecht verlassen hatten oder aufgeben wollten, auf dem Weg der freiwilligen Gerichtsbarkeit und im Sinne einer so genannten Rechtswohltat gesetzlich gestattet würde, einen ihrem gelebten Geschlecht angemessenen Vornamen zu führen und ihren so genannten Personenstand zu ändern. Personenstand – das meint rechtlich bemerkenswerterweise nicht freien Willens oder willenskrank, beruflich selbstständig oder abhängig beschäftigt, strafmündig oder strafunmündig, geschäftsfähig oder geschäftsunfähig, vorbestraft oder unbescholten, nein: es meint natürlich w oder m, ganz konkret: den alles, auch die Heiratsfähigkeit entscheidenden Eintrag ins Keimbahn-Buch über die immer festzusetzende Geschlechtszugehörigkeit.

Die Lage im Vermittlungsausschuss, einem Schalthebel der politischen Macht, war scheinbar eingeschlechtlich, also ganz normal patriarchal. Morpho-logisch anwesend waren nur Männer, Abgeordnete, Regierungsmitglieder, Ministerialbeamte, Sachverständige. Es war so, als säßen morpho-logisch nur Frauen zusammen und definierten, wer rechtlich ein Mann ist, und als hätten sie auch die Macht dazu. Die Lage war kulturell so essenziell, dass ein Staatssekretär das tat, was ansonsten eine Sekretärin tut.

Als wir nun ernst und zwangsläufig männlich das Für und Wider des – schließlich am 1. Januar 1981 in Kraft getretenen – »Gesetzes über die Änderung der Vornamen und die Feststellung der Geschlechtszugehörigkeit in besonderen Fällen (Transsexuellengesetz – TSG)« erörterten, wurde einem Abgeordneten, der später Landesjustizminister und Richter am Bundesverfassungsgericht wurde, die ganze Tragweite der rechtlichen Operation mit einem Schlag klar. Er sagte: »Das geht ans Eingemachte!« Weil das damals erkannt wurde, dürfen Geschlechtswechsler trotz der ihnen per *Lex specialis* gewährten Rechtswohltat keineswegs oszillieren zwischen m und w. Der »Satz vom ausgeschlossenen Geschlecht«, von dem die Rede war, hatte seine ideo-logische, psycho-logische und, wie wir annehmen, seine nur scheinbar formal-logische Notwendigkeit bewiesen: Auch Transsexuelle seien entweder w oder m.

Das Transsexuellengesetz ist also ein Zweigeschlechtlichkeitswiederherstellungsgesetz, genauer: ein *Zissexuellengesetz*.

Wm, mw, ts, tg, is, as oder gar ab, ac, ad usw. gibt es (noch) nicht allgemein. Ausschließen lassen sich neue Geschlechtsformen aber nicht mehr, obgleich der Kern der gegenwärtigen Geschlechtsformen recht fest ist. Ein Problem der Logik würde das jedoch nicht werden. Logisch gibt es weder nur ein Geschlecht noch zwei Geschlechter. Die Logik, die wir haben, sagt, m und nicht-m oder w und nicht-w erfassen alles. Der ersten Version (erinnert sei an fe-*male* und wo-*man* sowie an herrlich versus dämlich) hing bekanntlich nicht nur Freud und nach ihm der größte Teil der Psychoanalyse an. Der zweiten Version neigen seit den 70er Jahren des 20. Jahrhunderts bei uns immer mehr Menschen zu, für die das Weibliche das Prius ist und das Männliche das Hinzukommende, das ohnehin dabei sei, bio-logisch zu verschwinden.

Beides ist natürlich metalogisch, das heißt tat-sächlich und lebensweltlich und vor allem psychologisch unsinnig. Denn noch haben alle Menschen eine Mutter und einen Vater, die in ihnen seelisch niedergeschlagen, repräsentiert sind, ganz unabhängig davon, ob die Eltern physisch in der Kindheit präsent waren oder nicht. Deshalb sind alle Menschen basal bisexuell, wobei sich hier das »sexuell« auf Sexus gleich Geschlecht bezieht: Frauen sind seelisch auch »männlich«, Männer sind seelisch auch »weiblich«, ja es gibt sachlogisch Frauen, die »männlicher« sind als Männer, und Männer, die »weiblicher« sind als Frauen, wenn wir uns einmal vom geschlechtlichen Dimorphismus und seinen somatischen Auswirkungen frei machen und das Seelisch-Kulturelle als prägende Natur einschätzen und nicht als aufgesetzte. Dann ergibt sich zwanglos, dass die anatomische und die soziokulturelle Zweigeschlechtlichkeit durch die seelische Zweigeschlechtlichkeit gebrochen werden zu mehr oder weniger austariert unauffälliger »Männlichkeit« oder »Weiblichkeit«.

Deshalb phantasieren wir ja auch, nicht nur, wenn es um neue Geschlechtsformen und Geschlechtsidentitäten geht, immer Verschränkungen von »Männlichem« und »Weiblichem«, die möglichst in der Spannungen auflösenden Vereinigung enden: *Due in uno, uno in due*, die verlorene Hälfte unseres Glücks sei wieder da, unserer Liebe, unseres Verstandes, unseres Lebens, unseres Todes, der Mann blute und gebäre, die Frau zeuge und ejakuliere, der Mann fasse seine schwellenden Brüste an, die Frau führe ihr Glied in die pochende Scheide ...

Die Tendenz zur Transzendenz, die der Differenz wie der Isoliertheit der Geschlechter innewohnt, und die wir für humanspezifisch halten, hat Platon (Gastmahl, 189D ff.) bekanntlich in unsere ehemalige Natur verlegt. Zunächst gab es nämlich, wie es in jener aristophanischen Legende heißt, die am Beginn der Jahrtausende andauernden Konstruktion der »europäischen Liebe« steht, nicht zwei, sondern drei Geschlechter: Doppelmann, Doppelweib und Mannweib, also <u>mm</u>, <u>ww</u> und <u>mw</u>. Die Menschen ruhten damals rund in sich, wurden hochmütig und den Göttern eine Gefahr. Deshalb zerschnitt sie Zeus in jeweils zwei Hälften, wie man Früchte zerteilt zum Einmachen. Er hoffte, sie würden angesichts ihrer Zerschnittenheit sittsam werden. Doch die Geschlechtshälften taten nichts anderes, als einander zu umschlingen, voller Drang, wieder zusammenzuwachsen. Daran gingen sie zugrunde, weil sie weder aßen noch zu etwas anderem Lust hatten. Die Götter aber wollten auf ihre Dienste nicht verzichten. So musste sich Zeus entschließen, diesen zusammenwuchern-den Geschlechtshälften Dränge einzupflanzen (Freud wird sie später den sexuellen und den egoistischen Trieb nennen) – und damit die Tendenz zur Transzendenz (Freuds Quelle der kulturellen Leistungen). Zeus versetzte also die Genitalien nach vorne (*facies ad faciem* können die Halben jetzt kohabitieren, werden die Anthropologen dazu sagen); denn sie waren noch nach außen gerichtet, sodass die Geschlechtshälften in die Erde zeug-ten wie die Zikaden.

Jetzt aber zeugten und gebaren sie ineinander. Alle suchten fortan das entsprechende Gegenstück. Seither sind Männer, die ein Halbteil des Mannweibes waren, in Weiber verliebt und Weiber, die ein ebensolches Halbteil waren, in Männer. Weiber aber, die Halbteile des ursprünglichen Doppelweibes waren, wollen von Männern nichts wissen, sie sehnen sich nach einem Weib. Männer endlich, die einmal aus einem Doppelmann hervorgegangen sind, haben von Natur keinen Sinn fürs Weib, für Ehe und Nachkommenschaft; ihr Sinn steht nach Knaben. Sie sind die Besten, weil die Mannhaftesten von Natur, sagt Aristophanes; sie sind in der Lage, den Staat aufzubauen und zu leiten.

Trifft jetzt bei einer Umarmung ein Mann auf ein Weib und ein Weib auf einen Mann, erfolgt zugleich eine Zeugung zur Fortsetzung des Menschengeschlechts, und die Götzen bekamen immer mehr Diener, die ihnen auch noch dankbar waren und in Angst verbunden. Denn Zeus hatte es nicht versäumt, mit einer weiteren Spaltung zu drohen, wenn sie nicht täten, was ihnen jetzt anatomisch ermöglicht, eine Spaltung, die sie zu den

Reliefs auf den Grabsteinen machen würde, deren durchgesägte Nasen sie schon geschreckt hatten.

Seither ist oft ein Geschlecht kein Geschlecht, ja nicht einmal Sexus. Seither sind die einst androgynen Wesen in erster Hinsicht *protogeschlechtlich*, weil sie die weggeschnittene Hälfte ihres Genus suchen müssen, weibliche Teile ihr männliches und männliche Teile ihr weibliches. Die ehemals schon männlichen oder weiblichen Geschlechter – über Letztere sprachen die Patriarchen natürlich nur am Rande – sind *protosexuell*, weil sie ihr Genus schon besitzen, wenngleich unvollständig, noch nicht aber ihren Sexus, den die Protogeschlechtlichen erst finden können, wenn sie wieder androgyn geworden (und durch den Ödipuskomplex, wie Freud später darlegen wird, hindurchgegangen) sind. Den Komplex müssen die Protosexuellen zwar auch überwinden; in ihnen steht aber von Anfang an der Sexualdrang im Vordergrund und seine Befriedigung, damit sie nicht der Lust verfallen, denn, so berichtet Aristophanes, sie müssen sich als die Besten der Werktätigkeit zuwenden und um den Staat sorgen: Eine herrliche, eine patrimorphe Sicht des Verhältnisses von Genus und Sexus, die in allen Geschlechts- und Sexualtheorien der Moderne ihren Niederschlag gefunden hat.

Wirklich neuartige Geschlechtsformen könnten sich erst herausbilden, wenn es gelänge, die bisherige Bahn der Geschlechtskeime über viele Generationen zu unterbrechen oder massenhaft zu ersetzen, beispielsweise durchs Klonen, das keine Zweigeschlechtlichkeit mehr kennt, wenn also das geschlechtliche »Eingemachte« aufgebraucht, aufgegessen wäre. Erst dann könnten vielleicht Wesen entstehen, die sich seelisch nur auf eines oder auf keines der bisherigen Geschlechter beziehen müssten, sodass ein Etwas entsteht – wir könnten nicht mehr sagen: *sui generis* –, dessen Namen wir noch gar nicht phantasieren können, weil unsere Phantasie wie alles Andere <u>wm</u> ist bis auf die Knochen.

Transsexualismus oder
Jede These ist eine Prothese

Eine Schrift von Annette Runte (1996) über Transsexualität kommt als ein Buch mit sieben Siegeln daher, die sich nicht ganz leicht brechen lassen. Sie könnten heißen Geschlechts-Dispositiv, Genre-Archäologie, LA femme/bonhomme, Bild-Phalle, père-version, Triangularisierung des Duals und Gesetzwerdung des Imaginären. Damit ist bereits gesagt: Annette Runte stützt sich auf die Diskurstheorie von Michel Foucault (und Jürgen Link) und auf die Lacansche Psychoanalyse (und deren medientheoretische Fortschreibung durch Friedrich Kittler). Zwischen diesen Theoriegebäuden möchte sie eine Brücke schlagen, was im Falle des Transsexualismus und des einen Meisters nicht unbedingt präformiert ist, hat doch Lacan den Transsexualismus nie systematisch analysiert, ihn aber kurzerhand als »Delirium« bezeichnet und den »Psychosen« zugeschlagen. Aber wie dem auch sei: Wenn Runte von »Psychoanalyse« spricht, meint sie im Ernst- und Zweifelsfall die Lacansche wie übrigens der philosophische Foucault auch, worauf schon mancher Freudianer hereingefallen ist.

Zentrales Anliegen Runtes ist es, die diskursive Konstituierung des Transsexualismus, einer »essentialistisch verrätselten Extremerfahrung« (S. 9), vor allem an Hand von 40 (vgl. S. 23) oder vielleicht auch nur 36 (vgl. S. 696, Fn. 3) (auto)biografischen Texten von resp. über Transsexuelle in französischer (19 Texte), englischer (15) oder deutscher (6) Sprache sowie an Hand einiger hundert Fallgeschichten nachzuzeichnen, wobei das Phänomen nicht nur als kulturelles Konstrukt begriffen wird, weil sich schließlich symbolische Konstruktionen wie deren Re-Konstruktionen nicht zuletzt vom wissenschaftlichen Imaginären als signifikant überdeterminiert erwiesen, sodass Betroffene wie deren Beobachter dem »blinden Fleck« ihres Wissensbegehrens unterworfen seien. Runte erschließt also ein foucaldisches »Archiv« mit dem Ziel, die intertextuelle Genese, Ausdifferenzierung und Vernetzung einer modernen Diskursformation zu verfolgen, die literarische und wissenschaftliche Anwendungsmodelle aufgenommen hat und die vielfältige Beziehungen zu Alltags- und Spezialdiskursen unterhält, von antiken Ursprungsmythen bis hin zur Science Fiction, von der alten Sexuologie bis hin zur Gentechnik, von der theoretischen Rede bis hin zur journalistisch ebenso verstümmelnden wie skandalisierenden Banalisierung und damit Normalisierung.

Biografische Operationen

Das Buch trägt den schönen Titel *Biographische Operationen*. Die Autorin geht aber nicht so weit (wie der Autor), ein *Operations-Dispositiv* oder *-Objektiv* anzunehmen (Sigusch 1995, 1999b; vgl. siehe S. 56, 60f.), unter dem nicht nur die zahllosen »Selbstbeschädiger« und die, denen die Medizin – übrigens seit den dreißiger Jahren, also seit sich der von Runte studierte Textkorpus herausbildet – allerlei sonderbare Krankheiten wie ein Münchhausen-Syndrom bescheinigt hat, ihr Leben diskursiv-operativ einund ausrichten, sondern auch die Trans- und Zissexuellen und damit wir alle mehr oder weniger. Der Untertitel »Diskurse der Transsexualität« meint wohl: wie Transsexuelle »selbst« ihr Anderssein im Medium von Autobiografien diskursivieren. Merkwürdig an ihm ist seine diskurstheoretische Eindimensionalität, die der Materialität von Interdiskursen nicht gerecht wird, und außerdem die Entscheidung für das Wort »Transsexualität«. Im Text selbst ist, von Zwischentiteln abgesehen und entgegen einer anfänglichen Reflexion der Autorin (vgl. S. 22, Fn. 3), beinahe ausschließlich von »Transsexualismus« die Rede, als mache es keinen Unterschied, ob ein Wort das Suffix -tät oder -ismus enthält und ob der Kern eines Kern- und Leitwortes »Sexualität« ist oder das lateinische »Sexus«, das im Wesentlichen »Geschlecht« meint(e). Ähnlich überrascht, dass die sensible Sprachwissenschaftlerin und Sprachjongleurin das Wort »schwul« (S. 700) für einen Umstand zu einer Zeit verwendet, in der es nicht die geringste diskursive Bedeutung hatte (vgl. S. 133ff. in diesem Buch sowie Sigusch 2000). Irritiert aber hat den Rezensenten, dass Runte von »Korpus-Selektion« und »Selektionsmaßstab« (S. 23) und von »(Schreib-)Einsätzen« (S. 695) Transsexueller spricht, ja dass sie einem Kollegen für seinen »Einsatz« (S. 12) dankt, obgleich das Wort »Einsatz« (vgl. Sigusch 2005a: 175ff.) wie das Wort »Selektion« unauslöschlich zum Nukleus der von Victor Klemperer analysierten Nazi-Sprache gehört, die er LTI (Lingua Tertii Imperii) nannte.

Annette Runtes Werk, das um ein Haar 800 eng bedruckte Seiten umfasst, ist in elf Kapitel gegliedert. Im ersten Kapitel (›Trans-sexualität‹: Textkorpora und Interdiskurs-Analyse) werden die analysierten Materialien vorgestellt und der theoretisch-methodologische Ansatz einführend reflektiert. Im zweiten Kapitel (›Geschlechtliches Dispositiv‹: Körper/Seele-

Formeln und ›Zwischenstufen‹-Theorien) wird das Bedingungsgefüge transsexueller Selbstdarstellung diskurshistorisch aufgerollt. Im dritten Kapitel (›Sex and gender‹: Das Rätsel der geschlechtlichen Differenz) konfrontiert Runte das psychoanalytische Denken der Geschlechterdifferenz mit dem ichpsychologischen und systemtheoretischen Ansatz, der nach ihrem Verständnis weder die historische Spezifität noch die individuelle Funktionalität der transsexuellen Diskordanz zu plausibilisieren vermag, eine Kritik, der insbesondere die Arbeiten Robert J. Stollers unterliegen. Im vierten Kapitel (›Reale Kastration als symbolische‹: Das Strukturmodell der Psychose in der Lacan-Schule) wird die transsexuelle »Verwerfung« der geschlechtlichen Endlichkeit nicht nur als Effekt einer pathogenen Mutter-Kind-Symbiose betrachtet, sondern auch in ihrer geschlechtsspezifischen Asymmetrie beleuchtet. Im fünften (Transsexuelle ›Kindheitsromane‹) und sechsten Kapitel (›Die Reise ins andere Geschlecht‹: Transsexuelle Devianzkarrieren und kollektiv-symbolische Netze in der Selbsterlebensbeschreibung) werden (Auto)Biografien unter thematischen, rhetorischen und narrativen Aspekten untersucht. Im siebten Kapitel (Von ›Mannweibern‹ zu ›Weibmännern‹: Asymmetrien in historischen Repräsentationen des symbolischen Geschlechtswechsels und Geschlechtertausches) werden Auffälligkeiten transsexueller »Selbsterlebensbeschreibung« auch im Vergleich mit der literarischen Fiktionalisierung studiert und Blicke auf die Forschungs- und Therapiegeschichte geworfen. Im achten (›Genre-Archäologie‹: Transsexuellen-Bekenntnisse, ein ›hysterisierter Herrendiskurs‹) und neunten Kapitel (Historische Dis/Kontinuitäten: Korrelationen zwischen (auto-)biographischen Inszenierung- und Konfigurationstypen) wird die Archäologie eines im doppelten Sinne neuen Genres präsentiert, zunächst mit der Geburt der Lebens- aus der Fallgeschichte und deren journalistischer »Normalisierung«, sodann mit den Kontinuitäten und Diskontinuitäten transsexueller Popular-(Auto)Biografik, insbesondere den engen Wechselbeziehungen zwischen bestimmten Inszenierungs- und Erklärungsmustern. Im zehnten Kapitel (›Spuren-Lese[n]‹: Affinitäten, Differenzen und symptomatische Reste einer diskursiven Formation) wird das Verhältnis von Psychoanalyse und Diskurstheorie epistemologisch reflektiert, und die »symptomatische Lektüre« diskursanalytischer »Reste« drängt Thesen zur »imaginären Dynamik« des Transsexualismus auf. Im elften und letzten Kapitel (›Gesetzwerdung des Imaginären‹: Diskurse der Transsexualität auf der Folie kulturhistorischer Voraussetzungen und Implikationen) schaut die Autorin zunächst auf ihre bisherige Darlegung zurück, um das »Phänomen« Transsexualismus abschließend mit der »Postmoderne« ins Benehmen zu setzen.

Die Rückschau ergibt unter anderem Folgendes: Während das heutige Alltagswissen über Transsexualismus im uralten abendländischen Substanzendualismus verharre, den ihm die Betroffenen seit gut hundert Jahren als vergeschlechtlichte Körper/Seele-Formel anböten, habe die wisssenschaftliche Phänomenologie der Geschlechtsidentitätsstörungen, soi disant, die konstitutive Bedeutsamkeit imaginärer Geschlechtseffekte für das Funktionieren moderner Subjektivität herausgestrichen. Sei mit der Seelen-Chiffre jenes vorbegriffliche, aber reflexive und affektive Zentrum des unmittelbaren Selbstbewusstseins gemeint, so habe sie in diesem Sinn einen psychologisierbaren geschlechtlichen Kern, dessen emotive Ladung sich auch im »›verkehrten Evidenzgefühl‹« (S. 629) bemerkbar mache. Die Aporien der inzwischen multifaktoriellen Genese seien aber nicht nur der rahmentheoretischen Verhaftung an einen Natur/Kultur-Dualismus geschuldet, sondern auch einer gewissen interdisziplinären Blindheit gegenüber den diskursiven und medialen Konstitutionsbedingungen geschlechtlicher Identifikation und Identität. Deshalb sei es unumgänglich geworden, die semantische Ausdifferenzierung der trans-sexuellen Grenzüberschreitung, die jedoch das binäre Klassifikationssystem der Geschlechter letztlich nicht stört oder gar zerstört, auch historisch genauer zu erforschen.

Obgleich Transsexualismus »klinisch als höchste Stufe des Transvestitismus« (S. 630) gelten könne, zu dem es fließende Übergänge gebe, entsprängen die Lebensgeschichten von Geschlechtswechslern weniger der schillernden Tradition fiktionalisierter Travestie-Bekenntnisse als viel mehr jener fallgeschichtlichen Schematik, die sich am Ende des letzten Jahrhunderts im Rahmen einer sexuologischen Geständnishermeneutik herausgebildet habe. Die Re-Konstruktion der semantischen und konzeptuellen Abhängigkeiten zwischen sexueller und geschlechtlicher Inversion habe es erlaubt, das zentrale definitorische Kollektivsymbol der transsexuellen Minderheit, die »richtige Seele im falschen Körper«, im Prozess einer theoretischen Metaphorisierung zu verankern, bei dem sich anthropologische Geschlechter-Metaphysik mit positivistischem und evolutionstheoretischem Denken legiert habe. Das wissenschaftliche Phantasma des psycho-physischen Zwittertums, das auf der in der Figur eines »dritten Geschlechts« popularisierten Hypothese einer konstitutionellen Bisexualität beruhte, habe das von Sexualreformern präferierte Konstrukt potenziell unendlicher sexuell-geschlechtlicher Zwischenstufen symbolisiert, deren deskriptive

Oberfläche sich habe mechanistisch in eine explikative Tiefenstruktur übersetzen lassen. Da aus Entwicklungsstufen Varianten geworden seien, die auf sie zurückgingen, habe dieses sexuologische Koordinatensystem, mit dem erst Freud aufgeräumt habe, eine hetero-sexuelle Renormalisierung der »perversen Inversion« beinhaltet. Der heute in der Devianz-Taxonomie angewandte interdisziplinäre und multidimensionale Geschlechts-Begriff habe sich zunächst in jenen bereits literarisierten Figuren der Verdoppelung und Spaltung kundgetan, die den Rückfall des psycho-somatischen Monismus in den Substanzendualismus anzeigten. Sei das hermaphroditische »Wissen des Körpers« bei den Vorgängern der Transsexuellen wieder zum »Wissen der Seele« geworden, impliziere der intuitive Wahrheitsdiskurs eine im Unterschied zur »multiplen Persönlichkeit« bewusste Spaltungs-Erfahrung, die noch »in der ersten offiziellen ›Lebensbeichte‹« (ebd.) der Lili Elbe alias Niels Hoyer pseudon. Andreas Sparre aus dem Jahr 1931 über eine operative Geschlechtsumwandlung als quasi-transvestitische Doppel-Persönlichkeit anthropomorphisiert worden sei. Die Dominanz einer psychologisch wie soziologisch entsubstanzialisierten Psyche habe im autobiografischen Diskurs einem Geschlechts-Idealismus Vorschub geleistet, der sich weiterhin metaphysischer wie biologistischer Versatzstücke bediene. Impliziter Motor der Argumentation bleibe dabei die positive Affektqualität, das heißt »die Lustanbindung eines Geschlechts-Gefühls, welches als kriterienlose Selbstzuschreibung zur Letztbegründung« (S. 630f.) werde, obgleich es lebensgeschichtlich als »Differenzgefühl« begönne und möglicherweise gewissen Fluktuationen unterliege. Seine (auto)biografische Artikulation verweise auf seinen imaginären Status im Sinne Lacans.

Der »transsexuelle ›Passagenritus‹« enthalte mittlerweile »kanonische Elemente« (S. 631): Kindheitsroman, Pubertätskrise, scheiternde Normalisierungsversuche, Coming out, Alltagstest und operative Geschlechtsangleichung. Daneben gebe es symptomatische Affinitäten zwischen den (Auto)Biografien in anscheinend kontingenten Punkten. Fast alle Autoren und Autorinnen thematisierten die späte Entdeckung des anatomischen Geschlechts-Unterschieds, die meist mit kindlicher Mythenbildung über die »›zwillingshafte‹« Entstehung der Geschlechter einhergehe. Das Geschlechter-Verhältnis werde als eine zeichenhaft begründete Oppositions-Relation wahrgenommen, in der der Platz nach Belieben zu tauschen vermocht werde. Dieser Wunsch, der sich bereits in kindlicher Travestie oder in gegengeschlechtlichem Rollenverhalten äußern könne, werde durch defizitäre Familienstrukturen in der Regel noch verstärkt. Ohne das Strukturmodell der

Psychose, das Lacan vorgelegt hat, lasse sich jedoch weder die häufige Insze-
nierung einer elterlichen Heterologie noch die redundante Schilderung einer
»›transsexuellen Urszene‹«, nach der ein brutaler Vater Mutter und Kinder
tyrannisiere, noch gar das Paradoxon der »›heterosexuellen Homosexualität‹« in deren Symptomatizität plausibel machen. Während die systemthe-
oretische Beschreibung widersprüchlicher Affekte als Betriebsbedingung von
Bewusstseins-Systemen die historische Emergenz und die ontogenetische
Spezifität des transsexuellen »›Syndroms‹« nicht zu fassen vermöge, liefere
die strukturalistische Psychoanalyse durch ihren erkenntniskritischen
Rahmen einer linguistischen Relektüre des Freudianismus eine kohärente
Alternative für die Erklärung geschlechtlicher Transgression, die Ichpsycho-
logen wie Robert J. Stoller lediglich mit symbiotischer Fixierung begründet
hätten. Werde die transsexuelle Verwerfung der Geschlechter-Differenz durch
die Abwesenheit einer väterlichen Funktion bewirkt, welche den Status einer
Traumatisierung erhalte, müsse die »symbolische ›Kastration‹« (S. 632)
zwangsläufig als reale nachvollzogen werden. Auf imaginärer Ebene stelle das
»transsexuelle ›Delirium‹«, das sich in den Glaubenssätzen generalisierter
Doxa medizinische und juristische Anerkennung zu verschaffen gewusst
habe, eine defensive Rekonstruktionsleistung dar, die als »Psychose-Abwehr«
vor dem völligen Zusammenbruch der Wirklichkeit bewahre: »›gender
breakdown‹ als Neo-Realität« (ebd.). Genealogische Alterität könne insofern
zur Metapher der geschlechtlichen werden, die Sexualität vollständig in den
Dienst des Geschlechts treten und der konfliktgeladene Triangel
Vater/Mutter/Kind, weitab vom ödipalen, als Ankunft eines realen Vaters am
vakanten Platz des symbolischen gelten.

Die Praxis chirurgischer Geschlechtsmanipulationen sei durch die
Kollision medizinisch-eugenischer Interessen mit dem »›Geschlechtsum-
wandlungswahn‹« (S. 633) zustande gekommen. Als therapeutische
Maßnahme sei sie auch sexualreformerisch legitimiert worden. Den gerin-
geren Zugangschancen für die Frau-zu-Mann-Transsexuellen hätten diffe-
renzielle (auto)biografische »Schreibeinsätze« (ebd.) entsprochen. Erst in
den siebziger Jahren hätten genetisch weibliche Transsexuelle Lebensgeschichten veröffentlicht. Bis zur Mitte der sechziger Jahre habe die Trans-
sexuellen-Confessio das apologetische Zwitter-Schema appliziert. In den
siebziger Jahren sei ihr dann der Durchbruch zum »›affektengagierten
Betroffenheitsentwurf‹« gelungen, der die transsexuelle Identität im Zuge
politischer Liberalisierung nicht mehr habe zu entschuldigen brauchen.
Allmählich seien die massenmedial verbreiteten »›Aufmacher‹-Texte«

transsexueller Travestie-Super-Stars demokratisierten »›Verständigungs-
texten‹« gewichen. In den achtziger Jahren schließlich habe sich »der
neueste Trend« gezeigt, der dahin gegangen sei, »die darin säkularisierte
Identitätsteleologie zugunsten einer ›action-Story‹ zu verdrängen, deren
Sub-Plots von der transsexuellen Ideologie abschweifen« (ebd.).

Ein Hauch von Antiquiertheit

Damit wären wir in der »neuesten« Zeit angelangt, die für die Autorin
weitgehend mit den achtziger Jahren zusammenfällt. Die meisten
(Auto)Biografien, die sie analysiert, sind in den siebziger und achtziger
Jahren veröffentlicht worden; zehn Texte aus den Jahren 1989 bis 1994,
die Runte erwähnt, konnte sie nicht mehr in die Untersuchung einbeziehen. Analysiert worden sind also Biografien, die noch nicht oder nicht
durchschlagend von dem diskursiv-materiellen Prozess modelliert und
gezeichnet sind, den der Rezensent unter dem Stichwort einer »neosexuellen Revolution« beschrieben hat, einem Prozess, der die gesell-
schaftsindividuelle und symbolische Bedeutung der Sexualität erheblich
reduzierte, das Schibboleth Triebschicksal durch den Springpunkt
Geschlechterdifferenz verdrängte, das Sexualitäts- und Geschlechtsdispo-
sitiv anders zusammengesetzt neu installierte, alte und neue sexuell-
geschlechtliche Fragmente exzessiv medial dispersivierte, die persönlichen
(Liebes)Beziehungen auf eine vordem ungeahnten Art und Weise diversi-
fizierte und pluralisierte, undsoweiter, kurzum: ein Prozess, der ein Fres-
sen für Diskursgenealogen bereitet hat, das historisch seines Gleichen
sucht. Doch Runte setzt sich im Schlusskapitel ihrer Schrift beispielsweise
mit einer Arbeit von Peter Gorsen aus dem Jahr 1979 und mit Thomas
Ziehes »Neuem Sozialisationstyp« (NST) aus dem Jahr 1975 auseinander,
nach wie vor sehr lesenswerte Abhandlungen, die aber wohl die Verfasser
selbst nicht mehr als über die »neueste« Zeit sprechend rezipiert sehen
möchten. Tatsächlich neue Veröffentlichungen, von Marjorie Garber bis
hin zu Gesa Lindemann, werden im gesamten Buch nur plakativ erwähnt.
   Ähnlich verfährt die Autorin mit den Reifikationen des medizinischen und
sexualwissenschaftlichen Diskurses. Zitierte Daten aus dem Hamburger
Institut für Sexualforschung stammen aus dem Jahr 1973, und die frischeste
Forschungssynopse wurde 1983 veröffentlicht. Auch der Rezensent wird in
Sachen Transsexualismus auf seiner »diskurspolitisch« unhaltbar geworde-
nen und deshalb von ihm revidierten Position der siebziger Jahre festgenagelt

(wie Reimut Reiche und Bernd Meyenburg auch, als hätten sie zu Geschlecht und Geschlechterspannung, zu Transsexualismus, Sexualität und Identität seither erbittert geschwiegen), was diskurshistorisch in Ordnung wäre, wenn die Autorin unsere Position nicht als »neuere« (S. 265) bezeichnete, obgleich sie Mitte der siebziger Jahre formuliert worden ist und es in den Gesellschafts- und Kulturwissenschaften keinem Zweifel mehr unterliegt, dass die Zeit rast, sofern sie nicht bereits ganz abgestürzt ist, und dass folglich auch die Diskurse und Dispositive immer schneller rotieren. So ist Runtes »neueste« Zeit (1.) die des dominierenden Mann-zu-Frau-Transsexualismus (folglich stammen auch bei ihr nur drei von 36 analysierten Texten von Frau-zu-Mann-Transsexuellen), (2.) die der Borderline-Persönlichkeitsstörung und des drohenden psychotischen Zusammenbruchs, (3.) die der kollusiv zwischen Patient und Therapeut hochgeschaukelten Introspektions- und Reflexionsunfähigkeit, (4.) die der kompromisslosen Verwerfung doppel- und andersgeschlechtlicher Empfindungen auf allen Seiten, (5.) die der Heterosexualisierung der Transsexualität, (6.) die der sexuellen Asthenie aller Transsexueller, (7.) die der sozialen Nähe zu Prostitution und Cabaret, undsoweiter, undsofort. Da der Transsexualismus-Diskurs der siebziger und achtziger Jahre als Inter- wie als Intradiskurs vom gegenwärtigen nicht unwesentlich abweicht, liegt über weiten Passagen der Runteschen Schrift ein Hauch von Antiquiertheit, der sie für Megamoderne auf eine revertierte Weise interessant machen könnte.

Doch wie begreift die Autorin den Transsexualismus abschließend? Sie kann sich, gegen den Gorsen der siebziger Jahre gewandt, nicht vorstellen, dass die sexuelle Liberalisierung eine geschlechtliche nach sich zieht, »deren Neigung zum Sexualverzicht und zur Selbstbespiegelung ihr letztlich sogar widerspräche« (S. 731). Statt dessen nimmt sie »die Determinationskraft einer besonderen psychosystemischen Strukturierung« an, auf die die transsexuellen »Symptome« verwiesen, die sich psychoanalytisch plausibel »in einem wertneutralen (sic! V. S.) Modell der *Psychoseabwehr*« verankern ließen. Diese Verankerung wiederum ziehe eine »*sozialisatorische* Bedingung heran, die neueren familiengeschichtlichen Tendenzen entspricht und die für die Verbreitung des ›narzißtischen Sozialisationstyps‹ (i. S. des Ziehe der siebziger Jahre, V. S.) verantwortlich gemacht wurde: die geschlossene Mutter-Kind-Symbiose« (ebd.). Auftauchen und mögliches Verschwinden des Geschlechts der Transsexuellen sei an inter- und außerdiskursive mediale Bedingungen geknüpft, die sich historisch unter dem Stichwort einer »›Verweiblichung der Kultur‹ aufgrund dyadischer Sozialisationsbedingungen« (S. 725) resümieren ließen. Auch die geschlechtsspezifische Asymmetrie transsexuellen Schreibens, die bis heute zu beobachten sei, hänge mit einem »symbolischen Vaterfunktions-Verlust zusammen, der die Universalität kleinfamiliärer ›Ödipalisierung‹« (ebd.) in Frage stelle. Runte glaubt, die »Ausbreitung einer narzißtisch orientierten westlichen Zivilisation« habe auch »aus der psychoanalytischen Praxis bestätigt« werden können (S. 732). Die »transsexuelle Selbst-Liebe« vermeide die Rest-Differenz der Liebe und fixiere »den ›idealisierbaren Anderen‹ in einem Bild des anderen Geschlechts, dem das Selbst-Bild angeglichen werden soll«. Wenn also Transsexualismus als »eine Art von ›Geschlechts-Narzißmus‹ beschrieben werden könnte«, hänge diese »individuelle Symptomatik noch enger mit einer generalisierbaren metaphorischen Tendenz zur ›Verweiblichung der Kultur‹« zusammen, die »man vielleicht auch unter dem Aspekt einer ›Vergeschlechtlichung des Narzißmus‹ zu betrachten hätte« (S. 732f.).

Insofern aber, zitiert Runte in den letzten Sätzen des Buches Slavoj Zizek, »im Symptom ein Kern des Genießens persistiert, der jeder Interpretation« widerstehe, sei vielleicht die »›Kur‹« des Transsexualismus nicht in einer interpretativen Auflösung des Symptoms zu suchen, sondern »in einer *Identifikation* mit ihm, in einer Identifikation des Subjekts mit diesem nicht-analysierbaren Punkt, mit diesem partikularen ›pathologischen‹ Tick« (S. 738), der letztlich die einzige Stütze seines Daseins bilde.

Um diese Passage (und zigtausend äquivoke) zu verstehen, müsste der Leser wissen, dass das »Symptom« bei Lacan keine Chiffre ist, sondern die Sache selbst, das einzige, das wahrhaftig existiert, und dass bei ihm das »Genießen« das Reale par excellence ist, ein Trauma, das nicht symbolisierbar ist, folglich die symbolische Ordnung wie den Tod an ihre Grenze stoßen lässt.

Verständnis, Rezeption und Bedeutung der Runteschen Schrift stehen und fallen gewiss besonders einschneidend mit den theoretischen Optionen der Leserinnen und Leser. Entscheiden sie sich nicht für die Diskurs- und Dispositivtheorie des mittleren Foucault und vor allem nicht für die linguistische Reformulierung der Freudschen Psychoanalyse, die Lacan und seine Schule vorgenommen haben, wankt das Werk in eine abseitige Position. Doch es bleibt der Respekt vor einer wahnsinnigen Anstrengung und das Erstaunen, dass die Deutsche Forschungsgemeinschaft, offenbar fasziniert, nicht nur in Gen-, sondern auch in scheinbar vollkommen luxuriöse Sem-Projekte Geld fließen lässt.

Die *Biographischen Operationen*, eine Habilitationsschrift, sind das Opus magnum der Autorin, das sie schwerlich in den nächsten Jahrzehnten durch eine Analyse aller generischen Transgressionen, die ihr offensichtlich vorschwebt, wird überrunden können. Sie sind aber auch das Opus magnum zum »Phänomen« des Transsexualismus. So viele synekdochische und zugleich synkarpe Interpretageme, würde wohl Annette Runte formulieren, hat noch keine(r), schon gar nicht diskursarchäologisch, literärhistorisch, strukturalistisch-psychoanalytisch, psychosystemisch, epistemologisch und »imaginärtheoretisch«, diesem Faszinosum abgerungen. Ein außerordentlich anregendes Buch, auch und gerade wegen seiner Halt verweigernden, durchsichtigen Dispersität.

Jenen, die sich weder mit Lacan noch mit Foucault befassen möchten, sei das Werk als Werkzeugkasten ans Herz gelegt, aus dem manfrau sich das herausnimmt, was ins eigene Denkgebäude passt. Dass das geschehe, hat sich Foucault jedenfalls für seine Werke gewünscht. Dieser Art der Lektüre kommt Runtes Schrift exzessiv entgegen, weil sie eigentlich aus zwei Büchern besteht, dem Haupttext und dem Fußnotentext, die sich quantitativ in etwa die Waage halten. Runte liebt es, einen Satz mit zehn Fußnoten zu spicken, demonstrierend, wie dispers die Realität ist und das wissenschaftliche Wissen. Das führt dazu, dass der »freiwillige« Leser, trifft er endlich auf einen Satz, der nicht durch zahllose Anmerkungen und einfache wie zweifache Anführungszeichen und Ein- wie Ausklammerungen zerstreut ist, lustvoll aufatmet wie jener Patient, der sich ständig »freiwillig« ein großes Gelenk ausrenkt, um dem Chirurgen beim Einrenken auf die Frage, warum er es immer wieder mache, zu antworten: »Weil es so schön ist, wenn der Schmerz nachlässt!« Unwillkürlich räumt also die Verfasserin einen zweifachen Genuss ein. Denn den anderen Leser, den aus der Spezies der Annotationsfetischisten, erwartet ein noch größeres Vergnügen in Gestalt von mindestens 5.000 Fußnoten. Er kann den so genannten Haupttext ignorieren und sich in dem (postmodernen) Zitaten-, Referenz- und Querverweis-Dschungel suhlen, über den sich die Autorin merkwürdigerweise an einer Stelle mokiert (S. 728), um anschließend auch diese Lust mithilfe der kurz vor Runtes Schrift auf deutsch erschienenen Abhandlung »Die tragischen Ursprünge der deutschen Fußnote« von Anthony Grafton (1995) kulturhistorisch einzuordnen.

Wer sich aber weder auf die klassische noch auf die postmoderne noch auf die ver-rückte Weise dem Werk nähern möchte, sei mit einem Halbsatz Jacques Derridas, des französischen Philosophie-Großmeisters, vorläufig beruhigt: »(...) toute thèse est une prothèse«.

Lippen der Scham

Die modernen Gesellschaften haben keine Sexualkultur hervorgebracht, die den Namen Ars erotica verdiente. Folglich kommt unsere Sprache der Liebe und der Lust entweder aus der Kinderstube oder aus der Gosse oder aus dem medizinischen Lexikon. Doch die Fachsprache, um die es hier geht, ist auch nicht ohne Tücken.

Obgleich alle Ausdrücke, die die sexuelle Sphäre durchgeistern, problematisch sind, ist es doch nicht gleichgültig, welche Wörter und Worte wir benutzen. Denn sie lassen darauf schließen, wie etwas empfunden, gesehen und ideologisch-theoretisch eingeordnet wird. Hinter jedem Ausdruck steht eine Geschichte oder eine Intention, die oft so sehr in Fleisch und Blut übergegangen ist, dass wir sie nur mit Mühe erkennen können. Ich sage also nicht, es sei egal, welche Ausdrücke wir benutzen, es sei gleichgültig, ob wir von Schamlippen sprechen oder von Labien oder von Venuslippen.

In der Wissenschaft ist es außerdem aus Gründen der möglichst unverzerrten Kommunikation und des Operationalisierens notwendig, sich über die verwendeten Begriffe Klarheit zu verschaffen. Bis vor einigen Jahren war es leider beinahe allgemein üblich, sexuelle Funktionsstörungen mit globalen Ausdrücken wie »Impotenz« zu bezeichnen, sodass wir heute zum Beispiel nicht beurteilen können, ob der Chirurg damals nach dem Eingriff – zum Beispiel im Bereich der großen (aorto-iliakalen) Bauchgefäße – eine Erektionsstörung oder einen Ausfall des Samenergusses (Ejaculatio deficiens) oder eine Orgasmusstörung oder eine stark verzögerte Ejakulation (Ejaculatio retrograda) als Operationsfolge in seiner Veröffentlichung angeben wollte. Heute wissen wir endlich, dass nicht Erektionsstörungen, sondern Ejakulationsstörungen die häufigste postoperative sexuelle Dysfunktion bei diesen Eingriffen sind.

Sexuelle Dysfunktion/Sexualstörung/Funktionsstörung

Nun sagte ich gerade »sexuelle Dysfunktion«. Was ist von diesem Ausdruck zu halten? Seit mehr als einem Jahrzehnt wird er in der medizinischen Literatur mit dem älteren Ausdruck »sexuelle Funktionsstörung« gleichgesetzt und diesem oft vorgezogen. Ich selbst hatte vor 25 Jahren (vgl. Sigusch 2001a: 198) in pragmatischer Hinsicht vorgeschlagen, eine primär organisch-mechanisch bedingte Funktionsstörung »sexuelle Dysfunktion« und eine primär psychosozial bedingte »funktionelle Sexualstörung« zu nennen. Unter der Bezeichnung »sexuelle Funktionsstörung« sollten beide zusammengefasst werden. Wenn die Ausdrücke in Kurzform benutzt werden, wird noch deutlicher, was gemeint war: *Dysfunktion versus Sexualstörung.* Auch heute noch spreche ich von »Dysfunktion«, wenn die Organogenese betont werden soll, von »Sexualstörung« aber, wenn die Psychogenese primär im Vordergrund steht.

Erektile Dysfunktion

Das hat übrigens auch semantische Vorteile, sobald der Terminus »Dysfunktion« mit einem anderen Wort verbunden wird. Zum Beispiel: erektile Dysfunktion. Diese Bezeichnung, die inzwischen international das Rennen gemacht hat und auf vielen medizinischen Fachbüchern prangt, ist bei näherem Hinsehen sinnlos, weil sie besagt: schwellfähige Fehlfunktion, obgleich sie sagen soll: Schwellunfähigkeit des Penis.

Impotenz und Potenzstörung

Diese Ausdrücke sind, wie bereits am Beispiel der Operationsfolgen gezeigt, ebenso nichts- wie vielsagend. Werden alle Beeinträchtigungen des sexuellen Erlebens und Reagierens unabhängig von abgrenzbaren Funktionsstörungen gemeint, kann natürlich weiterhin von »Impotenz« gesprochen werden, wie wir es auch gelegentlich tun. Bedacht aber werden sollte dass viele Menschen diesen Ausdruck als herabsetzend erleben. In der alten und zum Teil auch in der gegenwärtigen Literatur werden die Leitsymptome Appetenzstörung (Impotentia concupiscentiae), Erektionsstörung (Impotentia erectionis), Ejakulationsstörung (Impotentia ejaculationis) und Satisfaktionsstörung (Impotentia satisfactionis oder Impotentia emotionalis) als spezielle Impotenzen bezeichnet. Dem ärztlichen Hang zum Latinisieren frönend, könnte die Erregungsstörung Impotentia excitationis und die Lubrikations-Schwell-Störung Impotentia lubricationis genannt werden. Die von uns besonders hervorgehobene Schmerzstörung (ebd.: 193ff.) müsste wohl aber Turbatio sensationis heißen.

Frigidität und Gefühlskälte

Diese Ausdrücke benutzen wir überhaupt nicht, weil sie nicht nur verwaschen, sondern auch unauslöschlich diskriminierend sind. Früher wurde mit dem Ausdruck »Frigidität« allen »anständigen« Frauen unterstellt, gefühlskalt zu sein, unfähig, sich »geschlechtlich hinzugeben«. Heute sollte dieser Terminus, um einmal mit der Jugend zu sprechen, megaout sein. Wer ihn weiterhin benutzt, setzt sich dem Soupçon des Patriarchalismus, ja dem Verdacht des Sexismus aus und ignoriert die Geschichte der Austreibung der weiblichen Lüste, die in ihm zusammenschießt wie in kaum einem anderen Fachausdruck der alten Psychoanalyse und Sexuologie.

Lustlosigkeit

Das ist ein Ausdruck, der erst im letzten Jahrzehnt von Sexuologen aufgegriffen worden ist. Seither wird vor allem bei Patientinnen zunehmend »Lustlosigkeit« dort diagnostiziert, wo früher Störungen des Verlangens und der Erregung oder eine Anorgasmie angenommen worden waren. Bei kritischer Verwendung soll der Ausdruck der Parallelisierung des so genannten sexuellen Reaktionszyklus von Männern mit dem von Frauen, wie seit Masters und Johnson üblich, widersprechen und die Geschlechterdifferenz beachten, die sich beispielsweise insofern niederschlägt, als Frauen sich nicht selten dann als »lustlos« bezeichnen, wenn sie andere Bedürfnisse haben als der Partner oder seltener Geschlechtsverkehr haben möchten als er. Problematisch an dem Ausdruck ist, dass er nichts über das aussagt, was trotz allem da ist: andersartige Wünsche und missachtete lustvolle Äußerungen von Frauen, andersartige Vorstellungen von einer erotischen oder sexuellen Beziehung. Hinterfragt werden müsste also von den so genannten Experten, die eine Störung des sexuellen Erlebens oder der sexuellen Funktionen diagnostizieren, ob die Wünsche und Vorstellungen der männlichen Partner der unhinterfragte Maßstab sind, mit dem das Paar definiert, was sexuell, intim und ungestört ist. Wird die Definitionsmacht der Männer problematisiert, können die andersartige Erotik und die andersartige Sexualität von Frauen gesehen werden (vgl. dazu Valverde 1989; Brückner 1990; Schenk 1991; Tiefer 1991; Hauch 1992; Moynihan 2003; Working Group 2003). »Lustlosigkeit« ist also ein Etappenbegriff, der mehr mit der gegenwärtigen Phase der kulturellen Interpretation und individuellen Erfahrung der Geschlechterdifferenz sowie, wenn wir die immer häufiger beschriebenen »lustlosen« Männer einbeziehen (vgl. Linsenhoff 1995), mit der kulturellen Umschreibung der alten, scheinbar natürlich und stets sprudelnden, endogen-trieblich vorausgegebenen Sexualität zu tun hat als mit fachdisziplinär umschreibbaren Sexualstörungen.

Libidostörung

Dieser Ausdruck wird vor allem von Klinikern synonym zu Appetenzstörung benutzt. Ich finde ihn aus zwei theoretischen Gründen falsch. Zum einen bezeichnet »Libido« in der Sexualtheorie, insbesondere in der psychoanalytischen, etwas Abstraktes, Metapsychologisches, das keinen fassbaren psychophysischen Boden hat. Zum anderen wird fälschlicherweise insinuiert, es läge so etwas wie eine endogene »Triebstörung« vor. Blühender Unsinn ist es übrigens, bei der Frau einen Libido-Quotienten, genannt LQ, bestimmen zu wollen, wie jüngst zu lesen war.

Perversion/Sexualpräferenzstörung/Paraphilie/Deviation

Soll gegenwärtig ein Sexualerleben oder -verhalten, das von einer irgendwie gedachten Normalität abweicht, bezeichnet werden, stehen wir vor einem Durcheinander, das an eine Sprachverwirrung erinnert. Das internationale, von der WHO verabschiedete und in Deutschland angewandte Klassifikationssystem ICD-10 der Ärzte und Therapeuten spricht von Sexualpräferenzstörungen, das US-amerikanische System DSM-IV von Paraphilien. Soziologen sprechen von Deviation, Sexualwissenschaftler von Perversion. Daneben geistern noch allerlei Ausdrücke wie sexuelle Abweichungen, Aberrationen, Parästhesien, Parerotosien oder Parapathien herum. Ich habe mich entschieden, behandlungsbedürftige, süchtige sexuelle Entwicklungen weiterhin Perversion zu nennen. Der Hauptgrund ist: Dieses Wort beschönigt nichts; es ruft die Katastrophe beim Namen. Von dem Ausdruck Paraphilie, den jüngere Sexualwissenschaftler vorziehen, kann das nicht gesagt werden. Dieses Wort sollten wir benutzen, wenn es um ungewöhnliche sexuelle Vorlieben und Verhaltensweisen geht, die keiner Therapie bedürfen und die niemandem Gewalt antun, die also weder den Paraphilen selbst noch eine andere Person schädigen.

Wir Denunzianten

Karl Corino (*Die Zeit*, Nr. 41/1996) fällt mit seinen Recherchen zum Leben des Stephan Hermlin aus keinem Rahmen. Denunziation, Erfassung, Durchleuchtung, Entblößung und Preisgabe sind schließlich für die europäische Moderne konstitutiv. Diese Mechanismen liegen den rationalen Durchbrüchen ebenso zugrunde wie den irrationalen Ausbrüchen. Als beide im Nationalsozialismus zusammenschossen, war die Barbarei nicht mehr zu übersehen, und wir versuchten nachträglich, uns mit der Rhetorik des Zivilisationsbruches theoretisch aus der Schlinge zu ziehen.

Doch konzentrieren wir uns einen Augenblick lang nur auf die Denunziation. In der Einleitung zu einem annoncierten, aber nicht geschriebenen Buch mit dem Arbeitstitel »Das Leben der infamen Menschen« legte Michel Foucault Anfang der achtziger Jahre recht konkret nahe, wir seien alle Denunzianten. Er umkreiste, materialreich wie so oft, einen strategischen Machtmechanismus, den ich das Generaldispositiv einer Denunziationsgesellschaft nennen würde.

Folgen wir Foucaults Hinweisen, dann fuhren die so genannten Geheimbriefe, mit denen der französische König an der regulären Justiz vorbei Untertanen verhaften und vernichten ließ, in der Regel nicht unvorhergesehen und unprovoziert als Zorneszeichen des Monarchen von oben hernieder. Sie wurden zumeist gegen eine bestimmte Person »von seiner Umwelt, von seinem Vater oder seiner Mutter, einem seiner Verwandten, seiner Familie, seinen Söhnen oder Töchtern, seinen Nachbarn« beantragt. Der scheinbar aus sich selbst geborene Wille des Absoluten war folglich »nur die Antwort auf die von unten kommende Forderung« (Foucault 1982: 51).

Foucault fragte, ob das ein Missbrauch des Absolutismus gewesen sei. Er antwortete, »nicht in dem Sinne, daß der Monarch seine eigene Macht schlicht und einfach mißbraucht, sondern in dem Sinne, daß ein jeder die Enormität der absoluten Macht für sich, zu seinen eigenen Zwecken und gegen die anderen verwenden kann« (ebd.).

Durch den Mechanismus der Denunziation machten sich die Raffiniertesten, Infamsten, aber auch die, die in Berufs-, Rivalitäts-, Hass- und Liebesbeziehungen zuunterst standen, den Mechanismus der Souveränität zueigen. Die Souveränität fügte sich, von Untertan zu Untertan, in das elementare Niveau des Gesellschaftskörpers ein. Jeder war jetzt an den Spielen der Macht beteiligt. Jeder konnte für den anderen ein schrecklicher translegaler König werden. Wir könnten vermuten: Unsere Demokratie beginnt im Absolutismus als Denunziation. Wir könnten aber auch denken: Die Psychologisierung der Machtspiele und die Ermächtigung des Psychologischen beginnen nicht erst im Absolutismus, weil es um Hass und Liebe schon seit längerem geht.

Im so genannten Dritten Reich der Deutschen konnte die Gestapo gar nicht so viele Menschen verhören und verschleppen, wie bei ihr aus der Mitte der gesunden Normalbevölkerung heraus ans Messer geliefert werden sollten. Die verbreitete, weil entlastende Vorstellung, wenigstens der so genannte Volksgerichtshof sei eine Ausnahme-Instanz des nationalsozialistischen Terrorregimes gewesen, hat die jüngste Geschichtsforschung widerlegt (Marxen 1994). Die Richter des Volksgerichtshofes wurden, wie Juristen sagen, sachorientiert und unter gesellschaftlicher Beteiligung, also in justizieller Hinsicht ganz normal, berufen. Mehr als ein Drittel der Verfahren der ersten Jahre, überwiegend gegen Widerstandskämpfer aus der politischen Linken, und etwa drei Viertel der Verfahren wegen so genannter Wehrkraftzersetzung in den Jahren 1943/1944 wurden durch »private« Denunzianten in Gang gesetzt. Der Volksgerichtshof trug also seinen Namen zu Recht.

Das Denunziations-Dispositiv im grauenerregenden Stasi-System der DDR schließlich braucht als weiteres historisches Beispiel nur erwähnt zu werden, weil wir alle noch damit beschäftigt sind.

In der alten Bundesrepublik waren die Zeiten relativ denunziationsarm. Manfrau erinnere sich aber beispielsweise an die Zeit der »Berufsverbote«, als selbst Lebenszeitprofessoren bei ihren Dienstherren angezeigt wurden und um ihre Stellung bangten, wenn sie Marx in einer Vorlesung zustimmend zitiert hatten. Denken wir nach, kennen wir alle irgendeine Form der Denunziation. Einmal kommt sie als nebulöse üble Nachrede daher, andermal gezielt als so genannte sexuelle Denunziation, die speziell in der politischen Auseinandersetzung eingesetzt wird (vgl. z. B. Sigusch 1984c, Koch 1986). Die letzte, die wir erleben mussten, sollte Willy Brandt vom Sockel stoßen.

Geht es an den Universitäten um höhere Weihen, werden auch dort nicht selten die Register der Denunziation gezogen: Der Lehrstuhlaspirant soll dann seit einem Autounfall »wesensverändert«, der Habilitand ein notorischer Ehebrecher sein. Der Prototyp der wissenschaftlichen Denunziation aber ist die mehr oder weniger raffiniert eingefädelte Montage von Zitaten, die erst als Zitatfälschung entlarvt werden muss. Während manfrau sich, jedenfalls bei uns, dagegen zur Wehr setzen kann, auch wenn es alles andere als vergnüglich ist, macht die heimliche Denunziation wehrlos, weil sie im Dunkeln operiert. Am destruktivsten aber ist die politische Denunziation, weil sie direkt mit der Macht über Leben und Tod paktiert.

Leider trifft es zu, dass eine Denunziation die nächste gebiert, sobald sie denunziert wird: eine endlose rohe Kette. Es kommt aber darauf an, was bezweckt wird. Die erste Denunziation will Zweifel setzen, einen Schatten auf den Denunzierten werfen, ihm schaden. Die Denunziation der Denunziation aber, auf die sich in kritischen Zusammenhängen die zweite Bedeutung des Verbs »denunzieren« beruft, will Licht in das Dunkel bringen. Anders kann, wenn überhaupt, die Kette nicht unterbrochen werden.

Etwas aber bleibt immer hängen. Ach so, der Großvater war ein schmieriger Hausierer aus dem Osten? Wie, er hat verschwiegen, dass seine Mutter Jüdin war? Und seine Ehefrau ist vergewaltigt worden, starb bei einer Abtreibung? Erbarmungsloser, sittenloser, rücksichtsloser, widerwärtiger kann die Preisgabe kaum noch sein. Wer will das wissen, wer muss das wissen? Wer hat das Recht, einem Juden, der als solcher zum Tode verurteilt war, vorzurechnen, ob er oder sein Vater drei Jahre, zwei Wochen oder überhaupt nicht im KZ war? Entspringt dieses Vorrechnen und Überprüfen nicht derselben Mentalität, die Auschwitz als Lügengespinst entlarven will?

Angesichts unserer heutigen Lebensverhältnisse ist es vielleicht ein wenig forciert zu sagen, wir lebten nicht nur in einer Markt-, Medien- oder Erlebnisgesellschaft, sondern auch in einer Denunziationsgesellschaft. Der Boden aber ist gedüngt, in dem das Dispositiv darauf lauert, seine vernichtenden Worte abzuschießen. Da es seit Jahrhunderten herrschaftsstrukturell und kollektiv-psychisch installiert ist, bleibt uns nur, die Denunziationen immer wieder beim Namen zu nennen. Das ist wirksam, weil sie sich im Geheimen am schnellsten vermehren. Außerdem sollen die nachwachsenden Denunzianten wissen, dass die Schande, die sie erzeugen wollen, eines Tages über sie selbst kommen wird – und dauere es auch wie in so vielen historischen Fällen einige Generationen. Doch vergessen wir nicht: Wir sind alle Denunzianten.

SEXUALMORAL

Tugend als Laster

Auf den Tisch des Hauses kommt ein Buch aus der Edition Diskord: *Vom Unzüchtigen im Sittlichen*, Essays von Karl Hauer, erschienen 1987.

Zunächst Irritation, weil der Name Karl Hauer gar nichts wachruft. Dann Deprimiertheit, weil die Essays vor 80 Jahren geschrieben wurden, nach wie vor aber aktuell sind. Wie wenig hat sich doch seit 1900 zum Besseren geändert. Die allgemeine Heuchelei dauert an, das sexuelle Elend, der kulturelle Sexualdemokratismus, der Kampf Anteros gegen Eros. Schließlich aber überwog die Freude am radikalen Denken, an der Entdeckung. Dem Herausgeber Gerd Kimmerle sei gedankt!

Das Bändchen, das gewichtiger ist als mancher Wälzer der Großverlage, versammelt vier Essays: »Wie werde ich moralisch? oder: Die Kunst, sich sittlich zu entrüsten« (angefügt ist ein Essay über »Pornographie«); »Heilig ist die Leidenschaft!«; »Erotik der Keuschheit« sowie »Erotik der Kleidung«. Schauen wir einmal hinein: Während das Laster

»immer schärfere Reizmittel suchen muß (...), genügt der Keuschheit schon der Gedanke, daß der Mensch nackt in seinen Kleidern steckt, um ein wonniges Gruseln zu empfinden. (...) Der Wüstling betätigt sich in der Wirklichkeit des Lebens und diese Wirklichkeit ist nicht nur oft recht rauh und unerfreulich, sie ist auch enge und begrenzt; keusche Herzen aber leben im holden, unbegrenzten Reich der *Phantasie*. An der genauen Kenntnis der leidigen Wirklichkeit scheitert die Phantasie, zerstiebt jede Illusion. Von dem aber, was man nicht genau weiß, was mit pochendem Herzen sich nur ahnen läßt, davon kann man köstlicher träumen, als alle Wirklichkeit je zu gestalten vermag. (...) ich wünschte mir schon oft, eine höhere Tochter zu sein, um einmal die Wonnen des Lasters aus der schrankenlosen Phantasie eines standhaft entbehrenden keuschen Herzens kennen zu lernen!« (S. 16ff.).

»Ich denunziere hiemit die stolzeste und gepriesenste der christlichen Haupttugenden, die Tugend der Keuschheit (...) als verhaltene, ins Geistige vertriebene Begierde, als eine sublime Art der Erotik, als Anbetung der Sünde in der Form des heroischen Widerstandes« (S. 52).

Die Tugend ist ohne das Laster nicht zu denken, das Laster nicht ohne die Tugend; Pornografie und Sittlichkeit gehören untrennbar zusammen wie Promiskuität und Monogamie; das Verbot macht das Sexuelle groß, nicht der reale sexuelle Vollzug: Gedanken, die uns durch de Sade und Nietzsche vertraut sind, tauchen bei Karl Hauer auf, aber auch solche, die uns erst sehr viel später Bataille näher gebracht hat.

Gerd Kimmerle, der Herausgeber, schreibt in einem kurzen Vorwort, über das Leben des 1875 in Gmunden/Oberösterreich geborenen Hauer sei »sehr wenig bekannt«, dessen Spur verliere sich »am Beginn des ersten Weltkriegs« (S. 7). Immerhin teilt er mit, Hauer habe zum literarischen Kreis um Georg Trakl und zum publizistischen Kreis um Karl Kraus gehört und sei von Freud gelesen und geschätzt worden, wie ein Brief vom 7. Oktober 1906 an Kraus beweise. Das animierte den Rezensenten, den Kampf mit der Furie des Verschwindens aufzunehmen. Doch 17 Literaturgeschichten und -lexika, die beschworen wurden, blieben stumm. Endlich eine Notiz im IX. (Ergänzungs-)Band des Hayn/Gotendorf: Hauer hat das von Wilhelm Heinse übersetzte »Satyrikon« von Gaius Petronius 1909 bei Sutter in München herausgegeben und eingeleitet. Zwei Jahre später erschien seine Essay-Sammlung *Von den fröhlichen und unfröhlichen Menschen* bei Jahoda & Siegel in Wien und Leipzig.

Beim Blättern in der »Fackel« von Karl Kraus fällt die Ankündigung dieser Sammlung auf und dann, Heft um Heft: wie das Elend eines Kulturkritikers angezeigt wird: »Schriftsteller, 31 Jahre, sucht eine Stellung als Privatsekretär, Reisebegleiter, Lektor einer Verlagsanstalt oder in sonstiger literarischer Tätigkeit im In- oder Auslande. Anerbieten wolle man an die Adresse: *Karl Hauer, Wien, I. Ledererhof 2* gelangen lassen.« Davor, dazwischen und danach finden sich Hauers Essays, als erster »Lob der Hetäre« (Nr. 188/1905), noch unter dem Pseudonym Lucianus veröffentlicht, dann Bemerkungen zu Gott und der Welt: über Geld, Erotik der Keuschheit, Klassiker, Erotik der Kleidung, Ibsen, Petronius, Gilles de Rais, de Sade, Sozialdemokratie (ganz besonders hellsichtig!), Weib und Kultur (ganz besonders problematisch!), über den Wert der Arbeit, die Voraussetzungen des Theaters, über Erotik der Grausamkeit, Kinder, Journalisten, Sinne, Musik, staatliche Kunstpflege, Pornografie sowie Macht. Als letzte Veröffentlichung in der »Fackel« (Nr. 287/1909) findet sich schließlich der in der Sammlung abgedruckte Essay »Heilig ist die Leidenschaft!«

Offenbar erkrankte Hauer danach so schwer, dass er nicht mehr schreiben konnte. Karl Kraus sah das Dahinschwinden und schrieb dagegen an:

»Wer der Fackel glaubt, möge *Karl Hauer* nicht vergessen, dem der Vorsprung der beweglichen Unfähigkeit noch immer den Platz weggenommen hat, auf den ihn die Lebenssorge anwies. Da im weiten Gebiet literarischer Existenzen alles besetzt und bestellt war (...), blieb jenem nur noch übrig, in schwere Krankheit zu verfallen« (Nr. 339–340/1911, S. 46).

Neun Jahre später teilt Kraus in einer Fußnote mit, dass Karl Hauer »nun auch« verstorben sei:

»Für seine dürftige Körperlichkeit hatte diese drangvolle Erde nicht Raum und für seine reiche Geistigkeit so wenig Zeit, daß in einem Literaturbezirk, in dem der flachste Optimismus noch heute seinen so genannten Mann nährt und die Schwindler jenen Hochflug nehmen, den dem Mann die Last einer geistigen Ehre verwehrt, sein Tod so wenig Beachtung wie sein Leben gefunden hat« (Nr. 521–530/ 1920, S. 117).

Geistigkeit, Ehre, Mann und so genannter Mann – das lässt den Rezensenten an eine Abhandlung über Karl Kraus und die Erotik der Wiener Moderne denken: »Geist und Geschlecht« von Nike Wagner (1982). In ihr kommt Hauer tatsächlich vor, wird auf wichtige Quellen hingewiesen (insbesondere Briefe Hauers im Kraus-Archiv der Stadtbibliothek Wien), ja es finden sich sogar Interna (Hauer besorgte die erste Auswahl für den Krausschen Sammelband *Sittlichkeit und Kriminalität*, der zunächst *Eros und Themis* betitelt war) und Intimitäten (Hauer, Kraus und Erich Mühsam teilten sich offenbar die Erotik einer Irma Karczewska). Es drängt sich der Eindruck auf, Hauer habe trotz dürftiger Körperlichkeit und Flucht in die Krankheit nicht zu jenen hypersensiblen und femininen Weibdeutern gehört, die, wie Altenberg, Hofmannsthal oder Schaukal, von der *Femme fragile* angezogen wurden, sondern viel eher zu jenen, die sich, wie Kraus, Wedekind, Heinrich Mann oder Soyka, von der *Femme fatale* entzündeten. Die Lektüre seines »Fackel«-Essays »Weib und Kultur« (Nr. 213/1906) bestätigt diesen Eindruck. Die »Koitus-Kultur« (Otto Weininger) verachtete er. Wie sein Förderer war er ganz offensichtlich ein richtiger, kein so genannter Mann, und falls er so viril war wie der Meister, konnte er sich auch selbst erniedrigen: vor der Venus im bestialischen Pelz, vor dem perversen Kindweib, vor der »großen« Hure, aber selbstverständlich nicht vor den vielen kleinen Hürchen des »vaginalen Zeitalters« (Karl Kraus).

Der Protagonist hat Farbe bekommen, ist voller irrtümlicher Schwächen wie seine und unsere Meister und wir selbst. Der Rezensent kann sich endlich beruhigen, muss er doch auch noch die Wälzer aus den Großverlagen lesen, von denen immer so viel versprochen wird. Zwei Hoffnungen aber will er noch äußern: dass die Edition Diskord alle kulturkritischen Essays Karl Hauers eines baldigen Tages versammelt und sich Forscher aller Geschlechter für Leben und Werk des Vergessenen interessieren, um ihn und damit auch sich selbst zu promovieren.

Körper als Leiche

Bestünde jemand darauf, das, was wir Dialektik der Aufklärung nennen, müsse sich doch auch material illustrieren lassen, dann böte sich geradezu zwangsläufig eine gewaltige Stoffsammlung an: jene, die die Bewegung der Naturisten, Lichtkämpfer, Nudisten, Leibzüchter usw. produziert hat. In dieser Bewegung sind alle aufklärerischen, vor allem aber gegenaufklärerischen Motive versammelt, die unsere Lebensreformbewegungen seit dem Ende des 19. Jahrhunderts ausgesprochen und unausgesprochen antreiben.

Welchen Sturm der Entrüstung – eigentlich der Aufrüstung – öffentlich gezeigte Nacktheit im wilhelminischen Deutschland hervorrief, können wir heute nach 100 Jahren FKK, einigen Sexwellen und der Durchkommerzialisierung voyeuristischer wie exhibitionistischer Lüste gar nicht mehr nachempfinden. Treten heute jüngere Menschen öffentlich im »Gotteskleid« auf, ob im Englischen Garten in München oder vor dem Hamburger Senat, wird nicht mehr gerüstet, sondern geschmunzelt und gerunzelt; jedenfalls dann, wenn die Körper, die gezeigt werden, glatt und schlank sind – denn schließlich verrutschten nicht alle Normen und Ideale.

Dass der Schock, den die ersten Nacktdarsteller einer verlogenen Korsettgesellschaft versetzten, in jeder Hinsicht notwendig war, wird heute niemand bestreiten wollen. Und was könnten wir ernsthaft gegen Volkslieder und Volkstänze, gegen Wanderungen und Lagerfeuer einwenden oder gar dagegen, dass ein Aufklärer wie Adolf Koch den in Fabriken und Mietskasernen malträtierten Körpern und Seelen der Arbeiter und Arbeiterinnen mit einer keineswegs lustfeindlichen Ausgleichsgymnastik in Luft und Licht und Sonne beispringen wollte, sexualpädagogisch unterstützt von dem Lebensreformer Magnus Hirschfeld?

Doch der Sozialist Adolf Koch blieb ein Einzelkämpfer. Seine Schulen wurden von den Nazis als erste geschlossen, und als die FKK-Bewegung im Adenauer-Deutschland wieder Tritt gefasst hatte mit ihrem Gerede von der Reinheit und Unschuld der Nacktheit, warf ihn der Dachverband hinaus.

Sehr viel besser erging es einem anderen Protagonisten nach dem Krieg, weil er im antisozialistischen Hauptstrom der FKK-Bewegung schwamm: Hans Surén, preußischer Kadett, Offizier der »Schutztruppe für Kamerun«, Kommandant der Reichswehr-Heeresschule für Leibesübungen, Mitglied der NSDAP seit 1933, Propagandist einer »völkischen Freikörperkultur«, NS-Oberst-Arbeitsführer, Kommandant eines Kriegsgefangenenlagers in Südfrankreich und »Sonderbevollmächtigter des Reichsbauernführers für Leibeserziehung«, wurde nach 1945 entnazifiziert und hatte das Glück, noch 27 Jahre lang die Pension eines Ministerialdirektors verzehren zu können – eine ordinäre deutsche Karriere dank der Kontinuität unserer Geschichte inklusive FKK. In der von Michael Andritzky und Thomas Rautenberg (1989) herausgegebenen Geschichte der Freikörperkultur mit dem schönen Titel *Wir sind nackt und nennen uns Du* ist Surén einmal nackt und eingeölt in der Pose eines antiken Speerwerfers abgebildet, andermal im vollen Militärwichs samt Schaftstiefeln und Hakenkreuzbinde auf der Tribüne des »Reichsparteitagsgeländes« in Nürnberg.

Die Bilder illustrieren, was die »Dialektik der Aufklärung« von Horkheimer und Adorno meinte: Der Körper, sei er noch so sehr gesalbt und ertüchtigt und zum Licht gereckt, bleibt die Leiche, die der Prozess der Verstofflichung von Natur und Geist aus ihm gemacht hat. »Leibeserziehung« wird ihn zuallerletzt in den Leib zurückverwandeln können. Erst unsere Kultur hat den Körper zum »Corpus«, zum toten Ding, gemacht, dem der Geist kommandierend gegenübersteht. Die so genannte Freikörperkultur exponiert in Bild und Ton jene Hassliebe auf den Körper, die uns allen dieser Prozess beschert hat. Die toten Körper sollen aufstehen und leben, doch indem die Nudisten mit ihnen hantieren, als seien sie so isoliert, wie sie tatsächlich sind, treten sie noch einmal mit den Stiefeln der Herrschaft nach ihnen. (Apropos Herrschaft: Keiner der Autoren des Sammelbandes problematisiert, dass in der FKK-Bewegung nur Männer den Ton angeben.) Die unterlegenen, versklavten und verbotenen Körper sollen in ihr Recht gesetzt werden, doch alle Anzeichen von Begierde und Erregung rottet die Ideologie von Reinheit und Zucht schonungslos aus. So bleiben die Körper mit und ohne Lichtheil und Leibesübung, mit und ohne Bodybuilding und Fitness das Tote, zu dem sie der Herrschaftsprozess gemacht hat, und die FKK-Bewegung bleibt so anziehend und so abstoßend, wie unser Umgang mit dem Körper nun einmal ist.

Das Buch von Andritzky und Rautenberg wird Leserinnen und Leser erfreuen, die sich gerne in historische Materialien und verschlungene Interpretationen vertiefen. Der größte Teil der in diesem Buch reproduzierten Photos und Texte stammt aus den Sammlungen der Internationalen FKK-Bibliothek Kassel. Lesenswerte Kommentare haben Michael Andritzky, Bernd Guggenberger, Lothar Fischer, Ulrich Linse, Dietger Pforte, Viktoria Schmidt-Linsenhoff sowie Giselher Spitzer verfasst. Als eine materialreiche und kritische Darstellung der Geschichte der so genannten Freikörperkultur kann das sorgfältig edierte Werk empfohlen werden.

Ein anderes Buch zum Thema ist für jene Fachleute geeignet, die wenig Zeit haben, aber doch erfahren möchten, wie die so genannte Nackt- bzw. Freikörperkultur als Teil der Lebensreformbewegungen heute ideengeschichtlich und politisch eingeschätzt wird: *Nackt unter Nackten. Utopien der Nacktkultur 1906–1942* von Ulf Erdmann Ziegler (1990). Etwa zwei Drittel der in diesem Buch reproduzierten Photos stammen aus der Sammlung Uwe Scheid. Da Ziegler die Wiedergabe der Photos mit einem ebenso informativen wie kritischen Aufsatz eingeleitet hat, der in sich geschlossen ist, erlaubt sein Buch dem eiligen Leser eine ebenso zuverlässige wie schnelle Orientierung.

Weil es insgesamt wenig Lesenswertes zu diesem Thema gibt, sei an eine umfangreiche, geradezu liebevolle Studie erinnert, die bereits 1972 von Janos Frecot, Johann Friedrich Geist und Diethart Kerbs unter dem Titel *Fidus 1868–1948* veröffentlicht worden ist. Der Maler Hugo Höppener, der Fidus genannt wurde, ist eine der zentralen »Lichtgestalten« der kleinbürgerlichen Fluchtbewegungen, die die Reform des Lebens mit Runen auf ihr Panier geschrieben hatten. Es ging bei ihm, wie bei den meisten Lebensreformern, licht, olympisch, arisch, treudeutsch, frei und tüchtig zu. Gleichzeitig war er ängstlich, hautkrank, sexuell gehemmt, kleinwüchsig, kriegsdienstuntauglich, ordinär und natürlich geist-, juden- und frauenfeindlich. Erich Mühsam erinnerte sich:

»Er sah aus wie ein nach eigenem Entwurf gearbeiteter Faun. Ging es feierlich zu, dann war er der Feierlichste, ganz ergriffen, ganz hingegeben. Im Moment aber, wo die Feierlichkeit vorbei war, riss er Kalauer, die einen Hund zum Heulen gebracht hätten« (S. 215).

Nur »treudeutsch« sind wohl die meisten Naturisten ungebrochen gewesen wie der nationalistische und rassistische Dünkel, der Hang zum pseudophilosophischen Überhöhen des eigenen Meinungsquarks, die perennierende Vereinsmeierei und allein der Umstand beweist: dass Nacktbaden zur

»Freikörperkultur« stilisiert wurde. Als die Nazis im Kommen waren, trat Fidus ihrer Partei bei, malte »Das Haupt des Führers« und wurde schließlich von Hitler zum »Professor h. c.« ernannt. Nach 1945 unterschrieb er sein Entnazifizierungsgesuch, dem natürlich entsprochen wurde, »mit lichtdeutschem Heil U. S. Europa« und entschied sich faute de mieux für die Christdemokraten.

Ein feiges Gesindel waren diese erhabenen Lichtdeutschen, trotz aller Mystik immer realistisch genug, im allgemeinen Strom der Selbsterniedrigung zu schwimmen und die jeweils Mächtigen nicht wirklich zu reizen. Zerfressen von Selbstliebe und Selbsthass richteten sie sich in den Widersprüchen ein, durchschauten sie nicht. Sie predigten ein freies Menschentum und halfen verhindern, dass Menschen ihren Verstand gebrauchten.

Hirschfelds Männer – eine kritische Erinnerung

Im November 1982 ist eine Magnus-Hirschfeld-Gesellschaft in Berlin gegründet worden. Rechtzeitig zum zehnjährigen Jubiläum haben Ralf Dose und Hans-Günter Klein die zwischen 1983 und 1991 zwanglos erschienenen »Mitteilungen« dieser Gesellschaft, insgesamt 15 Hefte, in zwei Bänden im Buchformat neu herausgegeben: *Mitteilungen der Magnus-Hirschfeld-Gesellschaft*; 2., durchgesehene und erweiterte Auflage, herausgegeben für die Magnus-Hirschfeld-Gesellschaft von Ralf Dose und Hans-Günter Klein; Bd. I: Heft 1 (1983) bis Heft 9 (1986), Bd. II: Heft 10 (1987) bis Heft 15 (1991) (= Schriftenreihe der Magnus-Hirschfeld-Gesellschaft, Bd. 7); Hamburg: von Bockel Verlag 1992. Wer Erfahrungen mit dem Edieren von Buntscheckigem hat, wird allein aus diesem Grund sagen: Hut ab!

Vollen Respekt erworben, nicht zuletzt bei Universitätssexuologen, hat sich die Magnus-Hirschfeld-Gesellschaft bereits im Verlauf der 80er Jahre durch ihre Ziele, die sie auf vielfältige Weise trotz äußerst bescheidener finanzieller Mittel beharrlich verfolgte. Hauptziel der Gesellschaft war und ist nach wie vor, »das von den Nazis zerstörte Institut für Sexualwissenschaft in Berlin wiederzuerrichten und das Werk Magnus Hirschfelds und seiner Mitarbeiter zu erforschen, erneut bekanntzumachen und im Sinne der modernen Sexualwissenschaft weiterzuführen« (ebd.: 7). Darüber hinaus formulierte die Magnus-Hirschfeld-Gesellschaft bei ihrer Gründung folgende Ziele: »die Wiedergutmachung an den wegen ihrer Sexualität im Faschismus Verfolgten; die Unterstützung des Kommunikations- und Beratungszentrums für homosexuelle Männer und Frauen in Berlin; die grundlegende Reform des Sexualstrafrechts; die sexualwissenschaftliche Aus- und Fortbildung in den medizinischen und pädagogischen Berufen« (ebd.).

Nachdem sich Mitglieder der Deutschen Gesellschaft für Sexualforschung zu den ersten Verlautbarungen und Aktivitäten der Magnus-Hirschfeld-Gesellschaft kritisch geäußert hatten, antwortete Ralf Dose 1984:

»Die bisher lautgewordene Kritik an Teilen der wissenschaftlichen Arbeit Hirschfelds und insbesondere an seinen unhaltbaren und heute unvertretbaren Äußerungen zu endokrinologischen und eugenischen Fragen erscheint uns weitgehend berechtigt. Uns liegt nicht an einer Glorifizierung der Person. Wir halten es aber für notwendig, Fehleinschätzungen und Irrtümer auf dem Hintergrund des Gesamtwerkes und dessen Intentionen zu beurteilen. Nichtsdestotrotz sehen wir die generelle Vereinnahmbarkeit und die Vereinnahmung der Eugenik durch die Nazis. Wir halten es aber nicht für nützlich (und auch nicht für angemessen), einzelne Personen, deren humanistische Grundhaltung außer Zweifel stehen sollte, in die Nähe von Wegbereitern oder Vorläufern des Faschismus zu rücken« (ebd.: 150).

Dass das von den Nazis zerstörte Hirschfeld-Institut für Sexualwissenschaft in Berlin nicht wiedererrichtet worden ist, bleibt die perennierende Schande der so genannten Volksparteien, die Jahrzehnte lang verleugnet und gekniffen, offen abgelehnt oder verdeckt verhindert haben. Es ist nicht das Versagen der Magnus-Hirschfeld-Gesellschaft, von deren zahllosen Aktivitäten jene Denkschrift »Für ein neues Berliner Institut für Sexualwissenschaft« von 1987 erwähnt sei, in der sich namhafte Sexualwissenschaftler wie Paul Gebhard und Eberhard Schorsch ebenso geäußert haben wie Selbsthilfeorganisationen, Arbeitsgemeinschaften Betroffener und Beratungszentren Diskriminierter. Die Denkschrift dokumentierte auf diese Weise, was Dose schon Jahre vorher den Kritikern seiner Gesellschaft gesagt hatte:

»Wir halten das frühere hirschfeldsche Institut dort für vorbildlich, wo es die Einheit von sexualwissenschaftlicher und sexualpolitischer Arbeit verkörperte. Eine solche, neu zu entwickelnde Einheit dürfte allerdings nicht in die naive Wissenschafts- und Aufklärungsgläubigkeit Hirschfelds zurückfallen. Vorstellbar ist für uns aber die bewusste Einbeziehung der bestehenden Emanzipationsbewegungen als kritisches Korrektiv in die Arbeit eines Instituts. Auch wäre u. E. der zunehmenden Kompetenz etwa der Homosexuellenbewegung bzw. ihrer Mitglieder, die eigenen Lebensverhältnisse auch wissenschaftlich zu durchdringen, Rechnung zu tragen. Dabei geht es uns nicht um die Verwechselung von Wissenschaft und Politik, sondern um die notwendige gegenseitige Ergänzung beider Bereiche, und um das Recht von Betroffenen, über die Verwendung von Forschungsergebnissen, die sie berühren, selbst zu verfügen« (ebd.: 151).

Dass nicht nur das Verhältnis von Betroffenen und Patienten einerseits und Experten und Behandlern andererseits bisher nicht ausreichend reflektiert worden ist, sondern auch das Verhältnis von sozialen Bewegungen einerseits und korporierten Wissenschaften andererseits einschließlich ihrer zumindest differenten Methoden und Motive, liegt auch an der hiesigen Universitätssexuologie, die offenbar insofern einer Selbstbetörung erlag, als sie, jedenfalls hin und wieder, durch die höhere Weihung ehemaliger Wortführer der Studenten- und Schwulenbewegung per Habilitation für Sexualwissenschaft die an Hirschfelds Institut bewunderte Einheit von Wissenschaft und Politik und die von den soziogeschlechtlichen Bewegungen der Nachkriegszeit eingeklagte Vermittlung von persönlicher Betroffenheit und fachlicher Nüchternheit nicht nur irgendwie, sondern ganz konkret erreicht sah.

Die Grenzgängerei der Magnus-Hirschfeld-Gesellschaft zwischen bewegtem Anliegen und wissenschaftlicher Analyse, zwischen populärer Ansprache und fachlichem Anspruch hat sich ein Jahrzehnt lang am Eindrücklichsten in einer öffentlichen Vortragsreihe niedergeschlagen, die von der Jüdischen Volkshochschule Berlin unterstützt worden ist. Erfreulicherweise sind viele dieser Vorträge in den »Mitteilungen« dokumentiert worden. Daneben finden sich selbstverständlich viele Berichte und Materialien, die Magnus Hirschfeld und sein Institut betreffen, sowie Werkstattberichte und im engeren Sinne wissenschaftliche Abhandlungen, die sich mit dem Leben und dem Werk anderer Sexualforscherinnen und Sexualforscher befassen, von Karl Heinrich Ulrichs über Fritz Brupbacher bis zu Kurt Hiller, von Dora Russell über Auguste Kirchhoff bis zu Helene Stöcker. Viele Beiträge sind andernorts ebenfalls oder ausführlicher publiziert worden, manche finden sich aber nur in den »Mitteilungen«. Wer zur Geschichte der Sexualwissenschaft oder der Homosexuellen-, Sexualreform- und Frauenbewegung arbeitet, muss die »Mitteilungen« konsultieren. Sie sind eine Fundgrube ersten Ranges.

Dem Impressum zufolge trug Ralf Dose zusammen mit Gesa Lindemann die Hauptlast der Arbeit. Zu den ständigen Mitarbeiterinnen und Mitarbeitern, deren Veröffentlichungen im Anhang gesondert aufgeführt werden, zählten neben den bereits Genannten Manfred Baumgardt, Günter Grau, Manfred Herzer, Ilse Kokula, Kristine von Soden und Norbert Zillich. Im Anhang finden sich schließlich mehrere Register, die das Arbeiten mit den »Mitteilungen« außerordentlich erleichtern. Einzig diese Register hätten für die historisch Arbeitenden den Neudruck sinnvoll gemacht, gäbe es nicht noch die Tücke des Objekts, die alle trifft und auch darin besteht, dass alleingelassene Hefte eines Periodikums wie von selbst zu verschwinden pflegen.

Wir können also in jeder Hinsicht sagen, inhaltlich wie formal: Der durchgesehene und um Verzeichnisse erweiterte Nachdruck der »Mitteilungen der

Magnus-Hirschfeld-Gesellschaft« war notwendig. Dem Rezensenten ist er eine willkommene Hilfe und eine Freude.

Ist die Homosexualität angeboren oder erworben?

Als ich das Nachrichtenmagazin, das auch mich eine Stunde lang nach meiner Interpretation gefragt hatte, endlich in der Hand hielt, wollte ich zunächst meinen Augen noch trauen. Da stand doch tatsächlich draußen drauf: »Gen für Homosexualität entdeckt«. Davon kann natürlich überhaupt keine Rede sein. Und das weiß natürlich auch das Nachrichtenmagazin.

Dr. Dean Hamer vom Nationalen Krebsforschungs-Institut der USA – was hat eigentlich Homosexualität mit Krebs zu tun? – hat auch keineswegs behauptet, das »Homo-Gen« gefunden zu haben. Er hat in einer Fachzeitschrift namens »Science« (Ausgabe vom 16. Juli 1993, Bd. 261, S. 321) gemutmaßt, dass eine größere Region des X-Chromosoms, genannt Xq28, mit der Entstehung der männlichen Homosexualität irgend etwas zu tun haben könnte. Seine Befunde sind ausgesprochen vorläufig, nicht wissenschaftlich kontrolliert und bisher nicht von anderen Forschern bestätigt worden. All das aber ist nach den Regeln der experimentellen Wissenschaft notwendig, sollen Befunde überhaupt ernsthaft diskutiert werden.

Paradoxerweise hat Dr. Hamer selbst davor gewarnt, seine Befunde misszuverstehen oder gar eines Tages zur Ausrottung der Homosexualität missbrauchen zu wollen. Er scheint also zu wissen, wie gefährlich solche Befunde in schlechten Zeiten sein könnten. Und die Herausgeber von »Science«, auch ein durchaus ungewöhnlicher und vor allem paradoxer Vorgang, sind gleichzeitig auf Distanz gegangen, indem sie der verwirrten Leserschaft mitteilten, welche Potemkinschen Dörfer die Genforschung schon errichtet hat.

Der keineswegs paradoxe Skandal aber ist, dass auch Tageszeitungen und Magazine, die sich für kritisch halten, derartige Mutmaßungen einem auf diesem Gebiet laienhaften Publikum als »Entdeckung« verkaufen. Machen wir uns also unseren eigenen Reim darauf.

In der wirklich modernen Biologie gilt die Trennung in einerseits angeboren, andererseits erworben als überholtes Denken. Dort ist man schon lange nicht mehr so borniert, eine seelisch und sozial höchst komplizierte Bildung wie die Homosexualität, deren Art und Weise von den jeweiligen kulturellen und gesellschaftlichen Bedingungen wesentlich bestimmt wird, auf ein Gen oder auch mehrere im Sinne von klassischer Vererbung zurückzuführen. Für die Naturwissenschaftler, die sich über ihre Wissenschaft selbst aufgeklärt haben, sind so genannte Anlage und so genannte Umwelt vermittelt, ineinander verschränkt. Das eine ist ohne das andere nicht zu denken.

Alle bisherigen Behauptungen, psychosoziale Bildungen wie Kriminalität, Alkoholismus, Schizophrenie oder Transsexualität seien organisch bedingt, sind inzwischen in sich zusammengebrochen oder von den »Entdeckern« selbst widerrufen worden. Ich könnte eine lange Liste solcher Potemkinscher Dörfer aufstellen. Zu den Pappkameraden der fanatischen Somatiker, die den doppelten Blindversuch, Kontrolle und Replikation nicht überlebt haben, gehören zum Beispiel XYY bei Kriminalität (Jürgen Bartsch!), pränataler Androgenmangel bei männlicher Homosexualität (Ratte gleich Mensch!), LD4+ bei Pädophilie (Karrierelüge!), stereotaktische Hirneingriffe bei diversen sexuellen Auffälligkeiten (keine erwünschte Wirkung!) und HY-Antigen-Diskordanz beim Transsexualismus (Widerlegung und Widerruf!). Und jetzt das ominöse Xq28, dem noch viele Phantome mit schönen Namen folgen werden.

Zu fragen wäre also, warum die Suche nach der einen, nach der somatisch fassbaren Ursache so unstillbar ist, dass sie selbst peinliche Paradoxien produziert. Die Richtung einer möglichen Antwort kann hier selbstverständlich nur kursorisch angedeutet werden: Weil die abendländische Philosophie des Ursprungs, des Prius und der reinen Unmittelbarkeiten noch lange nicht so überlebt ist, wie es die »postmodernen« epistemologischen, diskursanalytischen oder konstruktivistischen Denkrichtungen scheinen lassen. Weil wir alle nie ganz verstanden haben, was deren Abstraktionen eigentlich meinen. Weil wir nicht gelernt haben, in Vermittlungen zu denken. Weil gesellschaftsbiologisches Denken, das mit Sozial-, Rassen- und Psychohygiene verschränkt ist, in Alteuropa und Neuamerika immer dann Aufwind erhält, wenn die sozialen Probleme überhand nehmen und verheißen wird, sie naturwissenschaftlich zu lösen.

In der inspirierten Biologie jedoch gelten – um es noch einmal zu sagen – die Binarismen biotisch/sozial, gut/böse oder angeboren/erworben schon lange als anachronistisch, dem somatiformen Denken des 19. Jahrhunderts erliegend. Das aber ist so herrlich einfach, macht Kausalitäten greifbar und verspricht Lösungen selbst für jene Probleme, von denen wir alle im abgedunkelten Bewusstsein ahnen, dass sie unlösbar sind.

Für die moderne Sexualwissenschaft ist es geradezu ein Ungedanke, sich Erotik und Sexualität und Geschlechtsidentität genetisch bedingt vorzustellen. Dass alle Menschen, unabhängig vom körperlichen Geschlecht, erotisch und sexuell aufeinander und miteinander reagieren können, ist ein menschliches Vermögen, das allgemein bekannt ist und weder allein auf biologische noch allein auf psychosoziale Sachverhalte zurückgeführt werden kann. Wie sich dieses Vermögen ausbildet, wie es erlebt wird und gelebt werden kann, bestimmt die jeweilige Kultur. So ist beispielsweise die Differenz zwischen der antiken mannmännlichen Liebe und unserer gegenwärtigen Homosexualität riesig.

Die, die etwas älter sind, haben am eigenen Leib erfahren, wie unterschiedlich das erotische und geschlechtliche Empfinden und Erleben sein kann, je nach den kulturellen Umständen. Schwul zum Beispiel kann man nicht geboren werden, wie das Nachrichtenmagazin auch noch unterstellte. Schwul ist man, wenn überhaupt, seit es eine Schwulenbewegung gibt, die das Selbstverständnis und gewiss auch die Erlebensweisen Homosexueller verändert hat, die ja bei uns noch vor wenigen Generationen Urninge waren oder konträrsexuell oder Männerhelden oder homophil, je nachdem, wer auf sie blickte oder wie sie sich selbst verstanden.

Das heißt alles nicht, körperliche Anlagen spielten überhaupt keine Rolle. Bei den sexuellen und geschlechtlichen Identitäten aber ist ihre Bedeutung außerordentlich gering. Wie könnten wir sonst verstehen, dass Menschen, deren gesamte Körperlichkeit – Gene, Hormone, Genitalien usw. – männlich ist, sich trotzdem als weiblich empfinden und erleben?

Natürlich habe ich größtes Verständnis dafür, wenn Homosexuelle natürlich und normal sein wollen. Natürlich und normal sein – das ist in unserer Kultur dummerweise das Einfachste und Schönste von der Welt. Der Wunsch steckt, offen oder insgeheim, in uns allen, weil er selbstverständlich ist. Doch welcher Sonderling wollte im Ernst mit den Normalungetümen tauschen, die nicht mehr weinen und lachen können, die immer funktionieren, die gewalttätig und egozentrisch sind, die über Leichen gehen, die immer Bescheid wissen, aber von nichts eine Ahnung haben, schon gar nicht von Erotik. Dass der Mann empfängt und die Frau zeugt, dass der Mann seine schwellenden Brüste anfasst und die Frau ihr pochendes Glied in der Scheide fühlt – mit solchen Phantasmagorien, die das kulturelle Genom des Eros bilden, können unsere Humangenetiker nichts anfangen und die pfäffigen Psychogenetiker auch nicht. Das aber ist das Salz des Eros.

Und was wäre gewonnen, wenn die Homosexualität genetisch vererbt würde? Letztlich gar nichts. Einige Homosexuelle, die ihr Begehren ängstigt, die unbewusste Schuldgefühle haben, fühlten sich zunächst ein wenig besser. Sehr bald aber müssten sie erleben, dass die Tatsache, »von Natur« homosexuell zu sein, keineswegs die Ängste und Schuldgefühle beseitigt, die Homophobie der so genannten Normalen dämpft, vor sozialen und rechtlichen Diskriminierungen oder gar vor dem Versuch schützt, die Homosexualität mit medizinischen Mitteln herauszuschneiden. Letzteres würde sogar durch eine organisch fassbare Ursache erst ermöglicht. Die Nazis haben es, wie wir alle wissen, gewollt und versucht.

Gerechtigkeit und Freiheit kann die Natur nicht bieten. Sie kennt sie nicht. Gerechtigkeit und Freiheit können Minderheiten wie die Lesben und Homosexuellen nur aus Gründen der Vernunft oder solchen einer menschenfreundlichen Ethik erhalten. Die Gene schweigen dazu.

Erinnern wir uns also daran, dass unsere Erotik und unsere Sexualität Kunstwerke sind, die Gene weder wesentlich herstellen noch vererben können. Wie auch sollten sie ein psychosozial höchst kompliziert Zusammengesetztes und kulturell höchst prekär Vermitteltes wie eine sexuelle oder geschlechtliche Identität »determinieren«? Die Furie des Biologischen, die die naiven und die subjektfeindlichen Naturalisten so fasziniert, kommt immer erst dann zum durchschlagenden Erfolg, wenn die Prozesse des Lebendigen entflochten oder stillgestellt sind. Werden die Nerven durchtrennt, ist eine Erektion nicht mehr möglich.

Vorwissenschaftlich ist die Meinung, in der genetischen oder hormonellen Ausstattung des Menschen habe man das »Radikal« des Sexogenus vor sich. Dabei ist es sinnlos, sich den Menschen ohne einen gesellschaftlichen Prozess, ohne Blut und ohne Hände vorzustellen und die Erektion fleischlos. Als begönne der menschliche Lebensprozess nicht erst an jenem Punkt, an dem Individuen ihre Hände mit Blut beflecken und die Erektion mehr ist als ein Reflex oder als mehr genommen wird.

Lassen wir also den Forschern, die das Rätsel der homosexuellen Liebe, aber natürlich nicht der heterosexuellen lösen wollen, ihren somatiformen Wahn. Kämpfen wir weiterhin um menschliche Verhältnisse, innerhalb derer alle Minderheiten und alle Sonderlinge ihren Platz finden können. Beruhigen wir die, die so gerne »natürlich« wären, und die, die befürchten, ihnen könnte ihr Begehren herausoperiert werden. Das eine können wir zwar nie versprechen, das andere aber werden wir nie zulassen.

Über den Versuch, die Homosexualität vor der Geburt auszumerzen

Unter dem Titel »Stellungnahme zu den Forschungen des Endokrinologen Prof. Dr. Günter Dörner zum Thema Homosexualität« haben Martin Dannecker, Gunter Schmidt, Eberhard Schorsch und ich für den Vorstand der Deutschen Gesellschaft für Sexualforschung e. V. eine Kritik veröffentlicht, die zuerst in der Ärzte-Zeitschrift »Sexualmedizin« (Jg. 10, S. 110–111, 1981) erschienen ist. Diese Erklärung wurde in mehrere Sprachen übersetzt, erschien auch in der angesehenen US-Fachzeitschrift »Archives of Sexual Behavior« (Jg. 11, S. 445–449, 1982) und wurde in Deutschland mehrfach nachgedruckt, u. a. in »Das Argument 127« und in »Psychologie heute« (Nr. 6, 1981), dort unter dem Titel »Homosexualität durch Hormone ›heilen‹«. Der Kritisierte rückte von seiner Art des Forschens nicht ab und erhielt von Bundespräsident Johannes Rau (siehe auch S. 129 und 132 in diesem Buch) das Bundesverdienstkreuz am Bande.

Seit vielen Jahren untersucht der Endokrinologe Prof. Günter Dörner, Humboldt-Universität zu Berlin (DDR), die Bedeutung von Sexualhormonen für die vorgeburtliche Entwicklung des menschlichen Gehirns. Seine Resultate fasste er kürzlich folgendermaßen zusammen:

»Unphysiologische Hormonspiegel (…) während der Gehirndifferenzierung können als ›Teratogene‹ wirken. Sie können zu bleibenden Störungen des Paarungs- bzw. Nichtpaarungsverhaltens führen, die mit fixierten strukturellen Veränderungen in bestimmten Regionen des Gehirns einhergehen« (Dörner 1979: 91; Übersetzung von uns).

Hinter diesen abstrakten Formulierungen steht etwas sehr Konkretes: Dörner hat sexuell abweichendes Verhalten, namentlich die Homosexualität des Menschen, im Auge. Letztere gilt ihm als pränatale neuroendokrine Missbildung, die mit Hormonuntersuchungen während der Schwangerschaft rechtzeitig diagnostiziert und mit Hormongaben während der Schwangerschaft verhindert werden soll.

Dörner trägt seine Forschungsergebnisse in der ganzen Welt vor, und wir haben ihm als einzelne Wissenschaftler mehrfach widersprochen. Sein Ziel ist das Ausmerzen der Homosexualität mittels radikaler endokriner Eingriffe während der embryonalen Entwicklung des Menschen. Da wir jetzt Hinweise erhalten haben, Dörner gehe dazu über, seine Vorstellungen in die Tat umzusetzen, und da sich unkritische Berichte über seine Forschungsergebnisse in der Presse häufen, informieren wir als Vereinigung von Wissenschaftlern und als fachlich zuständige Universitätsabteilungen die Öffentlichkeit, wie wir es auch bei den stereotaktischen Hirneingriffen an Menschen mit abweichendem Sexualverhalten getan haben (vgl. Sexualmedizin 5, 442–450, 1976). Dass diese wissenschaftlich begründet seien, haben sich die westdeutschen Operateure übrigens im Wesentlichen von Dörner sagen lassen. Beide, diese psychochirurgischen Operationen und diese hormonellen Eingriffe, versuchen, ungewöhnliche sexuelle Verhaltensweisen zu eliminieren. Im Einzelnen stützt Dörner seine Annahmen auf vier Beobachtungen:

1. Tierexperimente

Dörner gibt an, dass die Paarungsreaktionen der Ratte durch Sexualhormone, die um die Geburt herum verabreicht werden, manipuliert werden können: Hormonell »verweiblichte« Rattenmännchen lassen sich häufiger bespringen, hormonell »vermännlichte« Rattenweibchen bespringen häufiger andere Tiere als die unbehandelten Tiere gleichen Geschlechts. Dörner überträgt diese Ergebnisse umstandslos auf den Menschen und spricht von neuroendokrin konditionierter Homosexualität. Beim Mann soll ein Androgendefizit, d. h. ein Mangel an männlichen Sexualhormonen, während der kritischen Phase der pränatalen Entwicklung, das ist nach ihm die Zeit zwischen dem vierten und siebten Schwangerschaftsmonat, zu einer vorrangig »weiblichen« Differenzierung des Hypothalamus führen. Nach der Pubertät werde dann die homosexuelle Disposition manifest. Analog lasse sich tierexperimentell die Entstehung der weiblichen Homosexualität formulieren.

Hierzu stellen wir fest:

– Die Gleichstellung stereotyper motorischer Reaktionsmuster der Ratte (genitales Präsentieren, Bespringen) mit dem Liebesleben des Menschen ist nicht nur kurzschlüssig und willkürlich, sondern anthropologischer Unfug.

- Vergleiche zwischen verschiedenen Tierarten zeigen, dass die prä- bzw. perinatalen hormonellen Einflüsse schon auf der physiologischen Ebene (z. B. hinsichtlich der zyklischen Ausschüttung der Sexualhormone) extrem unterschiedlich sind.

- Klinische Beobachtungen bei manifesten, pränatal auftretenden Hormonstörungen beim Menschen (adrenogenitales Syndrom) lassen nicht den geringsten Hinweis für die Gültigkeit der Hypothesen Dörners erkennen: Selbst diese schweren Hormonerkrankungen begünstigen keine homosexuelle Entwicklung.

2. Positives Östrogen-Feedback

Dörner gibt an, bei homosexuellen Männern ein sog. positives Östrogen-Feedback gefunden zu haben, das bei heterosexuellen Männern nicht vorkomme. Das soll heißen, bei homosexuellen Männern werde nach dem Verabreichen eines Östrogens das Hypophysenhormon LH ausgeschieden. Dieser Effekt wird normalerweise bei der Frau, nicht aber beim Mann beobachtet. Das von Dörner beschriebene positive Östrogen-Feedback bei homosexuellen Männern wurde von ihm als ein weiterer Beweis dafür gewertet, dass Homosexualität auf hormonelle Störungen während der embryonalen Entwicklung zurückgeht.

Hierzu stellen wir fest:

- Die Aussagen Dörners beruhen auf Untersuchungen an 20 heterosexuellen und 20 homosexuellen Männern. Die gefundenen Unterschiede sind gering und keineswegs eindeutig, d. h., es gibt zahlreiche homosexuelle und heterosexuelle Männer mit »untypischem« Befund. Außerdem konnten Dörners Befunde nicht repliziert, d. h. von anderen Hormonforschern bestätigt werden.

3. Hormonspiegel bei Homosexuellen

Dörner stellte bei »effeminierten« homosexuellen Männern niedrigere Werte des freien Testosterons und höhere Werte des Hypophysenhormons FSH im Blutplasma fest als bei heterosexuellen Männern. Unterschiede zwischen »nichteffemierten« homosexuellen und heterosexuellen Männern konnte er nicht nachweisen. Weiterhin berichtet Dörner über erhöhte Werte des Plasma-Testosterons bei »virilisierten«, nicht aber bei anderen homosexuellen Frauen. Diese Daten interpretiert er als Hinweis auf pränatale Hormonstörungen.

Hierzu stellen wir fest:

- Abgesehen davon, dass die Fallzahlen auch hier wieder extrem klein (neun »virilisierte« homosexuelle Frauen bzw. 15 »effeminierte« homosexuelle Männer) und die gefundenen Unterschiede nicht einmal statistisch hinlänglich gesichert sind, bleiben solche Hormonbestimmungen mit so vielen Fehlern behaftet (z. B. Tagesschwankungen, Abhängigkeit der Werte von Drogen, Medikamenten, sexuellem Verhalten, aktuellem Stress usw.), dass in der Weltliteratur völlig unterschiedliche, einander widersprechende Befunde mitgeteilt worden sind. Selbst wenn die Befunde als solche gesichert wären, bliebe deren Interpretation wegen ihrer Abhängigkeit von so zahlreichen Faktoren unmöglich.
- Sieht man einmal davon ab, dass eine Unterscheidung zwischen verschiedenen »Typen« von Homosexuellen offenbar prima vista und ganz subjektiv erfolgte, und unterstellt man einmal die Stimmigkeit der Befunde, dann müsste gerade Dörner erklären, warum er zwischen »effeminierten« und »nichteffeminierten« Homosexuellen so deutliche Unterschiede findet, ob sein neuroendokrinologisches Modell nur für eine Minderheit der Homosexuellen zutrifft und ob solche hormonellen Unterschiede nicht auch unter Heterosexuellen zu beobachten wären, wenn diese in »effeminierte« und »nichteffeminierte« bzw. »virilisierte« und »nichtvirilisierte« getrennt würden.

4. Homosexualität und Stress

Aus Statistiken über geschlechtskranke Männer entnahm Dörner einen überproportionalen Anteil von Homosexuellen, welche in Kriegsjahren geboren wurden, in Relation zu späteren Jahrgängen. Aus der Tatsache, dass Stress die Androgenausschüttung reduziert, und der Annahme, dass die Kriegssituation ganz besonders stresserzeugend ist, konstruiert Dörner ein gehäuftes Auftreten von Androgendefiziten während der Schwangerschaften in dieser Zeit und daraus resultierend eine Zunahme von Homosexuellen.

Hierzu und zusammenfassend stellen wir fest:

– Die Reduktion der seelischen, sozialen und gesellschaftlichen Ausnahmesituation Krieg auf hormonelle Geschehnisse legt den Schluss nahe, dass Dörner selber an der Haltbarkeit seiner »naturwissenschaftlichen Argumentation« zweifelt. Aufgefangen werden soll deren Dürftigkeit offensichtlich durch den Rückgriff auf einen kruden Soziobiologismus. Dadurch aber werden die Argumente Dörners keineswegs wissenschaftlicher. Offenkundig wird gerade an dieser Stelle, wie sehr alle Experimente Dörners zum Thema Homosexualität mit dem gesellschaftlichen Vorurteil paktieren, demzufolge Homosexualität einzudämmen sei. Dieses Vorurteil fungiert sozusagen als ein nicht in Erscheinung tretender Auftraggeber für seine Forschungen. Abzulesen ist das einerseits daran, dass er sich über die geläufige Einstufung der Homosexualität als Krankheit keine Rechenschaft ablegt. Operiert wird vielmehr auf der Ebene der Gemeinplätze, auf der das per se als gesund betrachtete Heterosexuelle von dem generell als pathologisch angesehenen Homosexuellen unterschieden wird. Abzulesen ist das andererseits aber auch an dem breiten öffentlichen Interesse, das die Resultate von Dörner an sich binden konnten. Es kann nur damit erklärt werden, dass sie versprechen, die Homosexualität zu eliminieren.

Demgegenüber ist an die elementaren Sätze einer Theorie der Homosexualität zu erinnern: »Homosexualität« ist zuerst einmal eine anthropologische Kategorie. Als solche bezeichnet sie eine in der menschlichen Anlage bereitliegende Verhaltensmöglichkeit. »Homosexualität« verweist demnach auf alle Menschen, nicht nur auf manifest homosexuelle.

Die manifeste Homosexualität wiederum ist als eine Persönlichkeitsstruktur zu betrachten und nicht als ein Symptom einer Person oder einer Krankheit. Deshalb auch kann sie nicht beseitigt werden, ohne ein Individuum als gesamte Person in Gefahr zu bringen. Wie bei der Heterosexualität, so kann es auch beim Aufbau der Homosexualität zu Konflikten kommen, denen Krankheitswert zugeschrieben werden muss. Zu derartigen Störungen kommt es besonders häufig während des so genannten homosexuellen Coming out, also in jener Phase, in der die Homosexualität sowohl in die eigene Person als auch in die gesellschaftliche Wirklichkeit integriert werden muss. Gelingt dies nicht oder nur sehr unzureichend, kann es zu Problemen kommen, die manchmal einer Behandlung bedürfen. Die dann einzig angemessene Behandlung ist eine Psychotherapie, welche die gesamte Person im Blick hat und nicht in Versuchung kommt, Homosexuelles wegmachen zu wollen.

Diese theoretische Differenzierung und das aus ihr folgende Bild vom homosexuellen Menschen bewahrt vor einer medizinischen oder psychologischen Praxis, die psychisch aversiv, hirnchirurgisch oder pränatal hormonell der Homosexualität zu Leibe rücken möchte. Unterbleibt eine solche Differenzierung wie bei Dörner, befinden sich Motiv und Zweck der ätiologischen Forschung in Übereinstimmung mit der geläufigen Diskriminierung der Homosexuellen in der Gesellschaft. Sie zielt auf ein Verhindern homosexueller Entwicklung mittels einer endokrinologischen Prophylaxe ab. Das und nichts anderes ist das »erkenntnisleitende« Interesse der Dörnerschen Untersuchungen, die ganz offen mit der Möglichkeit einer endokrinologischen Euthanasie der Homosexualität spielen.

Prof. Dr. med. Volkmar Sigusch, Erster Vorsitzender
der Deutschen Gesellschaft für Sexualforschung;
Prof. Dr. med. Eberhard Schorsch, Zweiter Vorsitzender
der Gesellschaft;
Dr. phil. Martin Dannecker, Sekretär der Gesellschaft;
Prof. Dr. phil. Gunter Schmidt, ehem. Erster Vorsitzender
der Gesellschaft

Frankfurt am Main und Hamburg, im Januar 1981

Wissenschaftliche Arbeiten, auf die Bezug genommen wird:

Dörner, G. (ed.): Endocrinology of sex. Differentiation and neuroendocrine regulation in the hypothalamo-hypophysical-gonadal system. Leipzig: Johann Ambrosius Barth (1974);
Dörner, G.: Hormones and brain differentiation. Amsterdam/Oxford/New York: Elsevier (1976);
Dörner, G., F. Döcke, G. Hinz, F. Götz: Neuroendocrine control of sexual behaviour and psychosurgery. Vortrag auf dem Fifth Annual Meeting der International Academy of Sex Research vom 20. bis 22. August 1979 in Prag;
Dörner, G.: Hormones and sexual differentiation of the brain. In: Sex, hormones and behaviour. Ciba Foundation Symposium 62 (new series). Amsterdam/Oxford/New York: Excerpta Medica (1979)

Ruchlose Sorge

Unter uns lebt ein Mann, der buchstäblich zu Tode geschunden wird – im Namen des Rechts, in Wahrheit aus Gefühlsquark, Heuchelei, Gesinnung. Ich weiß das seit einem Jahr, hoffte zunächst auf das Bundesverfassungsgericht, dann auf den Ministerpräsidenten des Landes NRW, den man »Bruder Johannes« nennt. Das ließ mich glauben, er wisse um die Gnade. Inzwischen ist der Instanzenweg durchlaufen, und Johannes Rau hat noch immer Dringlicheres zu erledigen.

Ein Berg toten Papiers liegt vor mir, Eingaben, Beschlüsse, Erklärungen, Berichte, in denen das Leben des Mannes verhandelt wird. Alexander Ebbinghaus, Justizvollzugsanstalt Münster, im Dezember 81 Jahre alt, wahrscheinlich der älteste Mensch unter deutscher Gefängnisverwaltung, »ein Pflegefall«, wie sein Anwalt Klaus Böwer sagt: »Seine Tage sind gezählt.«

Was hat dieser Mann Abscheuliches getan? Vier Jahre lang hielten ihn die Nazis in Zuchthaus und KZ. Dann kam unsere Republik. Sie hat ihm (bisher) für weitere 20 Jahre die Freiheit entzogen. Seit einigen Jahren wenden unsere Rechtsverweser die so genannte Sicherungsverwahrung an, die sie von den Nazis übernommen haben. Ja, Sie lesen richtig: Alexander Ebbinghaus ist bisher mit 24 Jahren Schinderei und Gefängnis bestraft worden.

Sein Verbrechen? Er liebte minderjährige Jungen und wurde von ihnen geliebt, aktenmäßig zuletzt 1973. Aber noch grauenhafter: Er bekannte sich dazu. Das hat offenbar die gemeinsten, zuunterst liegenden Regungen der Juristen in Wallung versetzt. Sie haben ihre Richtschnur »Straftat« zerschnitten und nur noch das Bekenntnis, die Gesinnung abgeurteilt, sozusagen die Pädophilie *an sich*. Im Beschluss eines Oberlandesgerichts vom Juni 1983, bei dem es um die »Aussetzung der Vollstreckung der Sicherungsverwahrung« geht, liest sich das so: »Eine kriminelle Energie hält die Anstaltsärztin bei diesem Krankheitsbild [es wurden vorher drei Erkrankungen und eine Operation erwähnt, V. S.] für ausgeschlossen (...) der Aktionsradius des Verurteilten [ist] durch seinen alters- und krankheitsbedingten Abbau eingeengt (...) eine *physisch-sexuelle Aktivität* (kann) bei ihm *nicht mehr* angenommen werden«.

Doch das Gericht lässt den unendlich Geschundenen nicht »zur Bewährung« aus seinen Klauen. Denn, so »argumentiert« es im selben Beschluss, er habe »insoweit« kein Unrechts*gefühl*, an seiner »*perversen Einstellung* hat sich im Laufe der Strafvollstreckung und der Sicherungsverwahrung nichts Grundlegendes geändert«; der Verurteilte sei »*psychisch* eingleisig und irreversibel auf die Päderastie fixiert«. Seine Freunde, es sind zehn, die ihn, wie das Gericht es vordem wünschte, rund um die Uhr außerhalb der Anstalt »kontrollieren« und betreuen wollten, könnten »insoweit« außer Betracht bleiben, weil sie »eine andere innere Einstellung (...) im Hinblick auf die Gefährlichkeit«, die von der Veranlagung ausgehe, haben müssten. Verfolgt wird also nicht wegen einer zu befürchtenden sexuellen Tat, sondern einzig wegen der »perversen Einstellung«: Das ist *Gesinnungs*justiz.

In ihrer ruchlosen Sorge haben die Richter auch den allgemeinen Skandal formuliert, den die Pädophilie nach wie vor darstellt. Der Verurteilte könne ferner nicht in Freiheit sterben, weil in seiner »Nachbarschaft eine von jungen Familien bewohnte Siedlung mit Einfamilienhäusern entstanden ist«. Einfamilienhäusersiedlungen und eingleisige Pädophilie ohne körperlich-sexuelle Aktivität und ohne das Lippenbekenntnis des Gebannten: »Ja, ich bin ein perverses Schwein« – das ist in der Tat unvereinbar. Unter Verschluss bleibt nicht der reale »Knabenschänder«, sondern der abstrakte Skandal Pädophilie, der sich in Siedlungshäusern junger doppelverdienend abzahlender Einfamilien mit Schlüsselkindern so sehr zum Konkreten verdichtet, dass er durch Schimpf und Acht und Bann und Schande seinen wahren Inhalt aus sich herauslässt: Liebe zu Kindern. Peter Schult, den unsere Justiz zuletzt auf ihr Gewissen geladen hat, und Alexander Ebbinghaus klebten auf ihre Fetische kein »Herz für Kinder«, nachdem sie es ihnen herausgerissen hatten. Und die Eltern ahnen im Stress: dass die Liebhaber ihrer Kinder sie so ernst nehmen, wie es das neue Farbfernsehgerät plus Videosystem nicht fertig bringt.

Alle Gerichte bescheinigten Alexander Ebbinghaus, *keine Gewalt* angewandt und die Jungen *seelisch nicht geschädigt* zu haben. So kann das bei der echten Pädophilie sein. Eines seiner »Opfer« erteilte uns allen öffentlich eine Lektion:

> »Ich hatte zum ersten Mal das Gefühl, dass ein Mensch auf mich als Persönlichkeit einging (...). Er akzeptierte mich als Mensch und behandelte mich nicht als kleines, dummes Kind (...). Bei ihm fand ich die vermisste Liebe (...). Die sexuellen Kontakte zwischen uns ergaben sich irgendwie – auf beiderseitigen Wunsch. Es war keineswegs so, daß meine Schwäche und Wehrlosigkeit ausgenutzt wurde, denn ich wollte die Befriedigung meiner Sexualität (...). Alexander wurde zu einer

130

Gefängnisstrafe von sechs Jahren verurteilt. Damals (wie heute) konnte ich den Sinn dieses Urteils nicht begreifen, da ich die Beziehung als äußerst positiv und wertvoll für mich erlebt hatte. Soweit empfand ich den erzwungenen Abbruch der Beziehung als Gewalt; sowohl gegen Alexander als auch gegen mich selbst.«

Ein Greis bleibt als Gefahr für die Allgemeinheit hinter Schloss und Riegel, weil er Kinder zwar nicht mehr körperlich-sexuell lieben würde, aber, offenbar noch provokanter, schlechthin, und ein NS-Schlächter, an dessen Verbrechen niemand ernsthaft zweifelt, wird nach endlosen Vorermittlungen wegen einer ärztlich attestierten Herzrhythmusstörung (die neben vielen weiteren Erkrankungen Alexander Ebbinghaus tatsächlich hat) als verhandlungsunfähig deklariert. Pädophilie wird mit Jahrzehnte langem Freiheitsentzug bis zum Tod geahndet, und ein Geistlicher segnet die Atombombe, die die USA über Hiroshima zünden. Sie nannten die Atombombe »Little Boy«. Was ist das für eine Welt?

Könnte ich doch statt der Siedlungshäuserfamilien meine Söhne zu dem Kinderliebhaber schicken. Aber auch diese innere Einstellung wäre den Richtern suspekt. Sie ließen sie »insoweit« außer Betracht. Offenbar muss man in dieser Welt der Verstofflichung Menschen töten, um verständnisvoll oder gar nicht belangt zu werden.

Nachtrag: Dieser Text, im Oktober 1984 als Leitartikel der Ärzte-Zeitschrift »Sexualmedizin« veröffentlicht, wurde mehrfach nachgedruckt, insbesondere von der Humanistischen Union, die dazu schrieb: »Dieser Bericht von Prof. Sigusch war Anlass für den Landesverband der HU in Nordrhein-Westfalen, sich beim Landesjustizminister für Alexander Ebbinghaus einzusetzen. Im November kam die Nachricht vom Justizminister – »(...) Die Strafvollstreckungskammer des Landgerichts Münster hat zwischenzeitlich beschlossen, Herrn Ebbinghaus mit Wirkung vom 30.11.1984 aus der Unterbringung zu entlassen« (»Mitteilungen«, 25. Jg., Nr. 110, S. 4, Februar 1985). Entscheidend war offenbar eine gutachterliche Stellungnahme, um die der Hamburger Sexualforscher und Psychiater Prof. Eberhard Schorsch gebeten worden war. Später lese ich in der Schwulen-Zeitschrift »Nummer« (25. Ausgabe, November/Dezember 1986, S. 14):

»Alexander Ebbinghaus ist tot. Noch zwanzig Monate in Freiheit. Zwei Monate nach Erscheinen des Artikels von Professor Sigusch wurde Alexander Ebbinghaus als fast 81jähriger (...) aus der JVA Münster in Westfalen entlassen. Er kehrte in seine Heimatstadt Hückeswagen bei Wuppertal zurück. Die neugewonnene Freiheit gab ihm Auftrieb, sein Gesundheitszustand verbesserte sich – er wollte viel erledigen, doch stieß er dabei sehr schmerzvoll auf seine Grenzen (...). Er starb am 19. September 1986. Unser Zorn wird uns Kraft geben, sein extremes Leben zu dokumentieren (...).«

Ob sich der dank seiner Erledigungen zum Bundespräsidenten aufgestiegene »Bruder Johannes« je geschämt hat für seine gnadenlose Kälte?

Ein Wort des Jahrhunderts: Schwul

»Schwule« im Sinne von selbstbewusst auftretenden Homosexuellen gibt es erst seit den 70er Jahren des 20. Jahrhunderts. Damals hatten eine sexuelle Revolution, eine Studenten-, Frauen- und Homosexuellenbewegung kulturelle und psychosoziale Erschütterungen erzeugt, die in diesem Jahrhundert einzigartig waren. Recht und Moral fielen nicht mehr umstandslos zusammen. Der »abscheuliche Homosexuellenparagraph« (Adorno) wurde zwar erst 1994 gestrichen, bahnbrechend aber waren die Liberalisierungen von 1969 und 1973.

Nach Steinigung und Folter, nach Zuchthaus und KZ, nach Verachtung und Denunziation durch die Spießer aller Lager, hatten männerliebende Männer historisch zum ersten Mal die Chance, ihre Eigenart kollektiv und öffentlich ohne Gefahr für Leib und Leben zu bekennen und zu einer gewissen Bewusstheit ihrer selbst zu gelangen. »Bewusste« Homosexuelle drehten damals den Spieß der Spießer einfach um, indem sie das Schimpfwort »schwul« mit erhobenem Kopf zum öffentlichen Kampfwort machten und dadurch zu einem guten Teil seines feindseligen Charakters beraubten.

Das Hochdeutsche kennt das Adjektiv »schwul« seit dem 17. Jahrhundert. Es meinte »drückend heiß« wie heute das Wort »schwül«, das dem Adjektiv »kühl« zur Seite gestellt worden ist. Seit dem 19. Jahrhundert wird »schwul« umgangssprachlich für jenes Verhalten verwandt, das die Wissenschaft seit dem 20. Jahrhundert überwiegend »homosexuell« nennt – ein Wort, das ein gewisser »Kertbeny« erfand.

So nannte sich der deutsch-österreichisch-ungarische Übersetzer, Schriftsteller und Kaufmann Karl Maria Benkert (1824–1882), indem er die Silben seines Namens zu »Kert-ben« verkehrte und ein magyarisches Ypsilon hinzufügte. Die griechisch-lateinischen Sprachzwitter »Homosexualität / Homosexualismus« usw. wurden von Kertbeny erstmalig 1869 öffentlicht, aber anonym verwandt, als er, wie vor allem der einmalig mutige deutsche Rechtsassessor, Schriftsteller und Latinist Karl Heinrich Ulrichs (1825–1895), dem er zeitweilig politisch zuarbeitete, gegen die Diskriminierung und Pönalisierung der mannmännlichen Liebe zu Felde zog (vgl. Anonymus 1869, Kertbeny 2000).

Zuvor hatte Ulrichs einen Mann, der Männer liebt, zunächst »Uranier«, später »Urning« genannt, wobei er sich auf Platons »Gastmahl« (180 C–185 C) bezog und auf jenen Eros anspielte, der die himmlische Aphrodite begleiten soll, die die mutterlose Tochter des Himmelsgottes Uranos ist und deshalb auch Urania oder Venus Urania genannt wurde (Ulrichs 1994; vgl. zu Leben und Werk Kennedy 1990/2001, Sigusch 1999a, 2000).

Angesichts des ebenso mannzentrierten wie hehren Etymons der Ulrichsschen Schöpfung »Urning/Uranismus«, die nur noch die Kreation »Polyhymnier/Polyhymniasmus« hätte übertrumpfen können, die sich nicht auf die Urania, sondern auf die Polyhymnia beriefe, mag es auch von Vorteil sein, dass eine Vox hybrida, ein von einem Außenseiter wie Kertbeny anonym und entlegen veröffentlichter und überdies obszöner Sprachbastard wider alle Bemühungen und Erwartungen Ulrichs' das Rennen machte, bei den Bezeichnern der verschiedenen Disziplinen wie bei den Bezeichneten der verschiedenen Art.

Denn in den 1860er Jahren standen gleich drei Wortschöpfungen zur Auswahl, die mehr oder weniger absichtsvoll neben dem historisch belasteten und mehrdeutigen Ausdruck »Sodomie« vor allem das in etymologischer Hinsicht semantisch verhunzte und nicht zuletzt deshalb ungenießbar gewordene Wort »Päderastie« ablösen sollten, mit dem statt Knaben- oder Jünglingsliebe nur noch Knabenschändung oder – unter Vermantschung mit dem Wort »Pedikation« (von lat. pedex, später podex = Gesäß) – Analverkehr bezeichnet werden konnte. Die neuen Ausdrücke waren: seit dem Beginn des Jahrzehnts Ulrichs' »Uranismus« und seit dem Ende des Jahrzehnts »conträre Sexualempfindung« von dem Psychiater Carl Westphal (1869) sowie »Homosexualismus/Homosexualität« von Kertbeny.

Schließlich war der Kertbenysche Bastard »homosexual/homosexuell« im 20. Jahrhundert weltweit so erfolgreich, dass alle Versuche im In- und Ausland, ihn durch einen etymologisch ungemischten oder semiotisch eindeutigen Ausdruck abzulösen, kläglich scheiterten. Weder »isogen« und »isosexuell« noch »homogen« und »homogenisch« noch »homoioerotisch« und »homoiosexuell« noch »homogam«, »unisexuell« oder »similisexuell« setzten sich durch.

Nebenbei: Auch die Wörter »heterosexual« und »Heterosexualität« sind von Kertbeny in den 1860er Jahren erfunden worden, wurden aber erst 1880, wiederum anonym, von Gustav Jäger in der zweiten Auflage seines Buches *Die Entdeckung der Seele* veröffentlicht (vgl. auch Jäger 1900).

Doch zurück zu dem lange Zeit eindeutig pejorativen, herabsetzenden, unfreundlichen Wort »schwul« der Umgangssprache. Denn, wie bereits angedeutet, war auf die erste deutsche Homosexuellenbewegung, die sich im Kaiserreich und in der Weimarer Republik formiert hatte, Anfang der 70er Jahre des 20. Jahrhunderts nicht nur die zweite Homosexuellenbewegung gefolgt, sondern etwas Neues: die *Schwulen*bewegung. Sie veränderte das Selbstverständnis jener Männer gravierend, die die Medizin seit dem Ende des 19. Jahrhunderts aufgespürt und, anfänglich staunend, als irgendwie Perverse pathologisiert hatte. Dabei werden Männer von Männern seit Jahrtausenden begehrt – irgendwie.

Wie dieses Begehren jedoch erlebt, bewertet und bezeichnet wird, bestimmt die jeweilige Kultur. So ist beispielsweise die Differenz zwischen dem antiken mannmännlichen Eros, der zur platonischen Staatskunst aufstieg, und unserer gegenwärtigen Homosexualität enorm. Was immer Sokrates, Wittgenstein und Roland Barth, Tschaikowski, Benjamin Britten und Cole Porter, Charles Laughton, James Dean, Cary Grant und Anthony Perkins, der Ökonom John Maynard Keynes, der FBI-Chef J. Edgar Hoover oder der Kolonialist Cecil Rhodes (»Rhodesien«) gefühlt und praktiziert haben mögen – schwul waren sie mit Sicherheit nicht, wie heute unhistorisch gesagt wird. Und auch Bi-straight, Bi-bi oder Bi-gay, wie es neuerdings heißt, können sie nicht gewesen sein, weil es das noch gar nicht gab. Selbst Magnus Hirschfeld war nicht schwul, weil er vor der historischen Geburt »des« Schwulen gelebt und sich nicht zu seinem Liebesleben offen bekannt hat.

Im Rückblick könnte jene Lebensart schwuler Männer, die der Aufbruch der 70er Jahre des letzten Jahrhunderts ermöglicht hat, als kulturell vorgezogenes Modell der heutigen Sexualformen angesehen werden: Assoziation bisher als unvereinbar angesehener seelischer und sozialer Modalitäten, egoistische Suche nach dem schnellen, umstandslosen sexuellen Thrill bei vorhandener Liebesfähigkeit in Dauerbeziehungen, hohe Besetzung der Autoerotik sowie eine enorme Flexibilität an den gesellschaftlichen Zirkulationsfronten.

Heute ist schwul beides: ein Emanzipations- und ein Schimpfwort. Einerseits gehören die Schwulen nicht mehr generell zu den »Infamen«, die Foucault so sehr am Herzen lagen, gibt es »Gay Pride Parades« und »Gay Games«, werden gelegentlich schwule Paare kirchlich gesegnet, ist das einst heilige Institut der Ehe für dessen einst unheilige Zerstörer partiell geöffnet worden. Andererseits werden Schwule *als solche* von Normopathen

»geklatscht« und ermordet, fragt eine angesehene kirchliche Akademie zum hundertsten Mal, ob Homosexualität angeboren oder erworben, ob sie »gleichwertig« sei, suchen anerkannte Forscher das »Homo-Gen«, das es gar nicht geben kann.

Vor allem aber ist es nach wie vor ver-rückt, wenn sich eine Mutter oder ein Vater wünscht, das eigene Kind möge homosexuell werden. Darauf aber spekulieren jene, die die Homosexualität »verhüten« wollen. Vor Jahren schon hatte der damalige Innenstaatssekretär Spranger, später Minister in Bonn, gesagt: »Frieden und Freiheit« seien auch im Inneren wichtig, aber da in erster Linie für die Normalen, nicht für »perverse Minderheiten, Terroristen, Verbrecher und Randgruppen«. Der sattsam bekannte Endokrinologe Dörner (siehe S. 123ff.) hatte 1990 einer Zeitschrift gesagt: »Wir werden alles versuchen, um Abnormitäten zu verhindern.« Und, kritisch befragt: »Ich sage ja nur, dass wir in zwanzig oder dreißig Jahren ein paar Homosexuelle weniger haben werden.« Drei Jahre vorher hatte ein Geistesriese namens Zehetmair, der Jahrzehnte lang Wissenschafts- und Kultusminister des Freistaates Bayern war, in AIDS-Zeiten und auf homosexuelle Männer gemünzt, das folgende Programm formuliert: »Diese Randgruppe muss ausgedünnt werden, weil sie naturwidrig ist« (siehe diese und weitere Beispiele mit Quellenangaben in Sigusch 1990a). Solche Sätze präsentieren schlagartig das Kontinuum der Barbarei. Nahmen in der Vergangenheit soziale Probleme überhand, bekam immer jenes Meinen Auftrieb, in dem sich Verhüten und Ausmerzen verschränken. Offenbar ist für Saubermänner und Sauberfrauen nichts befriedigender als das Operieren am Volkskörper. Als Volksverhetzung und Vernichtungsideologie mit der Staatsräson identisch wurden, terrorisierten und ermordeten die normopathischen Volksgenossen Juden, Roma, Kranke, Kriminelle, Kommunisten, Sozialdemokraten, Gewerkschaftler, Homosexuelle, Deserteure, Widersprechende, »Asoziale«, »Bibelforscher« ... Seit Auschwitz muss jeder menschenfeindliche Ton als bare Münze genommen werden. Und niemandem darf gestattet werden, solche Töne anzuschlagen.

Denn nach wie vor dominiert das somatiforme Denken, ist der Hass der Normalen auf die Homosexuellen unabstellbar wie die Angst vor ihnen, weil beide für die Heterosexualität konstitutiv und dazu noch weitgehend dem Bewusstsein entzogen sind. Solange es Hetero- und Homosexualität als abgezirkelte gesellschaftliche Sexualformen gibt, so lange wird das so sein. Umso verständlicher, dass immer mehr Homosexuelle nur noch normal leben wollen, gleichgestellt und amtlich registriert. Denn normal zu sein ist – einerseits – noch immer das Schönste von der Welt.

Den homosexuellen Frauen steht diese Möglichkeit des Abschieds von Subversivität und Eigensinn historisch noch bevor. Denn die Schwulenbewegung war (und ist) eine Männerbewegung. Ein Wort des Jahrhunderts, das für eine Lesbenbewegung stünde, hat die Jury offenbar nicht entdecken können. Ich auch nicht.

Der erste Schwule der Weltgeschichte

Für mich ist Karl Heinrich Ulrichs der erste Schwule der Weltgeschichte. Dieser Justizbeamte und preisgekrönte Rechtsgelehrte, dieser Lyriker und Latinist, nach dem München einen seiner hässlichsten Plätze benannt hat, war früh davon überzeugt: dass die mannmännliche Liebe natürlich und angeboren sei. Diese subjektive Gewissheit versetzte ihn in die Lage, ein Vorkämpfer der Homosexuellen-Emanzipation zu werden. Und er wurde der entschiedenste und einflussreichste.

Ulrichs lieferte nicht nur wissenschaftliche, moraltheoretische, juristische und politische Begründungen für die vollkommene Gleichstellung der erst später homosexuell genannten mit den noch später heterosexuell genannten Menschen, in seiner Terminologie: der Urninge mit den Dioningen. Er veröffentlichte auch als erster eine moderne Theorie der Homosexualität und konstatierte den Urning/Homosexuellen als eigensinniges, natürliches und gesundes Geschlechts-Subjekt, *bevor* ihn die Medizin in unserem Gesellschaftskreis für einhundert Jahre als Kranken konstruierte.

Geboren wurde Ulrichs am 28. August 1825 auf Gut Westerfeld bei Aurich/Ostfriesland (Volksmund: »In Aurich ist es schaurig«), das damals zum Königreich Hannover gehörte. Gestorben ist er, nachdem er 1880 die deutschen Länder verlassen hatte, am 14. Juli 1895 in Aquila/Abruzzen. Seine Mutter Elise Heinrichs war die Tochter eines Superintendenten, wie seine Verwandtschaft überhaupt gesättigt war mit evangelisch-lutherischen Pastoren und Kirchenbeamten. Sein Vater Hermann Heinrich Ulrichs war Landbaumeister im Dienst des Königreichs Hannover. Nach dem Besuch von Schulen in Aurich, Detmold und Celle und nach dem Studium der Rechte in Göttingen und Berlin von 1844 bis 1847 war er sechs Jahre lang im Justiz- und Verwaltungsdienst des Königreichs Hannover tätig, den er 1854 wegen seines Sexuallebens quittieren musste. Seither lebte er, wie heute gesagt würde, als freier Autor und Journalist, interessiert an alten Sprachen, an Literatur, Wissenschaft, Geschichte und nicht zuletzt Politik (vgl. Kennedy 1990/2001).

Ulrichs als modernes Sexualsubjekt

Für mich ist Karl Heinrich Ulrichs eine Person, in der sich der Furor sexualis unseres 19. Jahrhunderts so wirksam niederschlagen konnte, dass etwas historisch Neues sichtbar wird: ein *Sexual*subjekt. Bei seinem wichtigsten Vorgänger, dem bewundernswerten Schweizer Hut- und Putzmacher Heinrich Hössli (1836, 1838) war das noch nicht der Fall. Hössli war noch kein *Sexual*subjekt, bei dem die erotisch-leiblichen Wünsche als sexuelle ins Selbst-Bewusstsein integriert gewesen wären, ohne von Scham und Ekel so überwältigt zu werden, dass die Wünsche immer wieder aus dem Bewusstsein entfernt werden müssen. Folglich konnte er weder die eigene Sexualität noch die der Männerliebenden zur Sprache bringen – Sexualität im Sinne einer kulturellen Sexualform.

Amor, Eros, Venus usw. wurden zu dieser Zeit zwar schon als eine scheinbar einheitliche Sexualform gesellschaftlich installiert, die Angst der Noch-nicht-Identischen war aber noch zu groß, und es fehlten Hössli weiße Worte, um das zu bezeichnen, was der von ihm bewunderte Basilius von Ramdohr (1798, Teil 2: 106) in seinem Werk *Venus Urania* vor zweihundert Jahren den »schwarzesten Fleck« im Leben genannt hatte, nämlich: »grobe Symptome der erregten körperlichen Geschlechtssympathie« bei zwei Jünglingen mit reinen Seelen, die sich nach einem Streit umarmten, modern gesagt: mutuelle Erektionen, noch moderner gesagt: Homosexualität, denn, wie 112 Jahre später für Albert Moll (1910: 9) klar war: »Die genannten Vorgänge an den Genitalien sind für die Diagnose entscheidend«.

Ulrichs (1862) war auch insofern sehr viel moderner als Hössli, als er sich gegenüber seiner Herkunftsfamilie und gegenüber seinen Verfolgern ohne Vorbild und ohne Umschweife als *Sexual*subjekt bekannte. Das entreißt einem bis heute Respekt und Bewunderung: Welcher Eigensinn! Selbst Hirschfeld wagte das beinahe einhundert Jahre später nicht oder konnte es wegen drohender Verfolgung durch Rechtsradikale nicht wagen.

Die erste moderne Theorie der mannmännlichen Anziehung

Meines Wissens handelt es sich bei Ulrichs' Text »Animalischer Magnetismus« von 1861, der autobiografischen Angaben beigelegt ist (siehe Sigusch 2000: 62–70), um den ersten Versuch, eine moderne, das heißt »naturwissenschaftliche« Theorie der mannmännlichen Anziehung zu formulieren. Ulrichs schwimmt dabei in jenem Debattenstrom mit, der seit dem 18. Jahrhundert eine magnetische Kraft postuliert, beweist und widerlegt, von Mesmers Fluidum bis zum Od Reichenbachs.

So weiß er zu erzählen, dass Platon davon überzeugt war, »Händedruck und Kuß eines blühenden jungen Burschen mache den U[rning] muthig zum Kampf in der Schlacht« Ulrichs 1865: 1f.). Auch entgeht ihm nicht, dass eine uralte Erfahrung der Ärzte nicht nur für Dioninge, sondern ebenso für Urninge gilt, die Erfahrung, dass impotente alte Männer, obgleich alle anderen Mittel bereits versagt haben, dann wieder Lebensgeister spüren, wenn ihnen der Arzt schöne Jungfrauen ins Bett legt. Entsprechend wurde Ulrichs mitgeteilt, dass ein urnischer englischer Herzog zu krank und schwach war, um noch sein Testament aufsetzen zu können – bis man ihm »einige besonders kräftige und blühende Burschen« brachte, durch »deren bloße körperliche Berührung« seine Lebenskräfte wieder zunahmen (ebd.: 5). Ein urnischer Gewährsmann des bedeutenden Berliner Gerichtsmediziners Casper (1852: 64) brachte den heilsamen Tatbestand auf eine ebenso pragmatische wie magnetistische Formel: »keine Ihrer Arzneien lindert meine Schmerzen in der Seite so sicher, als wenn ich – meinen Bedienten sich neben mich auf den Sopha legen lasse.«

Ein foudroyanter Beweis aber scheint vom Theoretiker selbst zu stammen, jedenfalls passen die Angaben zu Ort und Zeitpunkt des Ereignisses sowie zum Alter des berichtenden Urnings und zu dessen sexuellen Vorlieben zu Ulrichs selbst. Unter dem Titel »Sichtbarer erotischer Funken« lässt er in seiner Schrift »Formatrix« einen Gewährsmann sagen:

»Neben einem jungen Soldaten saß ich auf einer Bank im Schatten der Bäume außerhalb der Stadt. Schwere Wolken hingen am Himmel. Es war recht finster, wo wir saßen. Wir saßen fast bewegungslos in naher Berührung. Meine Hand berührte seine Organe. Ich war geschlechtlich aufgeregt, aber nicht stärker, als sonst bei derartigen Berührungen. Da erblickte ich plötzlich an meinem Organ, welches von seiner Hand berührt ward, einen kleinen, aber ziemlich stark *glänzenden Funken*: soweit ich mich entsinne [...] von gelbweißlichem Licht, nicht von bläulichem. Der Funken saß [...] an einem Punkte des Randes der Glans. [...] Der Funke zeigte sich unbeweglich an ein und derselben Stelle, war auch nicht intermittirend. So lange ich mein Augenmerk auf ihn richtete, war er auch zu sehen. Dieß dauerte wohl einige Minuten lang« (Ulrichs 1865: 63f.).

Ulrichs rätselt nach diesem Bericht, ob es sich bei dem Funken um das Reichenbachsche Od oder eine positive animalische Elektrizität gehandelt habe.

Seine zweite Theorie des Uranismus aber ist sehr viel moderner und beschäftigt uns bis heute (vgl. vor allem Ulrichs 1868b). Ihre Springworte sind nicht mehr magnetische Durchströmung und erotischer Funke, sondern geschlechtlicher Dualismus, embryonale Keime der Virilität und der Multiebrität, weiblicher Charakter der Urninge, drittes Geschlecht. Jetzt stand er unter dem Zwang, »naturwissenschaftliche« Beweise aufzutischen, die es nie gegeben hat, und dem somatischen Erbe ein höheres Recht als der seelisch-sozialen Tat zuzusprechen. Folglich legte Ulrichs seine Urningstheorie intersexualistisch und organologisch an, indem er einen »embryonalen Urzwitter« annahm, in dem vier »geschlechtliche Keime« schlummerten. Aus diesem Urzwitter mache dann die *natura formatrix* im »regelrechten Verfahren« Männer und Weiber, im »unregelmäßigen« oder »außerordentlichen Verfahren« Urninge und Urninginnen und im »mißlungenen Verfahren« Zwitter. Ulrichs treibt also seine zentrale These von der *anima muliebris virili corpore inclusa*, das heißt: von der in den männlichen Körper eingeschlossenen weiblichen Seele, erklärtermaßen bis ins Embryonale zurück und bezeichnet sie immer wieder geradezu beschwörend als »naturwissenschaftlich«. Den herrschenden Binarismen von Körper und Seele, von Männlichkeit und Weiblichkeit, widerspricht seine These damit unterm Strich so wenig wie Hirschfelds Konstruktion des Homosexuellen (vgl. Sigusch 2000: 49f.).

Ulrichs als mutiger Ankläger und gerechter Verteidiger

Unwillkürlich willkürlich folgte Ulrichs auch einem anderen zentralen Gebot des inzwischen gesellschaftlich installierten Wissensdispositivs: noch das Intimste, Geheimste, Letzte, Gemeinste, Unerträglichste, Schamloseste, Unaussprechlichste, Namenloseste beim Namen zu nennen.

Ulrichs machte Unwesentliches bedeutsam, indem er es aufschrieb und veröffentlichte. Er ließ sich von Foucaults »Macht« dazu provozieren, deren Scheinwerfer auf dunkle Krypten zu richten, bis Existenzen zu sehen waren, von deren Existenz nicht einmal Justiz und Medizin gehört hatten. Er sammelte und archivierte das Gemurmel der Sprachlosen und die Schreie der Absterbenden, bis sich deren Leidenschaften in den ausgespannten Netzen der »Macht« verfingen. Er konfrontierte die tumbe Alltagsordnung mit den

Dramen von Individuen, deren Recht auf eine eigene Geschichte er einklagte. Nicht nur die Reichen und die Helden sollten in den Archiven verewigt werden, sondern auch er und seine Liebe zu den Soldaten.

Dieser aufrührerische Ostfriese und abtrünnige königlich hannoversche Amtsassessor, der 1864 unter dem Pseudonym Numa Numantius die Diskursbühne mit dem Pamphlet *Vindex*, das heißt Rächer, Retter, Strafvollzieher, betreten hatte, normalisierte und banalisierte in zähem Schreibfluss angebliche Monster zu Leuten wie »Du & Ich«. Er stellte sich selbst vor jene Schreckensmenschen, die mit Mord und Totschlag die Diskurse zu unterlaufen suchten. Er listete die Denunzianten, Rupfer und Erpresser auf, nannte sie bei ihrem bürgerlichen Namen. Er stellte sich mit Zeitungsinseraten, Leserbriefen oder Eingaben beim Staatsanwalt schützend vor die Angeklagten und Verurteilten, beispielsweise den Frankfurter Johann Baptist von Schweitzer, einen Sozialdemokraten der ersten Stunde und Präsidenten des Allgemeinen Deutschen Arbeitervereins. Er schickte den prominenten Verfolgern eine Vorladung »vor den Leichnam ihres neuesten Opfers, des im Nov. 1869 zu Berlin zum Selbstmord getriebnen preußischen Hauptmanns Frosch«: »Hieher zur blutigen Leiche! Zittert, ihr Verfolger! Ich, ich erstehe als euer Ankläger; ich fordre euch vors Gericht vor diesem Todten! Euch lade ich vor (...)« (Ulrichs 1870b: 54).

Um die Emanzipation der Urninge, um Freiheit für alle Subjekte Wirklichkeit werden zu lassen, nahm Ulrichs viel auf sich. Er quittierte 1854 den Dienst als Hülfsrichter in Hildesheim, um einem Disziplinarverfahren wegen des Treibens »unzüchtiger Wollust« zuvorzukommen. Er wurde 1864 aus dem bis heute in Frankfurt am Main ansässigen »Freien Deutschen Hochstift für Wissenschaften, Künste und allgemeine Bildung« ausgeschlossen, weil sich die freien gebildeten Wissenschaftsdeutschen weder mit seinen Ideen noch mit den Gerüchten über seinen Lebenswandel auseinander setzen wollten. Er wurde 1867 zweimal verhaftet, eingesperrt und schließlich des Landes verwiesen, weil er die im Jahr zuvor vollzogene Annexion seines Vaterlandes Hannover durch Preußen nicht stillschweigend hingenommen hatte.

Und er wurde im selben Jahr, am 29. August 1867, von seinen Kollegen auf dem Sechsten Deutschen Juristentag in München niedergeschrien, als er gegen die Pönalisierung jener Handlungen die Stimme erhob, die noch gar nicht »homosexual« genannt wurden.

Wann beginnt die Homosexuellenbewegung?

Dieser Tag, der 29. August 1867, ist für mich der Tag, an dem die Homosexuellenbewegung geboren worden ist – wenn denn ein derartiges, eigentlich ungreifbares Datum festgesetzt und genannt werden müsste. An jenem Tag, an dem Ulrichs ebenso bewusstseinsklar wie vegetativ und leibhaftig auf dem Deutschen Juristentag »zu München, im großen Saal des Odeons, vor mehr als 500 deutschen Juristen, darunter deutsche Abgeordnete und ein bayrischer Prinz, mit hoch klopfendem Busen die Stufen der Rednerbühne hinanstieg«, konfrontierte er die Bewahrer des Rechts mit einem schreienden Menschenunrecht:

> »Bis an meinen Tod werde ich es mir zum Ruhme anrechnen, daß ich am 29. August 1867 zu München in mir den Muth fand, Aug' in Auge entgegenzutreten einer tausendjährigen, vieltausendköpfigen, wuthblickenden Hydra, welche mich und meine Naturgenossen wahrlich nur zu lange schon mit Gift und Geifer bespritzt hat, viele zum Selbstmord trieb, ihr Lebensglück allen vergiftete. Ja, ich bin stolz, daß ich die Kraft fand, der Hydra der öffentlichen Verachtung einen ersten Lanzenstoß in die Weichen zu versetzen« (Ulrichs 1868a: 1).

Andere halten dagegen die 30 Jahre später nach Ulrichs' Tod von vier Männern, darunter Hirschfeld, am 15. Mai 1897 in Charlottenburg bei Berlin vollzogene Gründung des Wissenschaftlich-humanitären Komitees (WhK) für die »Geburtsstunde der Schwulenbewegung«, obgleich es zeitige Schwule noch gar nicht gab, den bekennenden Urning und historisch vorzeitigen Schwulen Ulrichs und seine enormen Aktivitäten aber sehr wohl. Historisch hat sich die Gründung des WhK fraglos als ein »Meilenstein in der Frühgeschichte der Homosexuellenbewegung« herausgestellt, wie der Ulrichs-Biograph Hubert Kennedy (1990: 256) schreibt. Die Weichen aber hat Ulrichs als Einzelkämpfer bereits in den 60er und 70er Jahren des 19. Jahrhunderts gestellt.

Denn er nahm viel von dem, was eine »Bewegung« ausmacht, voraus: öffentliche Widerreden, Demonstrationen und Anklagen; Streitschriften und Eingaben an die Gesetzgeber und ihre Kommissionen; Vernetzung der »Genossen«; Einrichten eines Archivs des Pro und Kontra und damit der Individual, Sozial- und Kriminalgeschichte bis dahin Geschichtsloser; Auflisten berühmter Männer der Vergangenheit, die Männer geliebt haben sollen; Androhen, namhafte Urninge der Gegenwart als solche zu entlarven, heute Outing genannt; Umwerben und Auflisten der sich für eine Entpönalisierung aussprechenden Nichturninge; Konzeption eines »Urningsbundes«; Einrichten einer Unterstützungskasse für in Not geratene Gleichgesinnte; Gründung der ersten Zeitschrift für sie; und nicht zuletzt das, was erst einhundert Jahre später kollektiv möglich wurde: öffentliches Sichbekennen, heute Coming out genannt – alles, wohlgemerkt, nicht im 20. Jahrhundert, sondern bereits vor mehr als 130 Jahren. Zu Recht sagte deshalb Ulrichs (1870a: 39): »Der Stein ist im Rollen«.

Öffentlich führte Ulrichs so etwas wie Uranität als neue Wahrnehmungs-, Distinktions- und Existenzweise vor. Dank seiner enormen Bemühungen entwickelte sich in einem kleinen Kreis ehrenhafter »Naturgenossen« ein ebenso neuartiges wie kostbares Gut: »das genossenschaftliche Bewußtsein«. Das wiederum hatte etwas zur Voraussetzung, was »den Werth« seines »Strebens in ganzer Größe« ausmachte, wie ihm in tiefer Dankbarkeit ein 25-jähriger Urning aus Wien schrieb, etwas, was der humane Kern seines Kampfes ist: »Selbstachtung«. Nichts Geringeres hat Ulrichs einigen Urningen ermöglicht, indem er sie aus einem »Schreckenstraum« erweckte und vom »Abgrund der Selbstverachtung« wegriss (Ulrichs 1870b: 71f., 75).

Ulrichs als historisch vorzeitiger Schwuler

Merkwürdig, dass dieser Enorme, der mehr als ein Individualbewegter, mehr als ein Bewegungseinzelner war, nicht allgemein als der »Vater« der Homosexuellenbewegung angesehen wird. Er könnte sogar als der erste, gewissermaßen *historisch vorzeitige* Schwule bezeichnet werden, wenn unter »Schwulen« homosexuelle Männer verstanden werden, die sich selbstbewusst und politisch zu ihrem Begehren öffentlich bekennen. Historisch vorzeitig, weil es Schwule in diesem Sinne und kollektiv eigentlich erst seit den 70er Jahren des 20. Jahrhunderts gibt (siehe S. 133).

Wer Leben und Werk dieses ostfriesischen Amtsassessors a. D. studiert, wird immer wieder vom Grad seiner kulturellen und politischen Modernität beeindruckt sein, die oft hinsichtlich Freisinn und Menschenrecht den Geist des 19. Jahrhunderts weit hinter sich lässt. So war für ihn selbstverständlich, dass alle Menschen mit der gleichen Würde ausgestattet sind und dieselben Rechte zu beanspruchen haben. Es scheint so, als wäre er gegen die psychopolitischen Übel seines Jahrhunderts, Chauvinismus,

Rassismus, Antisemitismus usw., gefeit gewesen. Kam er auf die Völker Europas zu sprechen, auf das, was sie trennt und eint, glaubt man – im heutigen Sinne – einen Europäer der ersten Stunde zu hören.

Ulrichs wusste, wer seine Verbündeten waren und wer des Schutzes bedurfte: die Vergewaltigten und Geschmähten,

> »mögen sie heißen Pole, Hannoveraner, Jude, Katholik, oder sei es ein unschuldiges Geschöpf, das den Leuten ›anrüchig‹ ist, weil es so sittenlos war, außerehelich geboren zu werden, wie wir ja so unsittlich waren, mit der Urningsnatur ausgestattet geboren zu werden, oder mag es eine arme ›Gefallene‹ sein, die der hochsittliche Barbarismus des 19. Jahrhunderts zu Acten der Verzweiflung treibt, zu Kindsmord, Fruchttreibung, wohl gar zu Selbstmord. (…) Neben dem Juden stehn wir, sobald ein übermüthiger Katholik ihn beschimpft, neben dem Katholiken, sobald ein intoleranter Liberaler ihn um seines Glaubens willen schmäht« (Ulrichs 1870b: 9f.).

Mit Blick auf geschlechtlich und sexuell Auffällige und Verpönte, von den Zwittern bis hin zu den Urningen, vertrat er eine Position, die erst heute für wenige Formen mit Not einigermaßen kulturell erreicht ist und mit einiger Mühe wissenschaftlich gehalten wird: Es geht nicht um Krankheit, Missbildung, Unzucht, Lasterhaftigkeit oder Übersättigung, sondern um Eigenart, Variation, ein Drittes, ein Viertes, ein Anderes.

Dem Gang der Dinge nicht nur um Jahrzehnte, sondern um beinahe eineinhalb Jahrhunderte voraus argumentierte er, als er die Frage erörterte, ob die katholische Kirche noch die schöpferische Kraft besäße, für neue Liebesbündnisse neue Formen zu schaffen wie einst die gemeine Ehe. Angesichts der ebenso menschenverachtenden wie unhistorischen Aufpeitschungen gegen die rechtliche Anerkennung nichttraditioneller Lebensgemeinschaften, die sich die deutschen katholischen Bischöfe angelegen sein ließen, ist Ulrichs' an die christlichen Kirchen gerichtetes »Begehren« des Jahres 1870 ebenso weise wie modern: Es soll dem Urning und seinem Geliebten gestattet werden, im Beisein zweier Zeugen vor den Altar zu treten und vor dem Pfarrer die Erklärung abzugeben: »daß sie hiedurch mit einander ein Liebesbündniß eingehn, unter dem Gelöbniß ehelicher Treue«. Diese Bündnisse seien »als rechtmäßige und sanctionirte anzuerkennen« und selbstredend auch der Urningin und dem Zwitter zu gewähren (ebd.: 36f.).

Ein- und Ausgrenzung der Homosexuellen

Heute werden schwule Paare von Pastoren gesegnet, gibt es in immer mehr westlichen Ländern die politische Absicht, das Institut der Ehe für dessen einstige »Zerstörer« beinahe ganz zu öffnen. Andererseits aber – um nur bei diesem Beispiel zu bleiben – erklärt die Katholische Bischofskonferenz Deutschlands homosexuelle, auf Dauer angelegte Partnerschaften in einem »Wort zur Bundestagswahl« des Jahres 1998 zu einer Todeskraft, die unsere Gesellschaft zerstört.

Weil es keiner exzessiven Phantasie bedarf, sich gesellschaftliche Umstände vorzustellen, unter denen sich das Rübe-Ab! wieder automatisch vollzöge, sind Ulrichsscher Mut und Eigensinn riskierte und kostbare Güter. Ulrichs' Traktate und Pamphlete gehören folglich nicht in die Archive, sondern unter die Leute. Die Zeiten, in denen Schwule an den kulturellen Diskurs- und ökonomischen Diversifikationsfronten reüssieren, könnten schneller vorbei sein, als es denkbar scheint, wenn gerade eigene Spiele, Feste und Paraden veranstaltet werden und ehemalige Verächter ihren Segen spenden. Eine tief reichende ökonomische Krise mit einem politischen Rechtsruck könnte genügen. Hoffen wir, dass es dann viele Personen wie Ulrichs gibt, die nicht nach dem eigenen Vorteil schielen, sondern auf ihn für die Freiheit anderer verzichten würden.

Operation AIDS

Anfang 1986. Die Chiffre AIDS hat die ganze Welt erobert. Die letzte Nische ist ins Bild gesetzt. Unzählige Menschen sind beunruhigt, unzählige zu Tode erschreckt. Es gibt mehr wissenschaftliche Abhandlungen als Erkrankte. Auf jeden Toten kommen hundert Schlagzeilen. Auf meinem Sofa sitzen Medizinprofessoren und fragen, ob sie sich bei dieser oder jener Vergnügung angesteckt haben könnten.

Eines Tages war ich selber ausreichend vorbehandelt. Schon beim Frühstück las ich in der Zeitung AIDS statt ARD. Dann nahm man mir den letzten AIDSfreien Blick. Vor meiner Wohnung wurde ein Plakat aufgehängt, das mich unverzüglich ins Bürgerhaus bestellte. Dort kochte ein ärztlicher »Verein zur AIDS-Verhütung« seine rassistische Suppe. Er wollte die Infizierten tätowieren.

Krankheit und Blendwerk

Wer auf das allgemeine Geschehen nicht nur lethargisch oder zynisch reagiert, wer noch Mitleid empfindet, ist von AIDS aufgewühlt. Nichts ist für reflektiert Erlebende entsetzlicher, als das scheinbare Zusammenfallen von individuellem und gesellschaftlichem Elend. Jene, die an Minderheiten und Lustseuchen traditionell ihr eigenes Schicksal zu besänftigen suchen, stehen Gewehr bei Fuß. Nichts ist für sie beruhigender als das Verletzen Andersartiger. Mörderisch ist AIDS, weil sich der Vernichtungs-Charakter unserer Kultur im allgemeinen Umgang mit einer Krankheit auf allen Ebenen realisiert – ohne dass wir die Möglichkeit hätten, uns durch theoretische Abstraktionen seelisch zu schützen: denn die Menschen gehen nicht wie wir alle chronisch kulturell zugrunde, sondern körperlich akut.

AIDS ist beides: eine schwere Erkrankung und nichts als Blendwerk. Weil die Erkrankung tödlich ist und die Mystifikation verheerend, fällt es uns unendlich schwer, die Wirklichkeit von ihren Verdrehungen zu trennen und die Realangst von der neurotischen. AIDS ist ein kultureller und politischer Volltreffer, in dem sich die einzelnen Gräuel mit dem Grauen des Ganzen lärmend vermählen. In diesem Phänomen schießen zusammen: die latente Untergangsstimmung mit bestens bedienten Geschäftsinteressen, das Sicherheitsdenken mit dem ökologischen, der Präventivschlag mit dem Mythos vom Blut, das heidnische Aug-um-Auge der Geißeln Gottes mit der Charité, der Hass auf das Abweichende mit dem Neid auf den Glamour der Perversion, die Angst vor dem sexuell Triebhaften mit dem Liberalisierungshorror, der Rassismus mit der Sozialhygiene, der Schrecken der Verseuchung mit der momentanen Ruhe des Tests, das Selbsthilfegruppengesamttreffen mit der Ohnmacht der Medizin, die eigenen homosexuellen Regungen mit der praktizierten Homosexualität, die Schuldangst der Libertinen und Randständigen mit der Rage der Verfolger: AIDS für alle, alle für AIDS.

Wird trotz allem der Versuch nicht unterlassen, vernünftig aufzuklären, muss die Krankheit von ihrer Indienstnahme getrennt werden. Erst dann wird es möglich, die gesellschaftlichen, sozialen und seelischen Instrumentalisierungen zu erkennen, erst dann können wir um die Menschen trauern, die an AIDS versterben. Angesichts der Aufpeitschung ist das Trennen unumgänglich, weil wir sonst von Angst, Ekel, Rache und vom Hass auf die Ansteckenden überschwemmt werden. Sosehr es sich auch aufdrängt, das Versagen der allgemeinen Abwehr mit dem der individuellen gleichzusetzen, so sehr muss die Differenz von Krankheit und Gesellschaft betont werden. Gerade weil das Individuum mit dem Allgemeinen zusammengebrannt ist, dürfen seine Ängste und Krankheiten nicht gleichgeschaltet werden. An AIDS stirbt jeder allein. Das Sterben mag in dieser Kultur ebenso maskiert sein wie gang und gäbe – als menschliches ist es individuell.

Die bürgerliche Presse ist weder hysterisch noch paranoid. Sie ist nicht krank, sie macht krank. Gefühllos kalkuliert sie ihre Geschäfte mit der Angst vor einer »Todesseuche«, die sie eigens dazu fabriziert, mal zynisch, mal sentimental, wie es gerade kommt. Hauptsache, die Kasse stimmt. Auch für den, der sich nichts mehr vormacht, ist das Versagen jener Presse, die zwischendurch auch einmal liberal war, sind die Panikmache, das Ausgrenzen verfolgter Minderheiten, das Anstacheln des ohnehin dumpf grollenden »gesunden« Volksempfindens erschütternd. Als hätte es noch eines Beweises bedurft, dass der Rassismus bei uns nicht nur latent vorhanden ist – AIDS hat ihn geliefert.

Physischer und metaphysischer Sturz

Wer wissen will, wie bei uns mit Opfern einer körperlichen Krankheit verfahren wurde, die höchstens gehorsamer und schutzloser das getan haben, was uns allen befohlen war; wer wissen will, was von Schwarzen wie

Rotgrünen gegen Minderheiten unternommen wurde; wer das Ausbreiten einer verkommenen »politischen Kultur« ertragen kann – der lese unsere Schrift *Operation AIDS* (Sigusch und Gremliza 1986), an der u. a. mitgearbeitet haben: Günter Amendt, Sophinette Becker, Horst Bredekamp, Ulrich Clement, Martin Dannecker, Christel Dormagen, Nathan Fain, Bobby Hatch, Eberhard Hübner, Ingrid Klein, Annegret Klevenow, Edith Kohn, Gabriele Kreis, Adolf-Ernst Meyer, Michael Lukas Moeller, Paul Parin, Rosa von Praunheim, Helles Roth, Frank Rühmann, Norbert Schmacke, Gunter Schmidt, Eberhard Schorsch und Irene Stratenwerth. Die Schrift erschien in der Gremliza VerlagsGmbH Hamburg als das siebte Heft der unwillkürlichen, von mir und Hermann L. Gremliza zwischen 1979 und 1986 herausgegebenen Reihe »Sexualität konkret«. Ein Jahr später ist sie, aktualisiert und erweitert, unter dem Titel *AIDS als Risiko* im Konkret Literatur Verlag Hamburg als Buch herausgekommen (Sigusch 1987a).

Was verband die Autorinnen und Autoren? Wir riefen nicht nach dem Staat, weil wir Angst hatten vor der Unvernunft, die das Ganze durchherrscht, vor medialer Menschenverachtung, professoraler Borniertheit, möglichem Staatsterrorismus. Wir insistierten auf der individuellen Wirklichkeit des Sexuellen, hofften folglich auf die Einsicht der Sexual-»Subjekte« und glaubten nicht an AIDS als eine sich natural-dinghaft blind durchsetzende Katastrophe wie andere. Wir setzten auf Aufklärung, weil die riskierten Menschen schließlich nur selbst ihr Verhalten ändern können. Wir sahen AIDS und seine Mystifikation nicht nur als ein tödliches Risiko für den einzelnen an, sondern auch als ein auslöschendes Risiko für das Bewahrenswerte unserer Kultur, ob das Risiko nun als gesellschaftliche Mystifikation, als seelische Verdrehung oder ebenso unverstellt wie brutal daherkommt. Wir machten uns Sorgen um den Verlust der erkämpften Freiräume für Homosexuelle und Heterosexuelle. Wir beobachteten, wie die Mystifikation von AIDS alte Wunden auffrischte, das Sexuelle wieder fest mit Angst und Schuldgefühlen und dem Gedanken der Sühne, überhaupt mit dem Widerpart des Sexuellen verlötete, weil sie die erste Liebe wieder so richtig überschaubar zu einem Risiko auf Leben und Tod machte und die Suche nach Ekstase, wie könnte es anders sein, epidemiologisch denunzierte, weil sie Treue und Monogamie aus Horror erzwang. Was vor der sexuellen Liberalisierung mithilfe der unerwünschten Schwangerschaften und der Geschlechtskrankheiten eingebleut und erpresst worden ist, konnte sich jetzt auf einen natürlichen Todesengel berufen, der, so lautete die globale Parole, immer zur Stelle war. Allgemein wirksam war die Parole, nicht so sehr wegen der medialen und staatlichen Hysterisierung, sondern weil in uns allen die Strebungen am Werke sind, die Perversion wie Liebe mit Angst und Schrecken liieren. Kurzum, wie machten uns über den Charakter der hiesigen Kultur keine Illusionen.

Die Mitarbeiterinnen und Mitarbeiter an den beiden Publikationen gehörten damals zu denjenigen im Land und außerhalb, die angesichts der Seuche nicht den Kopf verloren haben, die nicht für »Save Sex«, aber ohne Wenn und Aber für das Benutzten von Kondomen, überhaupt für »Safer Sex« waren, ohne »ansteckungsfreie Moral« im Dienst der »Volksgesundheit« zu predigen und dem heiligen Eros Telefonsex abzumarkten, damit politische und sexuelle Pornografie identisch würden. Sie wussten, wie unabstellbar der Hass der Normalen auf die Homosexuellen ist und wie groß die unbewusste Angst vor ihnen; denn ohne Homosexuelles ist Heterosexuelles nicht zu verstehen und nicht zu begreifen. Sie spürten, dass alle Drogenabhängigen und auch alle Homosexuellen, ob sie nun aus infektiologischer Sicht riskant oder vollkommen »safe« gelebt hatten, existenziell bedroht waren. Die Lage war so katastrophal, dass sie gar nicht mehr dramatisiert werden konnte. Doch ein Teil der Presse, vorneweg der »Spiegel«, schlug mit dem Todeshammer drauf: Alle Infizierten seien »Tote auf Urlaub«, Anfang der neunziger Jahre werde es »fast eine Million AIDS-Infizierte allein in Deutschland« geben (Der Spiegel, Nr. 39/1985). Kein Wunder also, dass alle Sexualsubjekte zutiefst beunruhigt waren.

Die doppelte Wirklichkeit von AIDS ließ die Metaphysik stürzen. Es war in dieser Kultur immer ein Wagnis auf Leben und Tod, sich fallen zu lassen, die Kontrolle zu verlieren, die Normen zu brechen. Alle Sexualsubjekte ahnten auch vor dem Einbruch von AIDS die riskante Nähe von Sexus und Tod, nahmen sie aber als nicht ganz von dieser Welt. Dann ist sie nackte Realität geworden. Kritische Sexualforscher wollten das herrschende System der Sexual- und Geschlechts- und Liebesformen transzendieren. Sie fanden sich, letzte Idioten im Ursprungssinn des Wortes, nicht mit der Diagnose der Philosophen ab, dass das Subjekt schon vergangen sei, sofern es je gewesen, und inszenierten dagegen Denkdurchbrüche. Als hätte es noch eines Beweises bedurft, dass die Signatur des Sexus in dieser Kultur Zwang, Hypostasierung und Unfreiheit ist, schien er mit dem Einbruch eines Naturdinges in das Leben abschließend geliefert worden zu sein. Kritische Sexualforscher standen unter einem neuen Diktat – dem der Krankheit AIDS und ihrer gesellschaftlichen Indienstnahme.

Über die Vergesellschaftung der Krankheit AIDS

In einer frei gehaltenen Rede zur Eröffnung des 8. Kongresses für Klinische Psychologie und Psychotherapie am 21. Februar 1988 in Berlin (vgl. Sigusch und Fliegel 1988), der ich hier in Klammern einige Ergänzungen hinzufüge, habe ich der Aufzeichnung der Veranstalter zufolge unter anderem gesagt:

Weil das Thema so entsetzlich deprimierend ist, beginne ich mit dem Erfreulichen, vielleicht bei diesem Thema mit dem einzig Erfreulichen: Nach allen Informationen, nach allen Untersuchungen, die vorliegen, kann man mit großer Wahrscheinlichkeit feststellen – ich sage das so behutsam, weil es keine repräsentativen Untersuchungen für die Gesamtbevölkerung gibt –, *dass 99,9 Prozent der hiesigen allgemeinen Bevölkerung nicht infiziert sind mit HIV-1.* Und ich füge hinzu, dass nach meinem Dafürhalten die meisten Menschen auch nicht in dem Risiko stehen, sich in Zukunft zu infizieren.

Maßlosigkeit der Berichterstattung

Das ist eine Aussage, die man nicht in der Presse findet, die man von Aids-Politikern nicht hört. Ich beziehe mich zunächst auf das Durchtesten von Blutspenden, in der Bundesrepublik Hunderttausende bis über eine Million, in den USA inzwischen Millionen. In der Bundesrepublik und West-Berlin hat sich in so genannten Bestätigungstests eine Infektionsrate, ich verkneife mir extra das grässliche, nur im Deutschen vorkommende Wort Durchseuchungsrate, von insgesamt 0,02 Prozent ergeben (...).

Zweitens beziehe ich mich auf Serien von Untersuchungen, auf Massen-Screenings, in den USA inzwischen an beinahe vier Millionen Menschen im Umkreis und in der US-Armee, genau an 3.960.000, zwangsweise durchgeführt. Ich füge hinzu: in sexuell aktivem Alter. Getestet worden sind Männer und Frauen, alle Mitglieder der Armee, Bewerber usw. Seropositiv waren 0,15 Prozent bis maximal 0,16 Prozent (...). Die CDC der USA, vergleichbar unserem Bundesgesundheitsamt (BGA), teilen das immer alles korrekt mit, aber man findet es nicht in der Presse.

Wobei ich mir gleich ein kritisches Wort zum Bundesgesundheitsamt erlaube, das in Berlin angesiedelt ist. Ich halte die Politik des Amtes, bezogen auf Daten, wie ich sie jetzt vortrage – ich sag' es behutsam –, für nicht nachvollziehbar. Man erfährt so gut wie nichts. Es werden unglaublich dürftige Statistiken veröffentlicht. Man erfährt nicht, auf welchem Weg sich zum Beispiel die wenigen aidskranken Jugendlichen infiziert haben, man kann darüber phantasieren, ob sie nun gefixt haben oder ob sie sich auf sexuellem Weg infiziert haben usw. Ich halte das für einen unglaublichen Zustand, zumal das BGA auch schon falsche Zahlen herausgegeben hat.

Eine Zahl, die uns erschüttert hat, war 1984: *35 Prozent der Homosexuellen seien infiziert* (Der Spiegel, Nr. 45 vom 5. November 1984, S. 104f.). Nicht publiziert auf wissenschaftliche Weise oder amtlich korrekt, sondern dem »Spiegel« in seinen widerwärtig aufgesperrten Rachen geschmissen. Ich darf an dieser Stelle feststellen, dass unser Fachverband, die Deutsche Gesellschaft für Sexualforschung, auf der Stelle reagiert hat. Man liest oft von unseren Gegnern, dass wir überhaupt nichts täten, überhaupt nicht reagierten. Wir waren die erste wissenschaftliche Vereinigung, die sich bereits 1984 in einer Erklärung geäußert hat, die zuerst in der »Frankfurter Rundschau« vom 7. Dezember 1984 und danach in diversen liberalen und wissenschaftlichen Blättern abgedruckt worden ist. In dieser Erklärung (Schorsch, Dannecker, Schmidt und Sigusch: »Über den allgemeinen Umgang mit Aids«, November 1984) haben wir die Zahlen, die Professor Meinrad Koch, Chef des Nationalen AIDS-Zentrums und Berater der Ministerin Süssmuth, dem »Spiegel« zugeworfen hat, methodisch und sexualwissenschaftlich kritisiert.

(Erfreulich ist, dass Professor Koch das dann später revidiert hat, zunächst ziemlich verwaschen, etwa vier Jahre später aber ohne Wenn und Aber. Anfang 1989 sagte Koch der »Zeit« [Nr. 4 vom 20. Januar 1989], er habe seine »abenteuerlichen Vorstellungen« über die Homosexualität gründlich revidiert, Phantasien, »gespeist vom Sexualneid«; er sei deswegen zu »irrsinnigen Hochrechnungen über die Zahl der Infizierten gekommen«, die ihm »der Sexualforscher Volkmar Sigusch [...] damals in der Frankfurter Rundschau um die Ohren geschlagen« habe [zur katastrophalen Jahrhundertkatastrophenberichterstattung, die der »Spiegel« mit »immer neuen Titelgeschichten« zum Thema AIDS »für Deutschland geradezu monopolisierte« vgl. Herbert Riehl-Heyse 1995: 12]).

Zu den Zahlen, auf die ich mich hier beziehe (vgl. im Einzelnen Sigusch 1987a), ist zu ergänzen: Die USA sind uns epidemiologisch um Jahre voraus. Die meisten so genannten Experten sagen »um drei Jahre« voraus. Sie liegen seit 1985 stabil bei 0,15 Prozent, das heißt um etwa eine Zehnerpotenz höher als bei den hiesigen Blutspendern (...).

Das ist das einzig Erfreuliche. Jetzt geht es leider nicht mehr so weiter, weil, wenn man sich *die wirklich riskierten Gruppen* anschaut, dort natürlich die Situation ganz anders ist. Ich nenne dazu keine Zahlen, weil es keine verlässlichen Untersuchungen gibt, auch nicht geben kann, da man keine repräsentative Stichprobe der homosexuellen Männer zum Beispiel bilden kann. Diese Gruppierungen, insbesondere verfolgte Minderheiten, entziehen sich, man könnte sagen: zum Glück, wesensmäßig einer derartigen Erfassung. Aber ich sage, dass bei homosexuellen Männern, die riskant sexuell aktiv waren, und bei Drogenabhängigen, die von anderen gebrauchte Nadeln benutzt haben, die Rate sehr hoch liegt. Sie ist bei i.v.-Drogenabhängigen in den letzten zwei Jahren weiter angestiegen, im Gegensatz zu homosexuellen Männern, die ihr Schicksal in die eigenen Hände genommen haben. Ich möchte in aller Deutlichkeit sagen, dass die Gruppe der i.v.-Drogenabhängigen existenziell bedroht ist, wenn nicht von allen Seiten, von unserer Seite und von politischer Seite, endlich etwas getan wird und wenn nicht all dieser Quatsch aufhört, dass die Ärzte wieder anfangen – gerade stand es im »Deutschen Ärzteblatt« –, vom Abstinenzparadigma zu reden. Die wissen nicht, dass die Drogenabhängigen verrecken, weil sie keine Fürsprecher haben, weil sie keine geistigen Köpfe haben, weil sie keine Bewegung hinter sich haben wie die Homosexuellen, weil es kein positives Interesse gibt, schon gar kein allgemeines, das sich an diese Gruppe heften könnte.

Allgemeinheit der Paradoxien

Nun muss ich etwas theoretischer werden, weil mir das Thema Vergesellschaftung einer Krankheit anvertraut wurde. Ich spreche also nicht über die individuellen Reaktionen, über die hypochondrischen, phobischen, paranoiden Reaktionen, sondern über die Mechanismen der Vergesellschaftung, und ich beginne mit dem Verhältnis von Individuum und Gesellschaft. Wenn nach diesem Verhältnis gefragt wird, wäre zuallererst jene Paradoxie zu begreifen, die die nach Wahrheit suchende Philosophie, ob idealistisch oder materialistisch genannt, in der Denkbewegung von Kant über Hegel und Marx bis Adorno letztlich verbindet: dass trotz allem Gesellschaft ebenso ein Inbegriff von Subjekten ist wie deren Negation, wie Subjekte ein Inbegriff von Gesellschaft sind und deren Negation.

Diese Paradoxie, sage ich, wäre zu begreifen (...). Vollends paradox sind die Paradoxien der bürgerlichen Gesellschaft dadurch geworden, dass den Subjekten ihre eigene Vernunft, das hohe Ziel der Bourgeoisie, inkommensurabel ist. Marx hat das Bewusstsein der Mitglieder der bürgerlichen Gesellschaft als objektiv verdrehtes analysiert. Freud – ich denke an eine ganz frühe Arbeit von 1892/93, da ist noch nicht vom Unbewussten die Rede – sah die gehemmten Vorsätze aufbewahrt in einer Art von Schattenreich, in dem sie eine ungeahnte Existenz fristeten, bis sie als Spuk hervorträten. Solchen Spuk, von dem schon bei Marx die Rede war, als er seinen Begriff des Fetischcharakters verständlich machen wollte, setzte Freud den erhabenen Idealen, dem freien Willen, der selbstgewissen Vernunft der Bürger entgegen. Ihr siegreiches Handeln gründete jetzt auf Triebverzicht, Wunschverdrängung und Gedankenhemmung. Keine sonderlich friedfertig anheimelnde Lage.

Freud behauptete bekanntlich, dass das Ich nicht Herr sei in seinem eigenen Haus. Das nannte er die dritte Kränkung der Eigenliebe, die als psychologische Kränkung der kosmologischen des Kopernikus und der biologischen des Darwin gefolgt sei. Die vierte Kränkung, die philosophische, sage ich jetzt, hat vor allem Adorno zustande gebracht, indem er das Transzendentalsubjekt als bewusstlos erkannte. Während Marx noch an den Fortschritt durch Beherrschung der Natur glaubte und Adorno an die Versöhnung des Subjekts mit ihr, ist für Günther Anders das Buch der menschlichen Eigenliebe zugeschlagen. Die Menschen seien antiquiert, weil sie mit ihren Vermögen das, was sie entfesselt haben, gar nicht mehr erreichen könnten. In dieser Sicht wären die Paradoxien, von denen ich sprach, mit dem Subjekt untergegangen und damit auch jede Subjektwissenschaft, also Sexualwissenschaft und natürlich Psychologie, die übrigens erst mit Hegels Tod aufgekommen ist. Darüber sollte man mal nachdenken: dass die Psychologie aufkommt, als die Identitätsphilosophie untergeht, habe ich gedacht, als ich das Motto des Kongresses – »Widersprüche und Identitäten« – zum ersten Mal hörte.

Meine Damen und Herren! Eine Krankheit ist nur Prädikat des Subjekts. Ist aber das Subjekt nur Prädikat des geschichtlich-gesellschaftlichen Prozesses der Marxisten, des absoluten Geistes der Idealisten, des Nietzscheanischen Lebenswillens, des Heideggerschen Seins oder des Systems der Strukturalisten und Systemtheoretiker? Marx hat an den Idealisten seiner Zeit kritisiert, dass sie das Selbstbewusstsein der Subjekte, obgleich nur Prädikat des gesellschaftlichen Prozesses, zum Subjekt erklärt hätten, den gesellschaftlichen Prozess aber, das wirkliche Subjekt, zum Prädikat des absoluten Geistes. Diesen Vorwurf des Quidproquo haben die französischen Neostrukturalisten, darunter Foucault, wiederholt. Nicht das Subjekt erkenne die Gesellschaft, sondern die Struktur, das Feld, der Diskurs. Die diskursive Formation schreibe dem Subjekt vor, was es wie sieht und praktiziert. Das Auge des Subjekts, sein Blick, sei nichts Selbstständiges, Selbsttätiges, sondern eingepflanzt. Foucault nennt das »regard déjà codé«. Ein selbstbewusst und verändernd tätiges Subjekt kennen die heute den Ton angebenden Philosophien nicht. Wissen und Wahrheit sind bei ihnen nicht mehr bezogen auf kritisch-souverän entwerfende und prüfende Subjekte. In der Tat stimmten linke und rechte Kulturphilosophien im 20. Jahrhundert immer wieder darin überein, dass sich entlang der Subjektivität nicht mehr weiterdenken lasse, dass das Subjektive nur noch ein Epiphänomen sei, dass sich Hegels Subjekt historisch als Fiktion herausgestellt habe, dass Subjektivität als allgemeines, Personalität als besonderes und Individualität als einzelnes Selbstbewusstsein philosophisch hintergehbar und praktisch schon lange hintergangen seien.

So nahe diese Philosophien in der Diagnose des »Seinsbefundes« beieinander lagen und liegen, so sehr gehen sie auseinander, wenn die grundsätzliche Wertentscheidung des Denkers zum Zug kommt. Dann applaudieren die einen dieser Entwicklung, der Verramschung der Individuen und ihrer Entmächtigung, und die anderen beklagen die Schwächung des individuellen Widerstandes und plädieren für seine Kräftigung. Kein Zweifel, das Ausmaß der Vergesellschaftung, mit dem wir es zu tun haben, ist gewaltiger als je zuvor in der Geschichte der Menschheit. Die Vorgängigkeit des Objektiven ist nicht wegzureden, Individuum und Gesellschaft sind zusammengebrannt. Das heißt, diese Philosophien gehen natürlich nicht vollkommen in die Irre.

Wirklichkeit der Krankheit

Trotzdem, und das ist die Paradoxie von der ich eingangs sprach, müssen wir als Subjektwissenschaftler auf der Wirklichkeit des Individuellen und Personalen bestehen, so schwach und belanglos es in der Maschinerie des Objektiven auch sei. Denn verzweifelt, und da sind wir wieder bei Aids, ist kein allgemeines, sondern das individuelle Bewusstsein. Denn noch der Eingepassteste zeigt Regungen, die dem, was ist, widersprechen. Denn nur individualisiert existiert eine Krankheit *wirklich*. Die Instanz, die eine

Krankheit und ihre Versachlichung realisiert und mit einer Bedeutung versieht, ist die Personalität als Individualität. Jedes Krankheitsgeschehen ist ebenso allgemein wie individuell. Wäre es nur allgemein, realisierte sich die Krankheit selbst, ohne dass eine handlungsfähige, bedeutende Person dazwischen käme, und jene vom Subjekt abgewandten Wissenschaften hätten recht, die ihre Krankheitstheorie als Analogon der noch vor dem Mond operierenden Wissenschaften konzipieren und idealisieren, mit den zumindest falsch betonten Prämissen, dass erstens dem Krankheitsprozess sein Verlauf an die Stirn geklebt und zweitens die Vielheit der krankhaften Erscheinungen gesetz- oder regelmäßig reduzibel sei. Beiden Prämissen widerspricht die kranke Person, die trotz aller Konventionalisierungen, Mystifikationen und Verdrehungen nicht aufhört, den Facta bruta zu widersprechen – bis hin zur Genesung, die die naturwissenschaftlich imprägnierten Experten ausgeschlossen hatten.

Das Entsetzliche am allgemeinen Umgang mit Aids ist das *Ausmaß der Vergesellschaftung* dieser Erkrankung. Ich glaube, dieses Ausmaß ist historisch einzigartig, ist noch nie bei irgendeiner anderen Erkrankung erreicht worden. Das heißt, die letzte individuelle Lücke, die sich das nun so bedrohte und in die Enge getriebene Subjekt sucht, wird im gesellschaftlichen Immanenzzusammenhang wiederum mit Immanenz zugestopft, damit es ja kein Entrinnen gebe. Menschenfeindlich und wider die guten Sitten der Medizin gerichtet sind die falschen Prämissen, dass HIV-Infektion und Aids *eine* Sache seien, dass es keinerlei Aussicht auf Genesung gebe. Dazu könnte ich jetzt natürlich als Mediziner längere Ausführungen machen: wie unglaublich es ist, dass in der gesamten Fachliteratur HIV-Infektion und Aids in einen Topf geworfen werden. Das ist so, als wenn wir als Psychologen oder Psychiater psychotische Reaktionen, die viele Menschen im Laufe ihres Lebens haben, mit einer Psychose gleichsetzen oder den histologischen Befund »krebsverdächtige Zellen« gleichsetzen mit dem sich tödlich durchsetzenden Krebs selbst. So ist es aber bei Aids, und es wird suggeriert und scheinbar untermauert. Wenn wir uns solche Arbeiten von Infektiologen methodenkritisch anschauen, ist nichts belegt. Es wird nur phantasiert und in die Zukunft projiziert. Doch wir haben es alle in die Köpfe gehämmert bekommen: dass am HIV letztlich jeder stirbt.

In diesem Sinn wiederhole ich meine These, dass die Presse, die auf diese Art berichtet, ein medialer Kofaktor ist, der bei der Ätiopathogenese, das heißt beim Entstehen von Aids allein durch die Schwächung der seelischen Abwehrkräfte, als *medialer Krankheitsfaktor* eine wesentliche Rolle spielt.

Mystifikation und Verdrehung

Als Mechanismen der Vergesellschaftung sind schon erwähnt worden: Mystifikation, Verdrehung, Dramatisierung, Ideologisierung, Ausgrenzung und Verstofflichung. Dafür bringe ich jetzt weitere Beispiele.

Mystifikation ist es zum Beispiel, wenn nur bei der Erkrankung Aids von den Epidemiologen kumulativ gezählt wird. Das heißt, ich sage es jetzt zynisch, die Erkrankungsziffern haben offenbar nicht ausgereicht, man musste alles von Anfang an bis jetzt immer wieder zusammenzählen, um auf größere Zahlen zu kommen. Bei keiner einzigen anderen Erkrankung oder Katastrophenart wird kumulativ gezählt. Machte man das zum Beispiel bei den Verkehrstoten, dann wären wir heute, die Statistik gibt es seit 1950, bei über 500.000 Verkehrstoten. Daran sieht man die mystifizierende Wirkung der kumulativen Berechnung. Das von mir schon angesprochene Nachrichtenmagazin und Herr Gauweiler aus Bayern mit seinen Beratern rechnen uns Millionen Tote vor. Ja, sie sagen, Aids werde verheerender in seiner Auswirkung sein als die Weltkriege und alle Naturkatastrophen zusammengenommen. Infektiologen wie die Frankfurter Helm und Stille können so behaupten, Aids sei das Problem Nr. 1 der Medizin.

Unter dem Aspekt Verdrehung nun einige Zahlen dagegen, wissend, dass es etwas Widerwärtiges und letztlich zur Menschenfeindlichkeit Führendes ist, wenn man mit Zahlen in dieser Weise rechnet und am Ende Kosten-Nutzen-Analysen aufstellt. An der als besiegt geltenden Tuberkulose, einer anderen Infektionskrankheit, sterben bei uns pro Jahr 2.000 Menschen. An Aids, und das ist schrecklich genug, sind im letzten Jahr 257 Menschen gestorben. An den Auswirkungen der so genannten Pille, der Kontrazeption mit hormonellen Mitteln – da gibt es zwar nicht so zuverlässige Zahlen, aber ich sage es trotzdem mal – sterben deutlich mehr Frauen im jungen Alter als an der HIV-Infektion. Da wird es natürlich schwieriger, weil das ein nicht so leicht zu erkennender Zusammenhang ist. Bei uns in der Bundesrepublik sterben pro Jahr Hunderttausende an Herzversagen, Karzinomen, den Auswirkungen von Alkohol, Nikotin und anderen Drogen, versuchen Hunderttausende, sich das Leben zu nehmen. Doch die Infektiologen Helm und Stille sagen: Problem Nr. 1 der Medizin ist Aids. Ganz zu schweigen natürlich von den, man mag und kann es ja selber nicht in den Kopf bekommen, von den 16 Millionen Kindern, die pro Jahr an Fehl- und Unterernährung und an Krankheiten, die behandelt werden könnten, in der Welt der Armen elendig verrecken. (...).

Ein weiteres Beispiel für Verdrehung und Mystifikation ist der inzwischen berühmt-berüchtigte Satz jenes Nachrichtenmagazins, der hierher gehört und lautet: »Mikroben machen Geschichte, immer noch« (Der Spiegel, Nr. 39 vom 23. September 1985, S. 3). (...).

In Diskussionen mit Jugendlichen wird man immer wieder nach der Möglichkeit der Übertragung des Erregers durch Speichel, also beim Küssen, gefragt. Die Forscher und Forscherinnen der CDC haben endlich untersucht, ob eine derartige Übertragung möglich ist und wie die Verhältnisse in der Mundhöhle sind. Jeder Arzt weiß, dass es nicht nur jene Immunabwehr gibt, von der bei Aids nur noch gesprochen wird, sondern dass es die so genannte natürliche Resistenz gibt, die mit den Schleimhautverhältnissen, dem pH-Wert usw. zusammenhängt und natürlich bei sexueller Übertragung eine erhebliche Rolle spielt. Aufgrund der jetzt endlich durchgeführten Tierexperimente kann man sagen: Eine Übertragung durch Speichel ist nicht möglich. Man hat im Speichel so genannte inhibierende Komponenten entdeckt, die den Erreger, der im Speichel vorkommen kann, hemmen. Der Erreger ist praktisch in allen Körperflüssigkeiten, in allen Sekreten, ist in allen Organen gefunden worden. Aber die Dosis im Speichel und anderen Sekreten reicht zu einer wirksamen Infektion nicht aus. Das wird von den Infektiologen immer verschwiegen, dass es den Erreger dort zwar gibt und dass er da auch gefunden worden ist, dass aber die Konzentration nie zur wirksamen Infektion ausgereicht hätte (vgl. Sigusch 1988b). Soziokulturelles Resultat ist ein massiver Eingriff in die Psychosexualität der heranwachsenden Jugendlichen, die sich, zum Teil jedenfalls, nicht mal mehr trauen, einander zu küssen, weil man sich über den Speichel anstecken könnte.

Apropos *Forscherinnen* der CDC – das beinhaltet eine Episode sexistischer Art. Denn entscheidend sind in der Forschung oft Frauen. Doch es wird geglaubt, dass Herr Gallo aus den USA den Erreger entdeckt hat, wie in jenem Nachrichtenmagazin zu lesen war. Das hat es nämlich wider besseres Wissen einfach immer weiter behauptet, weil nun einmal die ersten Interviews mit ihm gemacht worden waren. Nein, entdeckt hat den Erreger eine Frau, die niemand kennt und niemand erwähnt, nicht Herr Gallo, auch nicht der seriöse Forscher Montagnier, sondern eine Französin namens Françoise Barré-Sinoussi. Sie hat am Pariser Pasteur-Institut den Auftrag bekommen, gesucht und den Erreger gefunden (Barré-Sinoussi et al. 1983).

Noch ein Beispiel für Mystifikation und Verdrehung. (...). Die Bundesgesundheitsministerin, deren Politik oft nicht besonnen und verantwortungsvoll ist (vgl. im Einzelnen Sigusch 1989c), hat nicht widersprochen, als die Innenminister – übrigens aller Länder – zugestimmt haben, dass Erkenntnisse über die Infizierung bestimmter Personen eingespeichert werden. Frau Süssmuth hat dazu nichts gesagt, auch nicht, nachdem dieses Vorgehen jetzt bestätigt worden ist. Dahinter steht natürlich eine abstruse Selbstschutzphantasie, weil Polizeibeamte nur infiziert werden könnten, wenn sie entweder mit Demonstranten beim Fixen Needle Sharing praktizierten oder sich von Delinquenten anal koitieren ließen.

Dramatisierung und Ideologisierung

Der nächste Mechanismus: Dramatisierung. Im »Spiegel« (Nr. 18 vom 27. April 1987, S. 249–254) haben die Infektiologen Helm und Stille in einem Memorandum geschrieben, ich zitiere wörtlich: Tschernobyl gehört zu den »herkömmlichen akuten Katastrophen«. Bei der HIV-Infektion handle es sich dagegen um eine, wörtliches Zitat, »schleichende, sukzessiv aber exponentiell ansteigende Katastrophe«. An solchen Sätzen kann der Mechanismus der Dramatisierung durchschaubar gemacht werden. Die erste Stufe der Dramatisierung lautet also in diesem Fall: Ein atomarer Supergau ist nichts Besonderes und vorübergehend; eine Infektionskrankheit, die übrigens in der Geschichte der Menschheit gekommen und gegangen sind, eine Infektionskrankheit dagegen ist etwas Einzigartiges und bleibt. Die zweite Stufe der Dramatisierung lautet: Vor radioaktiver Verseuchung können sich die Menschen schützen, vor Aids nicht. Die dritte Stufe der Dramatisierung wird dadurch erreicht, dass es den Autoren nicht genügt, eine Katastrophe eine Katastrophe zu nennen, sie machen aus Aids eine »exponentiell ansteigende Katastrophe«, was Blödsinn ist. Der Mechanismus der Dramatisierung ist natürlich immer verschwistert mit mangelnder wissenschaftlicher Sorgfalt. In diesem Fall ist es einfach die Unwahrheit zu sagen »exponentieller Anstieg«, weil das allein widerlegt ist durch die sich ständig verlängernde Verdoppelungszeit. Die lag zunächst in den USA im Jahr 1982 bei 5 bis 6 Monaten, also innerhalb dieser Zeit hat sich die Anzahl der Erkrankten verdoppelt. Sie liegt jetzt in den USA bei 13 bis 14 Monaten. Davon ist bei diesen Dramatikern natürlich keine Rede.

Nun zum Mechanismus der Ideologisierung. Hier greife ich den Bereich der Sexualideologie in einer Phase der sexuellen Restauration heraus. Ich mache das kurz an einigen Beispielen:

Homosexualität: In den Tabellen des Bundesgesundheitsamtes steht unter Risiko »homosexuelle Männer«, und dann geht es weiter mit den bekannten anderen Gruppen, und wenn man dann zu den heterosexuellen Männern und Frauen kommt, dann heißt es: »heterosexuelle Kontakte«. Ich bitte, darüber nachzudenken.

Die Infektiologen Helm und Stille haben eine eigene Stadieneinteilung der Erkrankung publiziert (vgl. u. a. Helm u. a. 1986, Müller und Stille 1989). *Krankheitsstadium 1a – das sind gesunde homosexuelle Männer,* die nachweislich nicht infiziert und nicht »antikörperpositiv« sind. Ja, das steht so drin, dass sie keine Antikörper haben. Sie haben nichts, sie sind nichts weiter als homosexuell. Nun liest man dann in Doktorarbeiten, die unter diesem Einfluss stehen, als ersten Satz: Wie ja bekannt ist, ist die Homosexualität ein Risikofaktor ... Also das ist Mystifikation, das ist Dramatisierung und natürlich Ideologisierung: dass man die Sexualform Homosexualität als solche zum Krankheitsrisiko erklärt und über die Individuen einen Abfalleimer stülpt, unter dem sie hervorquellen, stinkend und schreiend. Weggebügelt, weggeschnitten wird alles Subjekthafte, und man sagt: *die* Homosexualität, was sowieso Schwachsinn ist, weil es da natürlich große Differenzen gibt, wie bei anderen Sexualformen auch.

Analverkehr: Ich nenne nur ein Beispiel. Der Retrovirologe Gallo hat jenem Magazin in der heikelsten Phase der aidspolitischen Auseinandersetzung anvertraut, dass es in Afrika – dort werden andere Verhältnisse bei den Übertragungen vermutet – keinen Analverkehr gebe. Das Magazin hat gesagt: Vielen Dank, Herr Professor, für die interessante Auskunft. Ja, was soll man dazu sagen?

Prostitution: Da sage ich nur, die Prostituierten gelten als besonders gefährlich. Von der Phantasie her ist das natürlich klar. Tatsache ist aber, dass sie kaum infiziert sind, sofern sie nicht gefixt und sich darüber infiziert haben. Die nichtfixenden Prostituierten sind nach den internationalen Studien, auch nach den westdeutschen, so gut wie nicht infiziert. Trotzdem rechnet man die Prostituierten immer zu den so genannten Hauptrisikogruppen. Von den nachts durch die Hurenwinkel schweifenden Politikern keine Rede. Als Sexualforscher unterliegt man immer wieder mal der Phantasie, dass man eigentlich seine Stahlschränke öffnen und das ärztliche Geheimnis außer Kraft setzen müsste, damit das Volk erkennt, von welchen Heuchlern es regiert wird. (...).

Noch einmal zu Frau Süssmuth, dem § 175 und zu ihrem Buch über Aids (Süssmuth 1987). Frank Rühmann (1987) ist zu dem Schluss gekommen, dass Frau Süssmuth bei aller sirrenden Liebenswürdigkeit gegenüber den »perversen Säuen« im Lande, den Homosexuellen, nicht die vollen, ich sage es mal politisch, Menschenrechte zugesteht. Das kann man aus ihrem Buch eindeutig herauslesen: Sie sind nicht »gleichwertig«, und deshalb muss ja auch der § 175 bleiben. Gunter Schmidt hat als erster klar ausgesprochen, dass die Streichung dieses Paragraphen eine aidspräventive Wirkung hätte. Die kann natürlich nicht erfolgen, weil das die Anerkennung der Gleichwertigkeit bedeuten würde, was natürlich undenkbar ist, auch für Frau Süssmuth (...).

Promiskuität: Häufiges Wechseln der Sexualpartner wird allgemein als Motor der Seuche angesehen. Da ist der ideologische Gehalt, dass die Promiskuität als solche infektiologisch bedeutungslos ist. Infektiologisch ist entscheidend, was die Sexualpartner miteinander tun. Und wenn sie etwas Wirksames tun, also zum Beispiel ungeschützten Analverkehr haben, dann ist die Anzahl der Kontakte selbstverständlich sehr bedeutend. Promiskuität ist für uns ein inneres Erleben, und das andere sind Zahlen, die man ausrechnen kann, und dann zählt nur, ob die Kontakte zu einer wirksamen Infektion führen könnten oder nicht.

Ein Wort noch zum so genannten *Safer sex.* Da ist das Ideologische gewesen, eine für mich traurige Angelegenheit, dass von selbsternannter sexologischer Seite am Beginn die Parole ausgegeben wurde, dass man die Partialtriebe bereisen solle, dass das der »bessere Sex« sei. Bekannt sind die Stichworte: Masturbationsclubs, Telefonsex usw. Bis die Menschen nicht mehr wussten, welches nun die präventive Botschaft war. Eine präventive Botschaft aber muss klar und eindeutig sein. Doch selbstberufene »Sexologen« wie ein gewisser Erwin Häberle haben voyeuristisches, exhibitionistisches, pseudolistisches Verhalten von allen sexuell Aktiven verlangt. Da waren die Leute vollkommen geplättet, und jeder kritische Sexualforscher wusste natürlich, dass das Schwachsinn ist, weil die Menschen nicht beliebig ihre perversen Anteile herausklauben können, um entlang lebensgeschichtlich nicht zu einer Bedeutsamkeit gekommener Partialtriebe nun auf einmal Lustempfinden vom verhangenen Himmel zu zaubern. Das war ganz, ganz schlecht. Hätte man von Anfang an, was alle Vernünftigen getan haben, Kondome gesagt, hätte man nicht so verheerend gewirkt.

(Weil sich die kritische Sexualforschung und übrigens auch das Gros der medizinischen Fachpresse und der medizinischen Fachgesellschaften der katastrophalen Jahrhundertkatastrophenberichterstattung verweigerte, die sich insbesondere der »Spiegel« angelegen sein ließ, mussten willige, am Besten US-amerikanische Forscher her. Wie schön, dass sich gerade ein deutschstämmiger Pseudoprofessor transatlantisch spreizte, der in den USA nichts Sinnvolles zu tun hatte. Man ernannte den durch keinerlei relevante Forschung ausgewiesenen Nichtmediziner und Nichtpsychologen und Nichtsoziologen zu »einem der angesehensten Aidsforscher der Welt«, schenkte ihm auf dem Papier ein eigenes »sexualwissenschaftliches Institut«, von dem er in Amerika immer geträumt hatte, und ließ ihn dann der elitär distanzierten deutschen Sexualwissenschaft unter die schneeweiß verkümmerten Arme greifen – mit Chuzpe, denn das Magazin scheute sich nicht, den deutschen Christen, der nach dem letzten Krieg nach Amerika gegangen war, um einen Job zu finden, in Auseinandersetzungen mit dadurch zu »Ariern« manipulierten deutschen Forschern als »Exilanten« ins Schlachtfeld zu führen und damit scheinbar als vertriebenen Juden – einfach ruchlos. Dieser »Exilant« namens Erwin Häberle hat laut Lebenslauf »studied drama«. Das und die Tatsache, dass er in den USA Experte für das Vorführen von Videopornos an einer hochtrabend betitelten »private, non-sectarian school« war, versetzte den großen Gelehrten, sagen wir zu seinen Gunsten: blauäugig bäuchlings, in die phantastische Lage, nicht nur Voyeurismus und Telefonsex zu habilitieren, sondern sogar Mystik und Ratschlägerei zur Kopulation zu bringen. Das gelang natürlich nur, weil der Heroe als gebürtiger Deutscher wusste, dass es Weltuntergänge und Rucksäcke nur bei uns gibt.)

Ausgrenzung und Verstofflichung

Zum Bereich *Verstofflichung* sage ich nur: Rassistische, sexistische Operationen, Leserbriefe zum Beispiel, die vor Aids kein Blatt gebracht hätte, die alle in den Papierkorb gewandert wären, die bringt das Nachrichtenmagazin, damit die perversen Säue eins in die Fresse kriegen, damit Todesangst erzeugt wird. Unglaubliche Dokumente des Rassismus. Oder eine Zeitschrift wie »Emma«, also ein Teil des Feminismus, freut sich in sexistisch inverser Weise, dass nun die Kerle verrecken und stellt das mit Comics dar. Ich finde das unglaublich. Übrigens zu einem Zeitpunkt, als schon die ersten Berichte zur Übertragung von Frau zu Frau vorlagen. Ja, da lagen schon

Berichte über einzelne Fälle einer Übertragung beim lesbischen Verkehr vor, offensichtlich unter blutender Verletzung der Scheide.

Aids, meine Damen und Herren, ist ein kultureller, seelischer, politischer Volltreffer, in dem die individuellen Schrecken mit dem Schrecken des Ganzen, in dem Trieb und Tod, Mystifikation und Verstofflichung zusammenschießen. Ich habe bereits deutlich gemacht, dass ich als Sexualforscher von dem Ausmaß der vorhandenen Sexualangst stark beeindruckt bin. (...).

Ausgrenzung und Verstofflichung ist das Thema, und dazu hat wieder das unsägliche Nachrichtenmagazin das Motto geliefert, indem es über die HIV-Infizierten geschrieben hat: »Tote auf Urlaub« (Der Spiegel, Nr. 39 vom 23. September 1985, S. 85). Die Ausführung dieser Menschenverachtung ist die bayerische staatliche Aids-Politik (vgl. Sigusch 1989b). Verbrecherisch ist diese Politik allein deshalb, weil sie Riskierte und Infizierte davon abhält, notwendige Sachinformationen einzuholen, Beratung zu bekommen, weil sie Kranke von lebensverlängernden Behandlungen durch Angstmachung abhält, weil sie stigmatisiert. Nicht oft genug kann gesagt werden: Der Satz »Diese Randgruppe muss ausgedünnt werden, weil sie naturwidrig ist«, in Aids-Zeiten vom amtierenden bayerischen Kultusminister gesprochen und gegen homosexuelle Männer gerichtet, präsentiert schlagartig das Kontinuum der Barbarei. Das Unrecht, das vor über 150 Jahren dem Putzmacher Anders und vor über 50 Jahren der Kindsmutter Kumor angetan worden ist, dauert an, macht uns verantwortlich.

Bewältigung der Vergangenheit ist gewaltsam. Kein Naturales ist als solches gut oder böse. Und Moral gibt es nur noch als jenen kategorischen Imperativ, den die menschliche Geschichte materialistisch denen aufgenötigt hat, die alles tun wollen, dass sich das unbeschreibliche Leiden der Individuen nicht wiederhole. Eine Wissenschaft, gleichgültig welchen Faches, die diskutiert, ob die sexuellen Wünsche Heranwachsender zu unterdrücken, ob Kontrazeptiva zu verantworten, ob Homosexualität gleichwertig sei, operiert doppelzüngig idealistisch. Idealistisch, weil die Qualen leibhaft sind, aber metaphysisch wegspekuliert werden. Doppelzüngig, weil dieselbe Wissenschaft ansonsten nichts so hoch hält wie den Leib und seinen Schmerz.

Dass die Gesellschaft den Menschen so viel Leiden auferlegt, ohne von ihnen in die Luft gesprengt zu werden, beweist, wie sehr sie deren Negation ist und deren Inbegriff. Weil die Subjekte in ihr aufgegangen sind und entmächtigt, ist die Gesellschaft objektiv und mächtig. Empört weisen ihre

Verfechter jeden Angriff auf die guten Sitten und das Leben zurück, weil noch das abgedunkelte Bewusstsein ahnt, dass die Gesellschaft selber sie zerstört. Die Moralisten werden nicht müde zu beteuern, wie sehr ihnen die Schwachen, namentlich die Ungeborenen am Herzen liegen, und die Menschenrechte. Doch die bürgerliche Gesellschaft hat sich ihr Herz mit allen Arterien in Auschwitz herausgerissen und ihre idealistisch gefasste Vernunft, die die Barbarei gedanklich vorbereitete und, als sie hässlicher aussah und brutaler war als sie dachte, nicht verhinderte.

Seither kann solchen Beteuerungen nicht mehr geglaubt werden; seither beinhaltet jeder Zustand der Lust und des Glücks nicht nur die lautlosen Schreie der proletarischen Mütter, er ist von den Schreien der auf die Rampe Geschleppten durchgellt. Das macht jedes Wohlbehagen in der Kultur objektiv ruchlos. Den leibhaft kategorischen Imperativ irgendeinem Disput auszusetzen, ist Verrat am letzten moralischen Motiv. Politische Parteien sind daran zu messen, was sie tatsächlich gegen das Leiden, gegen den Hass auf das Andersartige getan haben. An sonst gar nichts.

SEXUALWISSENSCHAFT

Unsere edlen Wilden

Als wir uns und anderen die Hölle bereiteten, entdeckten wir ozeanische Paradiese. Als wir vor lauter Anstand und Sitte zu ersticken drohten, stachen wir in See, um uns berauscht an den seltsamen Bräuchen der Primitiven zu entrüsten. Als es bei uns ebenso sachlich wie brutal zuging, erinnerten wir uns mit Tacitus an die »edlen Wilden«, die er »im Naturzustand« durch die Urwälder Germaniens hatte ziehen sehen, hofften wir auf die »überlegene Vernünftigkeit« der Tahitaner in Diderots »Supplement au Voyage de Bougainville«.

So dienten uns die Primitiven, die Wilden, die Naturvölker, soi disant, als Supplement, als Refugium, als ein Gegenbild, dessen wir uns nur noch in exotischer Ferne vergewissern konnten. Das ist bis heute so geblieben. Im 18. Jahrhundert herrschte beim Blick aufs wilde Leben ungläubiges Erstaunen vor, im 19. Jahrhundert schaurig-schönes Entsetzen. Das 20. Jahrhundert brachte uns mit dem Durchmarsch des naturwissenschaftlichen Denkens die kühle Distanz der Sezierbestecke. Doch die Naturwissenschaften befanden sich von Anfang an in einer Krise und die Objektivität der Feldforscher auch. Mit beiden Krisen leben wir. Daher werden auch Werke wie *Sex and Repression in Savage Society* (1927) und das bekanntere *The Sexual Life of Savages in North-Western Melanesia* (1929) nach wie vor höchst unterschiedlich beurteilt und verwertet.

Der gebürtige Pole Bronislaw Malinowski (1884–1942), der in Leipzig studiert und in London gelehrt hat, gehört zu den ersten wissenschaftlich-ethnologischen Feldforschern, die den Seefahrern folgten. Anfang des 20. Jahrhunderts studierte er vor allem das Leben der Bewohner der Trobriand-Inseln (damals Britisch-, heute Papua-Neuguinea). Seine detaillierten Berichte lösten heftige Debatten in den Wissenschaften vom Menschen aus.

Das Familiensystem, das er vorfand, musste er als »matrilinear« begreifen, das Nichtwissen um die biologische Vaterschaft musste ihn verwundern. Unter dem Einfluss der Freudschen Lehre fahndete er nach dem Ödipuskomplex (Malinowski 1949). Er fand ihn nicht. Grund genug für weitere 100 Sachbücher. Dafür aber, ebenso von Freud beeinflusst, formulierte er einen anderen »verdrängten Kernkomplex«: den aus der gegenseitigen Anziehung von Bruder und Schwester und dem gegenseitigen Hass von Neffe und Onkel

– als ließe sich unsere Seelentheorie auf Wilde übertragen, als wäre das, was wir Verdrängung und Komplex nennen, geeignet, die Wirklichkeit der Trobriander zu beschreiben. Geeignet ist es natürlich (und das meint immer gesellschaftlich) nur, begeben wir uns in eine ethnozentrische Position. Das hat Malinowski, ich denke zwangsläufig, getan, indem er noch den letzten Mythos auf unsere Raison d'être zog. In der Theorie aber insistierte er nicht auf der universalen Gültigkeit unserer Vorstellungen vom Menschen. Dafür war er empirisch zu korrekt und subjektiv zu redlich.

Die, die seine Berichte benutzten, konnten oder wollten nicht ganz so zimperlich sein. Beispielsweise Wilhelm Reich. Ihm dienten die Befunde Malinowskis dazu, »den *ethnologischen* Beweis für einige Gesetze der sexuellen Ökonomie zu führen« (Reich 1935: 3). Weil der Feldforscher die Kinder der Insulaner in »sexueller Freiheit« aufwachsen sah, wähnte Reich sein Prinzip der sexualökonomischen Selbststeuerung bewiesen, das heißt: das Sexuelle treibt aus sich selber auf eine natürliche Sexualordnung hin, wird es nicht durch eine Zwangsmoral wie die bürgerliche daran gehindert.

Doch die »zärtlichen« und »sexuell freien« Trobriander lebten »monogam«, waren »treu«. Reich ebenso wie die Studentenbewegung, die ihn und damit Malinowski wieder entdeckt hat, haben »hartnäckig« die andere Seite des Paradieses übersehen, wie Gunter Schmidt in *Literatur konkret* (1979) kritisierte: In den Träumen, Phantasien und Mythen der Trobriander geht es aggressiv und grausam zu. Dort toben Geschlechterkampf und unersättliches Verlangen, dort wird überwältigt, verstümmelt, kastriert. Aber gewiss nicht nur dort.

Bücher wie die des Bronislaw Malinowski geben uns keine Antwort auf die Frage, was natürlich sei an unserem Liebes- und Geschlechtsleben. Folgten wir dem, was die so genannte Kulturanthropologie mittlerweile als vorherrschend zusammengetragen hat (vgl. z. B. Ford und Beach 1951), müssten wir den Körper des anderen vor dem Beischlaf einer Pflege unterziehen und uns währenddessen durch schmerzhafte Verletzungen erregen. Wir müssten nur noch bei Tage verkehren, den Coitus a tergo vergessen, homosexuelles Reagieren als naturgewollt befördern, die Ejaculatio praecox aus der Klinik entlassen und uns als Männer klaglos der sexualphysiologischen, namentlich orgastischen Überlegenheit der Frauen beugen. Unser Beziehungselend könnten wir als ein Artefakt begreifen; denn »im Naturzustand« sind die Geschlechtsbeziehungen der Menschen sowieso stabil.

Doch der Mensch ist von Natur gesellschaftlich und folglich sein Trieb- und Geschlechtsleben auch. Ohne den gesellschaftlichen Lebensprozess existierte die Menschheit weder biologisch noch sonstwie. Unsere Prüderie und unsere Exzesse, Sexualkatastrophen, Sexualprobleme, Sexualerziehung, Sexualberatung, überhaupt die sexuelle Frage gibt es erst seit einigen Jahrhunderten. Das hat seinen Grund und Boden. Seither definieren wir Undefinierbares als Sexualität. Der Ausdruck verschweigt nicht, worum es geht: handhabbar, dingfest machen. Wie in aller bisherigen Sexualwissenschaft Disparates zusammengesperrt ist: Trieb und Rationalität, so bei Malinowski und seinen Nachfolgern: Mythos und Vernunft.

Was uns fehlt, pflegen wir als von der Natur Intendiertes einzuklagen. Die Annahme der unbehindert fließenden Lust, der geglückten Mitmenschlichkeit kommt jedoch aus der realen Behinderung. Weil der Mangel so gewaltig ist und die Ohnmacht viele spüren, wird nach Auswegen gesucht. Wilde und wildes Denken sind gefragt, Malinowskis Werke werden wieder herausgebracht, die alte Kulturismus-Debatte ist wieder aufgeflammt.

»Geschlecht und Verdrängung in primitiven Gesellschaften« muss gegen den Strich der Baconschen Una scientia universalis gelesen werden. Anders können die einst gelebten Antriebe, Vermögen, Sinne nicht zu Theorien werden. Äußerste Zurückhaltung ist geboten. Alle »edlen Wilden«, die unser Verstand erreicht hat, haben wir vernichtet. Nur noch posthum können wir bemüht sein, ihr einzigartiges Leben nicht immer aufs Neue zu verhökern – unserem Mangel und unseren Malen entlang.

Einmaleins der Lust oder
Sexuelle Experimente im Labor

Das Buch *Human sexual response* (1966), das wir unter dem Titel *Die sexuelle Reaktion* ein Jahr nach seinem Erscheinen in deutscher Sprache herausgebracht haben, wird heute schon zu den Klassikern der Sexualforschung gezählt. Es wurde von dem Gynäkologieprofessor William H. Masters und seiner Assistentin Virginia E. Johnson vorgelegt und berichtet über eine der wichtigsten sexualwissenschaftlichen Untersuchungen in der zweiten Hälfte des 20. Jahrhunderts.

Aber was, um Gottes Willen, haben Masters und Johnson getan? Sie haben in den 1950er und 1960er Jahren elf Jahre lang Männer und Frauen in Laboratorien der Washington University in St. Louis, Missouri, koitieren und masturbieren lassen, um dabei mit recht einfachen Instrumenten die Reaktionen von Herz, Kreislauf und Atmung sowie die sichtbaren Veränderungen des Körpers, insbesondere der Genitalien, zu beobachten und zu messen. 312 Männer und 382 Frauen waren freiwillig bereit, an den Experimenten teilzunehmen. Sie waren 18 bis 89 Jahre alt, hatten alle vorher schon einen Orgasmus erlebt und kamen ganz überwiegend aus weißen, überdurchschnittlich gebildeten sozialen Schichten.

Repräsentativ für die US-amerikanische Gesamtbevölkerung ist die berühmte Studie also nicht. Auch ist die Bedeutung dieser Arbeit ganz gewiss nicht auf methodischem Gebiet zu suchen; sie liegt weder in der experimentellen Datenerhebung noch in der statistischen Datenverarbeitung. Vielmehr geben allein das Forschungsinteresse und der Forschungsinhalt den Ausschlag. Denn verrückterweise sind vor Masters und Johnson die körperlichen Reaktionen, die bei einer sexuellen Aktivität wie Masturbation und Koitus auftreten, niemals so systematisch und ausführlich durch direktes Beobachten und Registrieren studiert worden, wie sie es getan haben.

Insofern konnten die beiden Forscher der Einmaligkeit vieler Resultate, der enthusiastischen Aufnahme, aber auch der heftigen Abwehr und Kritik gewiss sein. Sie haben schließlich als Erste sexuelle Erregung und Lust eindeutig der naturwissenschaftlichen Grundlagenforschung zugewiesen und mit großer Nüchternheit ein Tabu quasi unter den Augen der Wissenschaft gebrochen. Sie haben aber auch einen Lebensbereich auf unsere Vernunft gezogen und entschleiert, der der Unvernunft und des Schleiers bedarf. Ihre Resultate können dazu benutzt werden, undefinierbar Sexuelles scheinbar verbindlich zu definieren, falsche Kriterien fürs »richtige« sexuelle Reagieren aufzustellen, kurzum: auf erweiterter Stufenleiter die Sexualität zu normieren und damit den ohnehin vorhandenen Leistungsdruck für Männer, insbesondere aber für Frauen zu erhöhen.

Vor Masters und Johnson trug die westliche Medizin riesige ideologische Scheuklappen, blickte röhrenförmig auf das Sexuelle und entdeckte überall Fortpflanzung, aber keine Lust (Sigusch 1970b, 1970c). Folglich gab es eine entfaltete Reproduktionsphysiologie (Sigusch 1970a), aber keine Sexualphysiologie. Erst durch die Studien von Masters und Johnson wurde eine Sexualphysiologie am Ende der 60er Jahre des letzten Jahrhunderts begründet.

Diese Forschungsrichtung befasst sich mit den Reaktionen des Gesamtorganismus auf eine somato- oder psychosexuelle Stimulation. Sie versucht, die körperlichen und psychischen Veränderungen im Zusammenhang mit dem physiologischen Grundphänomen sexuelle Irritabilität zu »objektivieren« und unter Berücksichtigung anderer medizinischer Daten sowie vor allem psychologischer und soziologischer Befunde und Modelle zu interpretieren. Eine Theorie der sexuellen Reaktion kann sowieso nur interdisziplinär erarbeitet werden. Von sexualphysiologischem Interesse sind also nicht nur die Reaktionen der Genitalien und aller anderen Organe, die bei einer körperlich-sexuellen Aktivität auftreten, sondern auch die Reaktionen, die bei einer psychosexuellen Stimulation, beispielsweise durch Bilder, Filme und Texte sexueller Thematik oder durch Traum- und Phantasietätigkeit, registriert werden können. Daraus ergibt sich, dass der theoretische und methodische Ansatz weit über den der Physiologie im engeren Sinne hinausgehen muss.

Immer wieder ist behauptet worden, vor Masters und Johnson seien sexualphysiologische Reaktionen, die bei einer sexuellen Betätigung auftreten, überhaupt nicht direkt untersucht worden. Diese Aussage ist falsch. Eine Durchsicht der wissenschaftlichen Literatur ergibt jedoch, dass alle früher vorgelegten experimentellen Befunde lediglich auf Einzelbeobachtungen und nicht auf systematischen Untersuchungen an größeren Stichproben basieren. Außerdem wurden nur nichtgenitale Reaktionen, vor allem von Herz, Kreislauf und Atmung, untersucht und jeweils nur bestimmte Stimulationspraktiken angewandt (Kolb, o. J., Boas und Goldschmidt 1932, Klumbies und Kleinsorge 1950a, 1950b, Bartlett 1956). Bei diesem Stand der experimentellen Forschung verwundert es nicht, dass viele Daten lediglich Befragungen und ärztlichen Erfahrungsberichten entnommen werden konnten. Die detailliertesten und zuverlässigsten Befragungsergebnisse stammten von Kinsey und seinen Mitarbeitern (1953). Sie wurden vielleicht nicht so sehr beachtet wie die Daten über das sexuelle Verhalten, weil sie als deren Anhang imponierten. Übrigens beruhen diese Befunde auch auf unveröffentlichten experimentellen Untersuchungen, und wir wissen heute, dass vor Masters und Johnson wohl kein Wissenschaftler sexuelle Betätigungen des Menschen so oft durch direktes Beobachten studiert hat wie Kinsey.

Einige wichtige sexualphysiologische Ergebnisse mussten in den Jahren um das Erscheinen der Masters-Johnson-Studie Arbeiten entnommen werden, die entweder unter anderen Gesichtspunkten durchgeführt (z. B. Freund et al. 1965, McConaghy 1967) oder erst nach den ersten Veröffentlichungen von Masters und Johnson vorgelegt worden sind (z. B. Kollberg et al. 1962, Bostandshiew und Merdshanow 1968a, 1968b, Jovanovic 1968). Eine dieser Studien ist besonders interessant: Hellerstein und Friedman (1969) untersuchten unter anderem die Herz-Kreislauf-Funktion und die körperliche Leistungsfähigkeit von insgesamt 91 Männern, die alle um 50 Jahre alt waren. 48 von den 91 Männern befanden sich mindestens drei Monate nach einem Herzinfarkt; 43 zeigten Symptome einer verminderten Durchblutung der Herzkranzgefäße. Bei vierzehn von den Infarkt-Patienten wurden EKGs sowohl während der Arbeit als auch während des Geschlechtsverkehrs mittels eines Gerätes, das am Körper getragen wird, aufgezeichnet. Zusammenfassend stellen Hellerstein und Friedman fest, dass die überwiegende Zahl ihrer Patienten ohne Beschwerden sexuell aktiv sein konnte.

Über physiologische Reaktionen, die bei einer psychosexuellen Stimulation durch Außenreize, wie Bilder und Filme sexuellen Inhalts, auftreten, lagen insgesamt noch weniger zuverlässige sexualphysiologische Daten vor als über die Reaktionen bei einer körperlich-sexuellen Aktivität. Sowohl die experimentellen Untersuchungen als auch einige Befragungsergebnisse vermittelten lediglich einen tentativen Eindruck (z. B. Gustafson et al. 1963, Loiselle und Mollenauer 1965, Nunnally et al. 1967, Fisher und Osofsky 1968, Levi 1968, Kling et al. 1969, Schmidt und Sigusch 1970, Sigusch et al. 1970). Allerdings deutete sich auf Grund dieser Arbeiten an, dass es bei einer psychosexuellen Stimulation und unter der dadurch induzierten Erregung prinzipiell zu denjenigen physiologischen Veränderungen – von der

Pulsbeschleunigung bis zum Orgasmus – kommen kann, die bei einer sexuellen Stimulation mit körperlichen Kontakten zu beobachten sind. Für diese Annahme sprach beispielsweise auch die schon sehr lange bekannte Tatsache, dass Orgasmen allein durch Phantasietätigkeit erreicht werden können. Diese Orgasmen unterscheiden sich physiologisch nicht von den Orgasmen, denen ein intensiver körperlicher Kontakt vorausgeht. Das hatte Masters (1967) nach Erscheinen der Studie auf Grund experimenteller Befunde mitgeteilt.

Wenn das Auftreten physiologischer Reaktionen von der Art der Stimulation weitgehend unabhängig ist, was Masters und Johnson für verschiedene körperliche Stimulationspraktiken (z. B. manuelle und mechanische Masturbation, regulärer und artifizieller Koitus mittels eines Penis aus Plastik, der ein optisches System enthält) nachgewiesen haben, dann lassen die Resultate, die beim Anwenden einer bestimmten Stimulationsart gefunden werden, Rückschlüsse auf die Befunde zu, die – zumindest im Trend – auch unter einer anderen sexuellen Stimulation zu erwarten sind. Das war damals in unserem Zusammenhang besonders interessant, weil einige Reaktionen, beispielsweise der endokrinen Drüsen, der Haut und der Augen, nur bei einer psychosexuellen, nicht aber bei einer somatosexuellen Stimulation untersucht worden waren.

Nach dieser kurzen Information über den damaligen Stand der sexualphysiologischen Forschung ist die Frage zu beantworten, warum die Medizin die Physiologie der sexuellen Reaktion weitgehend ignoriert hat. Dazu ist es erforderlich, die medizinische Wissenschaft sowohl im historischen als auch im aktuellen sozialen und kulturellen Zusammenhang zu betrachten, um sie als abhängig von gesellschaftlichen und politischen Kräften, als dem jeweiligen System inhärent zu begreifen. Eine derartige Analyse zeigt dann beispielsweise, dass die Geschichte der Medizin zugleich eine Geschichte des Kampfes gegen Sexualität ist, dass die Vorstellungen der Mediziner von Sexualität immer weitgehend die offizielle Sexualideologie des jeweiligen Systems repräsentieren, ihr kongruent, angepasst und hilfreich waren.

Als der Forschungsbericht von Masters und Johnson erscheint, verstehen sich viele Ärzte am ehesten als Hüter der amtierenden oppressiven Sexualideologie christlich-bürgerlicher Provenienz: »Natürliche« Sexualität hat für sie vor allem eine reproduktive Funktion; Fortpflanzung wird mit allen Mitteln ermöglicht, ihr Umgehen oder Unterbrechen erschwert. Im Einklang damit ist die lizenzierte Einehe das adäquate Ziel und die Endstation sexueller Aktivitäten; Alternativen zu dem überkommenen

Modell »Ehe und Familie« werden nicht gesehen. So genannte voreheliche Beziehungen werden am liebsten als Exerzitien für das Avisierte, als Erprobung und Vorwegnahme zweisamer Ausschließlichkeit toleriert. Außereheliche Kontakte sind generell suspekt. Kindersexualität wird bekämpft, geleugnet oder hilflos belassen. Geschlechtsspezifische Differenzen werden als biologisch begründbar und damit als »natürlich« ausgewiesen. Männer und Frauen bekommen rigide Geschlechtsrollen zudiktiert. Einstellungen vom Typ der Doppelmoral sind aktiv. Andere als heterosexuelle Impulse sind unerwünscht; sie werden vor allem als Krankheit, Abnormität, Perversion und Kriminalität begriffen. Das »therapeutische Ziel« heißt nicht Emanzipation und Sensibilisierung, sondern Anpassung und Integration, damit aber auch Unterdrückung und Beseitigung von Triebhaftem. Sexueller Lustgewinn wird somit eher verhindert als ermöglicht. Dieses bewusste und unbewusste Konformgehen mit den sexual- und lustfeindlichen Haltungen unserer Gesellschaft erklärt, warum sich die etablierte Medizin mit der puren Reproduktionsfunktion von Sexualität intensiv befasste, warum sie die Sozialfunktion lediglich als Partnerschaft, Ehe und Familie in den Blick bekam, warum ihr die Lustfunktion von Sexualität weitgehend irrelevant war und leider immer noch, von Ausnahmen abgesehen, ist.

Wenn Mediziner behaupten, der Sexualtrieb sei vorrangig auf Fortpflanzung und nicht auf Lustgewinn, Orgasmus und Befriedigung gerichtet; wenn sie selbst über banale sexuelle Funktionen hinwegsehen, vielleicht auch, weil sie im Gegensatz zu anderen Funktionen des Körpers, wie Atmen, Hören und Verdauen, ignoriert, totgeschwiegen und unterdrückt werden können; wenn sie dort immer nur von »Natur« reden, wo es um soziokulturelle Restriktionen, Vorurteile oder eigene Bio-Mystizismen geht; wenn sie sexuelle Lust, Freude, Entspannung, Entlastung, Befriedigung und Befriedung unbesehen disqualifizieren oder ausgrenzen, dann muss ihnen das wissenschaftliche Vorgehen von Masters und Johnson so imponieren, als zerre man Sakrosanktes grund- und schamlos in depersonalisierende Laboratorien, dann müssen sie die Notwendigkeit derartiger Untersuchungen bestreiten. Und sie haben es selbstverständlich unüberhörbar getan.

Diesen »Kritikern« war ihr ver-rücktes Bild von Sexualität ganz gewiss nicht zurecht zu rücken. Denjenigen aber, die einfach nach der Wichtigkeit fragten oder irgendwie daran zweifelten, habe ich damals in den Vorwörtern zu zwei Taschenbuchausgaben von 1970 und 1984 u. a. gesagt:

176

1. Anhand der Untersuchungen von Masters und Johnson ist eine erste Information des Einzelnen und bestimmter Gruppen, zum Beispiel Mediziner, praktische Sexuologen und Sexualpädagogen, über die Physiologie der sexuellen Reaktion möglich geworden. Zu hoffen ist auf eine Entmystifizierung dieses gerade von »genitalen« Irrtümern entstellten Gebietes, auf den Abbau vorhandener und das Ausbleiben neuer Normierungen, die wiederum Potenzängste, ganz allgemein Leistungsdruck erzeugen würden. Das Übernehmen »wissenschaftlicher«, ebenfalls repressiver Leitlinien wird hoffentlich durch das Aufzeigen und Betonen der großen Variabilität sexueller Reaktionsabläufe erschwert.

2. Die Experimente haben gezeigt, dass die erfassten physiologischen Grundreaktionen beim Mann und bei der Frau einander entsprechen. Es gibt ganz offensichtlich keine prinzipiellen geschlechtsspezifischen Differenzen, wenn man vom unterschiedlichen anatomischen Substrat absieht. Notierbare Geschlechtsdifferenzen können jetzt besser eingeordnet werden.

3. Die vorliegenden Befunde sprechen eindrucksvoll gegen die angenommene »Hyposexualität« der Frau, die sich damit immer deutlicher als kulturelle Desexualisierung erweist. Frauen scheinen sogar zumindest dann, wenn sie aktuell bereits höchste Erregungsstufen erreicht haben, über eine qualitativ und quantitativ größere Reaktionskapazität als Männer zu verfügen, wenn an die Fähigkeit, multiple Orgasmen erreichen zu können, und an eine Reaktion wie den Status orgasticus gedacht wird, wobei das erneute Aufrechnen abstößt.

4. Es kann erstmals versucht werden, den Orgasmus physiologisch umfassender zu beschreiben. Vor allem auf folgende Reaktionen des Mannes und der Frau müsste hingewiesen werden: Kulmination der Lustempfindungen; unwillkürliche Muskelkontraktionen im Genitalbereich; unwillkürliche Kontraktionen extragenitaler Muskelgruppen; Kulmination kardiorespiratorischer Reaktionen; Einschränkung der sensorischen Kapazität sowie partieller oder sogar totaler Bewusstseinsverlust.

5. Die Sexualität des älteren Menschen, insbesondere der älteren Frau, ist beträchtlich enttabuiert worden. Festzuhalten bleibt, dass das Alter nicht notwendigerweise mit einer stark herabgesetzten oder fehlenden sexuellen Reagibilität verbunden ist, dass eine deutliche

Reaktionsfähigkeit gerade dann bis in das höchste Alter erhalten bleibt, wenn man von der Kindheit an kontinuierlich, aber nicht monoton sexuell aktiv war. Genauer zu klären ist hier auch, wann und inwieweit sexuelle Betätigung dem Altern und bestimmten Erkrankungen vorbeugen kann. Denken lässt daran schließlich schon die sonst nur bei körperlichen Höchstleistungen zu beobachtende Aktivierung von Herz und Kreislauf durch eine starke sexuelle Erregung.

6. Über die sexuellen Reaktionen während und nach der Schwangerschaft sind erste Daten mitgeteilt worden, die es bereits gestatten, bestimmte Fragen adäquater zu diskutieren und zu beantworten.

7. Lange gehegte Sexualmythen sind zerstört oder zumindest in Frage gestellt worden; beispielsweise: dass zwischen der Größe der Genitalien und der »Potenz« ein eindeutiger Zusammenhang bestehe; dass, wie noch immer die medizinische Lehrmeinung lautet, der Orgasmus der Frau für die Konzeption eine mehr oder weniger große Bedeutung habe; dass sich, wie Psychoanalytiker annahmen, ein »vaginaler« von einem »klitoridalen« Orgasmus auch körperlich unterscheiden lasse (siehe dazu S. 69).

8. Die Medizin wird noch in anderen Zusammenhängen ganz besonders intensiv über die mitgeteilten Befunde nachzudenken haben. So ist zum Beispiel zu klären, ob bestimmte gynäkologische Krankheitsbilder auf eine fehlende sexuelle Spannungsreduktion zurückzuführen sind (vgl. Sigusch 1970a) und ob sich ganz neuartige präventivmedizinische Möglichkeiten abzeichnen.

Selbstverständlich muss die vorliegende Arbeit einer sachlichen Kritik – und andernorts einer grundsätzlichen – unterzogen werden, auch wenn die Befunde von erheblicher Relevanz und zu einem großen Teil sicher recht zuverlässig sind. Das ist schon deshalb erforderlich, weil die Autoren auf eine statistische Analyse ihres Materials weitgehend verzichtet haben. An dieser Stelle sei nur so viel gesagt: Es handelt sich streng genommen um systematische Beobachtungen, die an einer nichtrepräsentativen Stichprobe gewonnen worden sind und die besonders auffällige körperliche Reaktionen betreffen. Die Stimuli werden oft nicht exakt definiert und kontrolliert. Korrelate der Sexualreaktionen, wie sexuelle Erfahrung und Einstellung, Persönlichkeitsmerkmale und emotionales Engagement, werden kaum berücksichtigt. Über intra- und interindividuelle Variationen sowie über geschlechtsspezifische

Differenzen, zum Beispiel hinsichtlich der Dauer des Orgasmus, werden kaum genaue Zahlen mitgeteilt. Die willkürliche Einteilung des »sexuellen Reaktionszyklus« in vier Phasen ist weitgehend unbefriedigend; sie impliziert zum Beispiel, dass es keine merklichen Reaktionen bei niedrigeren Exzitationsstufen als der »Erregungsphase« gibt. Die psychologischen und soziologischen Ansätze und Interpretationsversuche sind allzu oft unzureichend. Obwohl das alles bei einer lediglich sachlichen Reflexion der Daten berücksichtigt werden muss, sollte doch nicht vergessen werden, dass von der ersten groß angelegten Untersuchung nicht gleich ein methodisch perfektes, statistisch dezidiertes und interpretativ zufriedenstellendes Beantworten vieler unbeantworteter Fragen zu erwarten ist.

Auch zu meiner Bearbeitung der deutschen Ausgabe möchte ich nur einige Bemerkungen machen. Unübliche oder vage Termini wie »Vasokongestion« und »Myotonie« konnten wir leider nicht mit Gewinn ersetzen, weil die damit bezeichneten Vorgänge physiologisch nicht exakter zu fassen waren. Reaktionen, die unterschiedlich benannt worden sind, haben wir durchgehend mit dem Terminus belegt, der uns am sinnvollsten erschien. Zur Bezeichnung einiger Reaktionen musste ich neue Termini einführen, zum Beispiel: *orgastische Manschette* und *Status orgasticus*.

Zum Schluss sei nur noch gesagt: Die Sexualphysiologie wird allenfalls ein »Einmaleins« der sexuellen Reaktion und Lust liefern können, dessen Gleichungen bereits vom gesellschaftlichen Allgemeinen spezifisch zugerichtet sind. Denn vergessen wir trotz bestechender »objektiver Daten« nicht: Der Mensch ist von Natur gesellschaftlich und sein Sexualleben ist es ohnehin durch und durch. Das und die berechtigte Kritik an jener Gläubigkeit, die selbst Liebe, Befriedigung und Glück wissenschaftlich erfassen und definieren will, sollte die Medizin aber nicht dazu bringen, Tribute zu zahlen, dort, wo sie gar keine zu zahlen hat.

Erwähnt sei schließlich, dass sich das Forscher- und Ehepaar Masters und Johnson (1970/1973) für ein bis zwei Generationen von Sexualforschern auch dadurch verewigt hat, dass es neue, an der Verhaltenstherapie orientierte Ansätze zur Behandlung von funktionellen Sexualstörungen entwickelte. Auch in diesem Fall bestachen weder die Methodik der Studie noch die theoretischen Versuche der Autoren. Es beeindruckten erneut Schlichtheit und Ergebnis. Seither nennen wir eine Paartherapie zum Dank schlicht und ergreifend Masters-Johnson-Therapie, eine erstaunlich wirksame Behandlung, die wir im Verlaufe von Jahrzehnten ganz erheblich modifiziert und erweitert haben (vgl. das nachfolgende Kapitel).

Grundzüge der Paartherapie

Es kann sehr lehrreich sein, die großen therapeutischen Schulen nicht als allwissende und abgeschlossene Einheiten zu betrachten, sondern als begrenzt geeignete Fragmente. Denn jede Schule greift eine, höchstens zwei relevante Dimensionen heraus, die wir als Mediziner »ätiologisch« oder »pathogenetisch« und als Psychotherapeuten einfach »genetisch« nennen, in denen sich also das Werden einer Störung ereignen soll.

Dimensionen des Entstehens sexueller Störungen

Ich unterscheide folgende Dimensionen des Entstehens sexueller Störungen (vgl. Sigusch 2001g):

– Körperliche Dimension: Labilisierung durch Fehlbildungen und Vorschädigungen, auslösende Traumen, Krankheiten und Substanzen, somatisches »Entgegenkommen« und »Körper-Selbst« im psychoanalytischen Sinn usw.
– Bewusst-psychische Dimension: Angst vor Schwangerschaft, Sanktionen der Herkunftsfamilie, Geschlechtskrankheiten usw., Traumatisierung durch Übergriffe, persönliche und soziale Einbrüche, Leistungsanforderungen, Selbstbeobachtung und Selbstkontrolle, Vermeidungsverhalten usw.
– Unbewusst-psychische Dimension: Biographische Weichenstellungen, Traumen, Konflikte, Ängste usw., individuelles Trieb- und Abwehrgeschehen, Selbstverstärkungsmechanismen, unbewusste Partnerwahl und Partnerschaftskonflikte usw.
– Disziplinäre Dimension: Verwissenschaftlichung und Disziplinierung von Geschlecht, Sexualität usw., offenes oder verdecktes Bild vom Menschen, Schulenbildung, Regelung der fachlichen Zuständigkeiten, Methoden-Bias usw.
– Therapeutische Dimension: Art und Ziel der verschiedenen Therapien, Ökonomie des Therapiemarktes, Versorgungsangebote, Ein- oder Ausschluss von Auffälligkeiten als Krankheit, iatrogene Störungen, Therapeuten-Bias usw.

– Soziale Dimension: Einkommens-, Wohn-, Arbeits- und Freizeit-verhältnisse, familiäre, partnerschaftliche oder freundschaftliche Einbindung, Erwartungshorizonte, Kommunikationsstrukturen, Informations- und Lerndefizite usw.
– Kulturelle Dimension: Symbolische und nichtsymbolische Bedeutung von Normalität und Normativität, Privatheit und Öffentlichkeit, Intimität und Sexualität usw., Struktur von Generationen-, Geschlechter- und Sexualverhältnissen, Definition von Abweichungen usw.
– Existenzielle Dimension: Krieg und Vertreibung, Flucht und Heimatlosigkeit, Folter und Todesurteil, maligne Erkrankung und Todesdrohung

Alle großen therapeutischen Schulen sind auf eine einzige Dimension der Pathogenese einer Störung fixiert: entweder die unbewusst-psychische oder die funktional-somatische oder die paardynamische Dimension usw. Dem erweiterten pathogenetischen Blick aber sind alle epistemologisch denkbaren Dimensionen von Bedeutung, weil sie grundsätzlich geeignet sind, Erhellendes beizutragen. Denn in Wirklichkeit enthält jede pathogenetische Gleichung die Unbekannten, die dem Untersucher wegen seines eingeengten krankheitstheoretischen oder persönlichen Blicks oder aus prinzipiellen Gründen verschlossen bleiben.

Alle Faktoren, die in den gerade genannten, von den Schulen getrennt gehaltenen Dimensionen aufgeführt sind, können, mehr oder weniger vermittelt, von pathogenetischer Bedeutung sein. Nur wenn ein Faktor sehr stark ausgeprägt ist, treten die anderen zwangsläufig oder auch notwendigerweise in den Hintergrund. Das gilt für existenzielle Bedingungen ebenso wie für körperliche. Befindet sich eine Frau mit Erregungsstörungen auf der Flucht, kommt eine Sexualtherapie gar nicht in Frage, weil die sexuelle Sphäre als etwas »Luxuriöses« ganz in den Hintergrund getreten ist. Werden die Nerven, die zu den Genitalien eines Mannes führen, durchtrennt, bestimmen die Gesetze der Mechanik das Resultat und nicht die Bedeutungs- und Bedingungszusammenhänge des Lebendigen.

In erweiterter pragmatischer Hinsicht könnten wir uns jedoch die getrennt gehaltenen Dimensionen als Konstellationen benennbarer pathogenetischer Faktoren unterschiedlichen Gewichts konkret vorstellen. Welches Gewicht wir einem Faktor oder einem Faktorenbündel beimessen, hängt allerdings wiederum von unserer disziplinären und persönlichen Orientierung ab. Die einen werden sich auf die frühe Geschichte des Individuums

181

beziehen. Die anderen werden die Störung am besten lerntheoretisch verstehen können. Wieder andere werden, wie in diesem Aufsatz angedeutet, den Blick vor allem auf die Geschichte eines Paares und deren Psychodynamik richten. Noch andere werden an die soziale Lage des Patienten und des Paares oder gar an die allgemeine kulturelle Entwicklung denken. Dabei werden heutzutage einige besonders auf der »Gender Difference«, auf der Differenz der Geschlechter bestehen. Andere werden ihr Augenmerk ganz besonders auf den Körper richten, eher im Sinne früher Expositionen durch Beeinträchtigungen, Traumen und Erkrankungen oder ganz direkt.

Seelisch oder körperlich bedingt?

Weil sich körperliche Krankheiten seelisch niederschlagen und seelische Krankheiten körperlich, sollten sexuelle Störungen eigentlich nicht in seelisch bedingte (psychogene) und körperlich bedingte (organo- oder somatogene) aufgeteilt werden. Aus wissenschaftshistorischen, disziplinären und damit unabweisbar pragmatischen Gründen sind wir jedoch gezwungen, das, was eigentlich zusammengehört, getrennt zu betrachten und oft auch zu behandeln.

Wie eine invasive, für den Patienten belastende und schmerzhafte medizinische Diagnostik vermieden werden kann, indem »Silberne Erfahrungssätze« der klinischen Sexualwissenschaft berücksichtigt werden, habe ich anderorts ausführlich dargestellt (Sigusch 2001f). Beispielsweise kann eine relevante Organogenese der Störung mit hoher Wahrscheinlichkeit ausgeschlossen werden, wenn der beim Geschlechtsverkehr impotente Patient harte morgendliche Erektionen hat oder berichtet, bei der Selbstbefriedigung sei »alles normal«. Auch biografische Umstände und Tatsachen aus der Krankengeschichte erlauben es nicht selten, vorwiegend seelisch bedingte von vorwiegend körperlich bedingten Störungen ohne apparative Prozeduren abzugrenzen.

Welche körperlichen Erkrankungen und organischen Gifte zu bedenken sind, habe ich auch andernorts ausführlich erörtert (Sigusch 2001g). Hier seien die organischen Faktoren und Erkrankungen, die beim Mann und/oder bei der Frau sexuelle Störungen bedingen und/oder mitbedingen können, wenigstens kursorisch genannt:

- Schwere Allgemeinerkrankungen
- Erkrankungen und Traumen im Bereich des Nervensystems

- Erkrankungen im Bereich des Stoffwechsels und der Hormone
- Erkrankungen im Bereich von Herz, Kreislauf und Gefäßen
- Fehlbildungen, Erkrankungen und Traumen im Urogenitalbereich
- Operative Eingriffe im Bauch-, Becken- und Urogenitalbereich
- Arzneimittel: Antihypertensiva, Psychopharmaka, Hormone und Antihormone u. a.
- Alkohol
- Straßendrogen: Amphetamine, Methaqualon, Heroin, Kokain u. a.
- Chemikalien: Blei, Arsen, Tetrachlorkohlenstoff, Xylol u. a.

Masters-Johnson-Therapie

Nach diesen allgemeinen Bemerkungen zur Pathogenese möchte ich das erfolgreichste Verfahren zur Behandlung sexueller Erlebens- und Funktionsstörungen in einer Paarbeziehung vorstellen. Es geht auf eine Studie der US-amerikanischen Sexualforscher William H. Masters und Virginia E. Johnson zurück sowie auf kulturelle Anpassungen, theoretische und praktische Erweiterungen, die die deutsche klinische Sexualwissenschaft vorgenommen hat. Herausgekommen ist ein gelungenes Beispiel für den Versuch, zwei große therapeutische Schulen, Verhaltenstherapie und Psychoanalyse, zu integrieren. Heute ist die so genannte Masters-Johnson-Therapie die anerkannteste Sexualtherapie bei vorwiegend seelisch bedingten Störungen.

Vor drei Jahrzehnten, als Masters und Johnson (1970) ihre Studie publizierten, war die Lage katastrophal schlecht. Damals verfügten weder Körpertherapeuten über wirksame noch Psychotherapeuten über geeignete Therapieverfahren. Kein Wunder also, dass das Behandlungsverfahren von Masters und Johnson Therapiegeschichte schrieb. Es war zwar theoretisch kaum begründet, schien aber erfahrungsgesättigt und überaus erfolgreich zu sein. Die Erfolgsrate betrug bei mehr als 500 behandelten Paaren rund 80 Prozent. Die Rückfallquote betrug fünf Jahre nach Abschluss einer erfolgreichen Therapie bei mehr als 300 Paaren rund 5 Prozent.

Von diesen Erfolgen der »Masters-Johnson-Therapie« konnten die Vertreter anderer Psychotherapieverfahren nur träumen. Der Erfolgsbericht der amerikanischen Kollegen kam also vielen wie gerufen. Auch wir begannen sofort, die neue Methode in die Praxis umzusetzen (vgl. Schoof-Tams et al. 1972) und bearbeiteten das Buch von Masters und Johnson für eine deutsche Ausgabe, die 1973 erschien. In einem umfangreichen Forschungsprojekt des

Hamburger Instituts für Sexualforschung wurde schließlich das Verfahren durchleuchtet, kontrolliert, theoretisch begründet, an die hiesigen Verhältnisse angepasst und mit dem Stück Psychologie des Unbewussten und des Paarkonflikts versehen, das unverzichtbar schien. Die von den Hamburger Kolleginnen und Kollegen im Verlauf von inzwischen mehr als 25 Jahren entwickelte und in vielen Fortbildungskursen vermittelte Paartherapie haben Arentewicz und Schmidt (1993; vgl. auch Schmidt 2001) zusammenfassend dargestellt. Ihr Buch sei allen Interessierten empfohlen.

Wenn auch die Erfolgsraten, die Masters und Johnson in den 50er und 60er Jahren erreicht hatten, international von niemandem bestätigt werden konnten, so waren doch die meisten Forscher sehr zufrieden. Denn Erfolge stellten sich nach vielen Studien bei zwei Dritteln bis drei Vierteln der behandelten Paare ein. Und das, obgleich die Erfolge strikter kontrolliert und zunehmend Störungen wie die sexuelle Lustlosigkeit geklagt wurden, die schwer zu behandeln sind. Außerdem wurden nicht mehr eher unaufgeklärte und unerfahrene Patienten aus einer ländlichen Region behandelt, denen allein schon durch Informationen und Übungen geholfen werden konnte, wie es offensichtlich bei Masters und Johnson im Süden der USA nicht selten der Fall war.

Konzept der Paartherapie

Wird nach Theorie und Praxis der Paartherapie bei uns gefragt, müssen zunächst einige Grundannahmen erwähnt werden, die zu diesem Verfahren gehören. Eine ist, dass sich ein befriedigendes Sexualverhalten nicht von alleine einstellt, sondern gelernt werden muss, wobei Sexualität nicht nur aus Vorstellungen und Gefühlen besteht, sondern auch aus Körpererfahrungen. Eine andere ist, dass am Entstehen und Aufrechterhalten eines sexuellen Symptoms beide Partner beteiligt sind, also nicht nur der so genannte Symptomträger.

So kann das sexuelle »Versagen« des einen Partners für den anderen die seelische »Funktion« haben, sich in dieser Beziehung sicher zu fühlen, eigene Ängste und eigenes sexuelles »Versagen« nicht erkennen zu müssen. Er wird folglich unbewusst dafür sorgen, dass das Symptom bestehen bleibt. In der konkreten Therapie gerät der »symptomfreie« Partner nicht selten dann in eine Krise, wenn diese Abwehr, wenn diese Kollusion außer Kraft gesetzt wird, weil der Partner mit der Ejaculatio praecox oder die Partnerin mit dem Vaginismus nicht mehr »versagt«.

Die genannten Annahmen haben zu der Konzeption geführt, durch körperzentrierte Übungen einen Lernprozess zu ermöglichen und immer beide Partner gleichzeitig zu behandeln.

Entscheidend ist, dass die Patienten in einer festen Beziehung leben, dass beide Partner an einer Behandlung interessiert sind und die sexuelle Problematik als zentrales Hindernis für eine befriedigende Beziehung erleben. Indiziert ist die Paartherapie nach allgemeiner Auffassung bei chronischen Sexualstörungen, unabhängig von der Schwere der neurotischen und der Partnerschaftskonflikte und auch unabhängig von der Art der sexuellen Symptomatik. Als kontraindiziert wird diese Therapieform dann angesehen, wenn eine akute Psychose oder eine Suchtkrankheit vorliegt, unter Umständen auch bei vorausgegangenen schweren sexuellen Traumatisierungen.

Wie sieht nun das Setting aus? Beim inzwischen klassischen Setting behandelte ein Therapeutenpaar, immer eine Frau und ein Mann, ein Paar »massiert«, das heißt zwei bis drei Wochen lang jeden Tag. Das hatte sicher viele Vorteile. Die Paare konnten die Belastungen des Alltags von der Kinderbetreuung bis hin zum Stress bei der Arbeit einmal hinter sich lassen und fanden auf der Therapeutenseite ein geschlechtsspezifisches Gehör. Heute ist das Setting sehr viel variabler. Es gibt Paartherapien mit nur einem Therapeuten in »verteilter« Praxis, das heißt, es finden ein- oder zweimal wöchentlich Sitzungen statt, insgesamt 20 bis 40. Es gibt aber auch Paargruppen, die von einem Therapeutenteam behandelt werden. Nach gegenwärtigem Forschungsstand sind die Erfolge, gemessen am Zurücktreten oder Verschwinden der Symptome, weitgehend unabhängig von der Art des Settings.

Regeln und Übungen

Bei den beiden ersten Sitzungen der Paartherapie handelt es sich um Einzelgespräche, in denen eine ausführliche biografische, Partnerschaft- und Sexualanamnese erhoben wird. In der dritten Sitzung werden dann die Ergebnisse dieser Gespräche gemeinsam erörtert, wobei der Therapeut oder das Therapeutenteam damit beginnt, im Sinn der genannten Grundannahmen eine andere Sicht der Probleme zu vermitteln. Am Ende der dritten Sitzung erhält das Paar die erste »Hausaufgabe«: Die Partner sollen sich bis zur nächsten Sitzung zweimal eine halbe bis eine Stunde lang Zeit nehmen, um einander abwechselnd zu streicheln. Masters und Johnson nannten diese Übung »Sensate Focus«.

Im Verlauf der Behandlung werden dann von dem Paar nacheinander verschiedene Übungen absolviert, die hier nur kursorisch genannt werden können:

- Sensate Focus I: Mit dieser bereits erwähnten Übung wird begonnen, wobei die Brüste und die Genitalien nicht gestreichelt werden sollen.
- Sensate Focus II: Jetzt dürfen auch die Brüste und die Genitalien gestreichelt werden, allerdings soll eine sexuelle Erregung weder intendiert noch erwartet werden.
- Erkundendes Streicheln: Bei diesem Sensate Focus werden die Genitalien des Partners mit den Augen und anschließend mit den Händen exploriert, um sich vertraut zu machen.
- Stimulierendes Streicheln: Jetzt streicheln die Partner einander, bis sich Erregung einstellt, lassen diese aber wieder abklingen, um sie erneut hervorzurufen. Nach mehrmaligem Aufkommen und Abklingen der Lust dürfen sich die Partner durch nichtkoitale Praktiken bis zum Orgasmus reizen.
- Einführen des Penis: Der Mann liegt auf dem Rücken, die Frau führt in der Hockstellung den Penis ein und legt sich dann auf den Mann. Ohne Koitusbewegungen verharren die Partner in dieser Position, bis die Erektion abgeklungen ist.
- Erkundender und stimulierender Koitus: In der zuletzt genannten Stellung erkundet die Frau, immer wieder von Pausen unterbrochen, welche Beckenbewegungen lustvoll sind. Der Mann »spiegelt« in späteren Übungen diese Bewegungen. Wie beim stimulierenden Streicheln exploriert das Paar das Auf und Ab der Erregung. Nach einigen Übungen darf es beim Koitus zum Orgasmus kommen.
- Koitus in verschiedenen Stellungen: Das Paar erkundet andere Koituspositionen und weitere Möglichkeiten der Stimulation.

Neben den gemeinsamen Übungen gibt es auch Einzelübungen, die der körperlichen Selbsterfahrung dienen sollen. Ist das Leitsymptom Vaginismus oder Ejaculatio praecox, kommen spezielle Übungen hinzu. Immer werden die Erfahrungen mit den Übungen in der darauf folgenden Therapiestunde im Detail besprochen. Alle Übungen werden mehrfach wiederholt. Erst wenn eine Übung von beiden Partnern angstfrei erlebt wurde, wird weitergegangen. Dabei ist eine neue Übung stets in die bereits bekannten und als angenehm erlebten Erkundungen eingebettet.

Anweisung und Deutung

Das Geheimnis der Wirksamkeit der Paartherapie-Übungen besteht wahrscheinlich darin, dass die Therapeuten Regeln festsetzen und Anweisungen geben. So werden die sexuellen Begegnungen hinsichtlich Frequenz, Dauer, Praktik sowie Aktivität/Passivität vorgegeben, gilt eine Vetoregel, ein monatelanges Koitusverbot usw.

Aus der Sicht der Lerntheorie können die Patienten im Schutz dieser Regeln notwendiges Lernen in kleinen Schritten nachholen, falsche und blockierende Vorstellungen abbauen, lustvolle Erfahrungen machen und Mut fassen. Durch den Aufbau der Therapie soll ein Teufelskreis, der so genannte Selbstverstärkungsmechanismus, durchbrochen werden. Er besteht darin, dass ein sexuelles Symptom, das vielleicht zunächst nur in einer bestimmten Situation, beispielsweise unter Alkoholeinfluss, aufgetreten ist, durch die nachfolgenden Erwartungsängste verfestigt wird.

Psychoanalytisch gesprochen, bewirken die Verhaltensanweisungen eine Über-Ich-Entlastung. Unbewusste Abwehrmechanismen, die zu dem sexuellen Symptom geführt haben, werden geschwächt oder außer Kraft gesetzt. Bei günstigem Verlauf können andere Abwehrvorgänge, die nicht mehr so störend sind, die Überhand gewinnen. Aus der Sicht der Psychoanalyse sind nicht Anweisung, Übung und bewusste Reflexion die Basis der Therapie, sondern die fokussierte deutende Arbeit am unbewussten Konflikt des Paares.

Analytisch orientierte Paartherapeuten werden also darauf achten, wie sich der Paarkonflikt am Umgang mit den Anweisungen zu erkennen gibt. Sie werden sich nicht auf das Ermutigen, den Abbau bewusster Ängste und das körperliche Funktionieren verlassen. Denn sie sind davon überzeugt, dass ein sexuelles Symptom einer unbewussten »Logik« folgt, gewissermaßen »im Recht« ist und einen »Sinn« hat, der nicht ungestraft missachtet werden darf. Folglich werden sie auf die Übertragungsangebote der Patienten eingehen. Das allerdings kann die »Masters-Johnson-Therapie« erheblich komplizieren, ja sogar um ihren Ruf bringen, in vielen Fällen anhaltend wirksam zu sein.

Nachtrag 2005: Wer sich für die neuesten Entwicklungen interessiert, sei auf Ulrich Clements (2004) zusammenfassende Darstellung der »Systemischen Sexualtherapie«, auf die von Margret Hauch gegenwärtig vorbereitete Neufassung der »Hamburger Paartherapie« sowie auf eine demnächst in Druck gehende Debatte zwischen Ulrich Clement und Gunter Schmidt in der »Zeitschrift für Sexualforschung« verwiesen.

Können Säuglinge einen Orgasmus haben?

Aus sexualwissenschaftlicher Sicht ist auf folgende Sachverhalte und Ergebnisse hinzuweisen:

- Von den ersten Lebenstagen an treten sexuelle Äußerungen bis hin zu genitalen körperlichen Reaktionen auf. Nach vorliegenden Beobachtungen (Kinsey et al. 1948, 1953) sind männliche und weibliche Säuglinge spätestens vom 4. bis 5. Lebensmonat an orgasmusfähig. Der Säuglingsorgasmus scheint sich – natürlich bis auf die Ejakulation beim Jungen – physiologisch nicht vom Orgasmus der Erwachsenen zu unterscheiden. Bereits 1886 schrieb Hirschsprung in einer der ersten größeren Arbeiten über Säuglingsonanie: »(...) das Typische ist (...) das Kreuzen der Beine im Sitzen und dann hin- und herrückende Bewegungen mit glühendem Gesicht, starren Augen, vollständiger Beklommenheit bis zur Erreichung des Höhepunktes; der Anfall endet oft mit einem Schluchzer und Collaps.«
- Onanie ist im Säuglingsalter und in der frühen Kindheit ubiquitär; »kaum ein Individuum entgeht« ihr, heißt es in Freuds »Drei Abhandlungen« von 1905. Von 317 Jungen, die bei sexuellen Betätigungen von Erwachsenen beobachtet worden waren, erreichten rund 30 % im Alter von 2 bis 12 Monaten, 60 % im Alter von 2 bis 5 Jahren und 80 % im Alter von 10 bis 13 Jahren einen Orgasmus (Kinsey et al. 1948). 14 % der von Kinsey et al. (1953) interviewten Frauen konnten sich daran erinnern, vor der Pubertät einen Orgasmus erreicht zu haben; das war die Hälfte der Frauen, die überhaupt sexuelle Empfindungen registriert hatten. Wenn der sexuelle Lernprozess bei uns nicht so stark behindert und prolongiert würde, könnten höchstwahrscheinlich fast alle Kinder lange vor der Pubertät Orgasmen erleben.
- Grundsätzlich haben Kinder vor der Pubertät eine hohe sexuelle Potenz. Bei Jungen ist die Fähigkeit, multiple Orgasmen zu erreichen, vor der Pubertät am größten. So erlebte zum Beispiel ein vierjähriger Junge in 24 Stunden 26 Orgasmen. Beim Mädchen nimmt dagegen das Vorkommen multipler Orgasmen mit dem Alter zu.

– Immer wieder ist berichtet worden, dass Kinder auch »volle«
sexuelle Kontakte haben. So schrieb bereits Forel (1909): »Der
siebenjährige Sohn (...) fing ganz von sich an, (...) Mädchen nach-
zustellen, dieselben durch Zuckerzeug ins Gebüsch oder an andere
versteckte Stellen zu locken und sich mit ihnen in regelrechter Form
zu begatten.« Und aus einem Schwarzen-Slum in St. Louis wurde
kürzlich berichtet (Hammond und Ladner 1969):

> »Viele Mütter gaben mit den sexuellen Eroberungen ihrer kleinen Söhne an
> (...). Eine Mutter (...) meinte dazu: ›Die Kinder in dieser Gegend werden eben
> schnell erwachsen; die fünf oder sechs Jahre alten Krabben von Mädchen
> wissen über Ficken schon so gut Bescheid wie ich. Mein Sechsjähriger hat
> schon mit zwei oder drei von diesen scharfen kleinen Bienen gevögelt, und
> meinem Vierjährigen bringe ich auch bei, wie er die Frauen aufs Kreuz legt.
> Ich mache ihnen über das Leben nichts vor – sie können es sowieso jeden Tag
> in jedem Treppenaufgang, Flur oder Aufzug hier in der Gegend sehen!‹«

Bisher haben vor allem so genannte kulturanthropologische Forschungen direkt gezeigt, in welchem Ausmaß Kinder sexuelle Interessen und
Wünsche haben; sie haben auch den direkten Beweis dafür erbracht,
dass Jungen und Mädchen mehrere Jahre vor der Pubertät »volle«
sexuelle Beziehungen aufnehmen, wenn sie nicht daran gehindert oder
wenn sie dabei sogar unterstützt werden, wie z. B. bei den Trobrian-
dern, Cewa oder Leptscha. Bei den Hopi und Sirionó masturbieren die
Eltern ihre Kinder. Auf Ponape werden Kinder vom 4. bis 5. Lebens-
jahr an im Koitusverhalten unterwiesen (Ford und Beach 1968).

– Die Medizin kannte Kindersexualität schon lange vor Aufkommen
der Psychoanalyse und bekämpft sie kontinuierlich. Am eindrucks-
vollsten ist ihre Antimasturbationskampagne, die im 18. Jahrhundert erste Tiefpunkte erreichte. Freud hat die Kindersexualität nicht
entdeckt; er hat sie aber erstmals als »gesunde« und »normale«
Erscheinung aufgefasst und theoretisch umfassend eingeordnet. Vor
ihm wurde von sexueller Paradoxie gesprochen, wenn ein Kind sich
offen sexuell betätigte. Heute denkt man nicht viel anders.

Durch die Amnesie der meisten Erwachsenen für die frühe Kindheit
wird das Tabu gegen infantile Sexualität lebendig gehalten. Es

gehört zu den stärksten, die wir kennen. Die Verdrängung zur Verleugnung ist enorm. Angst- und schuldbeladene Erwachsene brauchen das asexuelle und unschuldige Kind als Gegenbild und Fluchtstätte. Das alles wendet sich nach wie vor auch gegen die Forschung und die ärztliche Praxis.

– Kindersexualität ist nicht schädlich oder abnorm und schon gar nicht behandlungsbedürftig; sie wird es erst durch die sekundäre Problematisierung unter bestimmten gesellschaftlichen Verhältnissen. Zu warnen ist immer wieder vor dem Zusatz »exzessiv«, der kein Epitheton ornans ist, sondern oft die scheinbar überwundenen Vorurteile durch die Hintertür wieder hereinlässt. Nachweislich wird er nur nach Maßgabe eigener Ängste und Moralvorstellungen weiter oder enger ausgelegt und ist somit in aller Regel undefinierbar, wissenschaftlich unbrauchbar und gefährlich. In jüngster Zeit haben seine Konnotationen dazu gedient, die unverantwortliche Verordnung von Antiandrogenen gegen Kindersexualität, d. h. schwerste »therapeutische« Gewalt zu legitimieren (vgl. z. B. die »Behandlung« von Hambach-Uldall 1972, dokumentiert von Petri 1975: 210ff.).

– Ärzte sollten jedoch grundsätzlich aufhören, infantile sexuelle Äußerungen beseitigen zu wollen. Sie sollten Kindersexualität durch psychosoziale Medizin entproblematisieren. Den nachfolgenden Ausführungen der Kinderpsychiaterin Thea Schönfelder (1974; vgl. auch Meyenburg 2000, Richter-Appelt 2000) zum eventuell notwendigen therapeutischen Vorgehen habe ich nichts hinzuzufügen, weil sie die wunden Punkte trifft: Liegt kein schwerer frühkindlicher Hirnschaden mit nachfolgenden motorischen Schäden vor, darunter eine stereotype Onanie, geht es darum, die Besorgnisse und Sexualängste der Eltern abzubauen, dem Kind eine nicht nur perfektionistische Zuwendung zu schenken und eventuell die Eltern psychotherapeutisch zu behandeln, »wenn das Kind«, wie Schönfelder schreibt, »durch sein Symptom eine neurotische Fehlhaltung der erwachsenen Bezugspersonen zu erkennen gibt«.

Nachtrag 2005. Die vorstehende Antwort auf die Frage eines Arztes ist vor 30 Jahren in der inzwischen eingegangenen Ärzte-Zeitschrift »Sexualmedizin« (Jg. 3, S. 30–31, 1974) gedruckt worden. Damals war es leichter, über Kindersexualität zu sprechen als heute. Inzwischen ist das Tabu, das auf der kindlichen Sexualität lastet, wieder fester installiert worden, gewiss auch durch den zum Teil in den Bereichen Psychologie und Sozialarbeit, Kinderpsychiatrie und Strafrecht heftig geführten Missbrauchsdiskurs. Ein äußerst bedauerliches Resultat ist, dass es nach wie vor kein ebenso fachlich kompetentes wie Ängsten der Eltern aufklärend begegnendes Buch über Kindersexualität gibt. Das ist umso bemerkenswerter, als Kinder angeblich das Wichtigste im Leben sind. Offenbar aber nicht in unserer Gesellschaft.

Das Ende einer Sexualmedizin

Eines Tages wird gesagt werden, Zeit-Schriften seien typisch für jene Zeit, die sich selbst die Moderne nannte. Sie werden zu den Mitteln gezählt werden, die die Modernen einsetzten, um das als beängstigend erlebte Rasen der Zeit und der Zeichen abzubremsen, das das Entfesseln der Produktivkräfte ausgelöst hatte. Zugleich hatten die Zeit-Schriften die Funktion, den für die damalige Epoche erschreckend angewachsenen Wissensberg unter partiellen Gesichtspunkten abzutragen und den immer offensichtlicher werdenden Mangel an neuen Ideen zu übertünchen.

Denn schon im 20. Jahrhundert konnten die Modernen in einer Sekunde so viele Informationseinheiten, damals bit genannt, übertragen, wie tausend Wissenschaftler im Verlaufe ihres Berufslebens nicht auszustoßen und in Zeit-Schriften zu veröffentlichen vermochten; und ein gedankenleeres Manuskript, so erlebten es jedenfalls nach vielen Schilderungen von Herausgebern die Modernen, erweckte durch sorgfältiges Drucken in einer angesehenen, damals peer-reviewed genannten Zeitschrift den Anschein von Gedachtem.

Zeit-Schriften

Psychologische Zeitschriften, die die Annahme eines der Welt entgegenzuhaltenden Subjekts und die Isolation einer Innenwelt, Psyche genannt, historisch voraussetzen, gibt es seit zweihundert Jahren. Die erste hieß ΓΝΩΘΙ ΣΑΥΤΟΝ *oder Magazin zur Erfahrungs-Seelenkunde als ein Lesebuch für Gelehrte und Ungelehrte*, wobei ΓΝΩΘΙ ΣΑΥΤΟΝ soviel heißt wie »Erkenne dich selbst!«. Sie wurde 1783 von Karl Philipp Moritz herausgebracht, den Jean Paul zu den »leidenden Gränz-Genies« und Arno Schmidt zu den ewig bedeutsamen »Schreckensmännern« der Weltliteratur zählte.

Liest man in dieser Zeit-Schrift als einer, der glaubt, in einer psychoanalytischen Epoche gelebt zu haben, die erst die Kraft und die Fülle, die Leere und die Schrecken der Seele in Erfahrung zu bringen vermochte, dann hat man den merkwürdigen Eindruck: dass Menschen schon vor Jahrhunderten und ohne Psychologie über ein, wie wir heute sagen, Introspektions- und Reflexionsvermögen verfügten und dazu über eine anrührende Schönheit des sprachlichen Ausdrucks, wohlgemerkt nicht eine Hildegard von Bingen, sondern »kleine Leute«: dass die Zweifel, die man ohnehin in Zeiten des Umstrukturierens hat, nicht nur abstrakte, sondern ganz konkrete empirische Nahrung erhalten.

Hat uns ganz modernen Egoisten der europäische Prozess der Zivilisierung, wie ihn Norbert Elias beschwor, nicht eine Größe nach innen und eine Moralität nach außen eingeblasen, die wir nie erreicht haben? Ist die Psychoanalyse, wie sie Sigmund Freud vertrat, nicht ein Phänomen, das als Methode aus dem 18. Jahrhundert stammt und als Theorie spätestens im 20. Jahrhundert an sein Ende gelangte, weil die Psychoanalyse als Idee der untergehenden Bewusstseinsphilosophie dialogisch ausgeliefert ist und ihre Prämissen Unbewusstes, Sexualtrieb und Schuld als individuell zurechenbare entfallen? Ist die Psychologie zu mehr in der Lage, als die »Existenz der Tiere« zu erhellen? Ich höre den Aufschrei derer, die noch an sie glauben. Doch was haben sich Horkheimer und Adorno (1969: 262) gedacht, als sie schrieben: »(...) nur das Leben der Tiere verläuft nach seelischen Regungen; wo Psychologie die Menschen erklären muss, sind sie regrediert und zerstört«?

Sexuologische Zeitschriften, die ohne die historischen Voraussetzungen psychologischer nicht zu denken sind, sind noch beschränkter. Ihr Gegenstand, gesellschaftstheoretisch betrachtet ein Artefakt, wie wir nicht erst seit Foucault annehmen, ist eigentlich nur dann einer, wenn sie alles zusammennehmen: Physis und Psyche, Kultur und Gesellschaft, Genus und Sexus und Eros oder wie gerade die Namen sind. Doch es gibt sexuologische Zeitschriften ohne wirklichen Gegenstand seit einhundert Jahren, wenn wir die Auflistung mit Pasquale Pentas *Archivio delle psichopatie sessuali* von 1896 beginnen lassen. Und als sich unsere Sexualität in Europa und Amerika ihrem historischen Ende als exponierte gesellschaftliche Form bereits unübersehbar zugeneigt hatte und der Kampf um die Ablösung der Sexual- durch Geschlechterforschung bereits heftig entbrannt und die mediale Banalisierung der letzten so genannten Perversionen beinahe gelungen war, gründeten wir selbst eine *Zeitschrift für Sexualforschung*: Jetzt erst recht!

Verschwindet die alte, männlich definierte gesellschaftliche Sexualform, treten andere Formen an ihre Stelle, die ich gerne Neosexualitäten (Sigusch 2005a) nenne: weil Menschen ein Geschlechts- und Affektleben haben und nicht zu erwarten ist, dass das allgemeine Isolieren ihrer Vermögen und Wünsche und Reaktionen einmal endet. Sexualforschung, die sich auf Neosexualitäten einstellt, gegenwärtig vor allem auf genuierte und medialisierte, hat also durchaus Zukunft. Und selbst Cybersex wäre nicht klein und isoliert genug. Für zahllose Abhandlungen und Zeitschriften reicht es immer, wenn ein Nerv getroffen oder eine Neigung aufgegriffen wird, wie uns die Onanieliteratur der vergangenen Jahrhunderte zeigt. Oder ein Blick in die Geschichte der Zeit-Schriften: *Das Pfennigmagazin der Gesellschaft zur Verbreitung gemeinnütziger Kenntnisse, Kladderadatsch, Die Zukunft, Die Schönheit, Bekessy's Panoptikum – Eine Zeitschrift gegen Dummheit und Lüge, Zeitschrift für die Behandlung Schwachsinniger, Die Freude – Monatshefte für deutsche Innerlichkeit, Wandervogel, Zeitschrift für politische Psychologie und Sexualökonomie* usw. Oder auch ein Blick in einen großen Zeitschriftenladen der Gegenwart; von den meisten Blättern hat manfrau noch gar nichts gehört.

»Sexualmedizin« und der Markt

Endlich, im April 1972, erschien das erste Heft der Zeitschrift *Sexualmedizin*. Nach beinahe 22 Jahren aber, im Dezember 1993, musste das Periodikum wieder vom Markt verschwinden. Der Herausgeber, die Medical Tribune Verlagsgesellschaft mbH in Wiesbaden, nannte pauschal »wirtschaftliche Gründe«. Die, die sich bis zuletzt mit dem Projekt »im Dienste einer aufgeklärteren und humaneren Medizin« identifizierten und es redaktionell umsetzten, namentlich Ilse Meyer und Edda Oppermann, wurden deutlicher. Im Abschieds-Editorial, betitelt »Das Letzte«, schreiben sie:

> »Unser Ziel ist nicht erreicht, unser Auftrag ungebrochen, und dennoch ist dies das Ende. Nicht, daß das Thema ausgereizt wäre, nicht, daß wir nichts mehr zu schreiben hätten, nicht, daß es nichts Neues zu berichten gäbe. (...) Das Ende kam mit Seehofer. Die Sparpolitik trifft nicht nur die Ärzte, sondern über die Sparmaßnahmen der Pharmaunternehmen auch die Verlage. Keine Anzeigen, keine Zeitung, so einfach ist die Rechnung« (Oppermann et al. 1993:379).

So einfach? Wenn es wirklich so einfach wäre, dann brauchten wir der *Sexualmedizin* keine Träne nachzuweinen. Zeitschriften für Ärzte mit wissenschaftlichem Anspruch, die ohne die Medizinindustrie nicht existieren können, sollen gefälligst verschwinden. Dass die Redaktion enttäuscht, ja verbittert ist und den Abbau von Arbeitsplätzen beklagt, ist nur allzu verständlich. Dass aber eine sexualmedizinische Zeitschrift nur existieren kann, wenn die pharmazeutische Industrie ihr Geld zufließen lässt, ist ein allgemeines Symptom, bricht über das Projekt den Stab. Es bedeutet nämlich, dass das Interesse vieler Ärzte an so genannter Sexualmedizin in den vergangenen Jahrzehnten nur vorgetäuscht worden ist. Sie erhielten die *Sexualmedizin*, von der Industrie bezahlt, »frei Haus«, nicht, weil die Unternehmen subjektzentrierte, pharmakaferne, psychosomatisch und sozial orientierte Medizin unterstützen wollten, sondern weil sie ohne Ärzte ihre Produkte nicht an die Verbraucher bringen können. So einfach ist die Rechnung. Außerdem ist es immer günstig, sich ein weißes Bein zu machen, am besten ein ganz modernes.

So enorm hoch die Auflage der *Sexualmedizin* im Verhältnis zu wissenschaftlichen Zeitschriften war, die sich nicht zu Werbeträgern machten, so enorm niedrig war wohl das Interesse der meisten Ärzte, die dieses Blatt ins Haus bekamen und es dann nicht mehr zustande brachten, es wieder loszuwerden, weil das gar nicht so einfach ist, wenn auch noch der einmal angestachelte Voyeurismus ins Spiel kommt. Der Autor erinnert sich lebhaft daran, wie ihn alte Ordinarien wutschnaubend aufforderten, endlich dafür zu sorgen, dass ihnen diese »Pornographie« nicht mehr zugeschickt würde. Warum einige annahmen, der Autor sei der Herausgeber dieser Zeitschrift gewesen, kann übrigens am besten bei Eberhard Schorsch (1988) nachgelesen werden.

Hängt es vom Geschäftsgebaren der Pharmaunternehmen ab, ob »aufgeklärtere und humanere Medizin« eine Chance bekommt, dann kann der Kommentar nur lauten: Gute Nacht! Die Redaktion verschanzt sich zwar hinter dem zum Durchgreifen neigenden Bundesgesundheitsminister Seehofer, deutet aber an, welcher Drahtseilakt zu veranstalten ist, wenn die Industrie ihr Interesse an Warenabsatz verfolgt und die Zeitschrift das ihrige der Aufklärung: »Kritische Blätter wird es härter treffen als angepaßte. Wenn zukünftig redaktioneller Teil und Werbung immer mehr verschmelzen werden, so ist auch dies eine Auswirkung von sogenannten Reformen« (Oppermann et al.: ebd.).

Eine rare Frucht der Revolte

Anfang der 70er Jahre des 20. Jahrhunderts war die *Sexualmedizin* eine nationale und internationale Rarität, nicht einmal zu vergleichen mit den *Medical Aspects of Human Sexuality*. Denn sie ist eine solitäre deutsche Frucht der Revolte der Jahre 1967 und 1968, kitschig kritisch, gründlich chaotisch, aggressiv gemütlich. Ob sie zu den Früchten gehört, die vielleicht noch hätten reifen können, oder zu denen, die von Anfang an verfault waren, oder gar zu denen, aus deren Maische nicht ohne Strapazen ein Gesellschaftsbranntwein geworden ist? Ich denke heute, diese Frucht musste sogleich zurückfallen in die anorganische Masse toter Hegel-Hunde, aus denen die Gesellschaftstorte gebacken wird. Und der Autor kann sagen, er ist dabei gewesen mit mehr oder weniger gemischten Gefühlen und immer kälter werdender Kalkulation.

Eigentlich hätte ihn das Erscheinen der Zeitschrift erfreuen müssen, hatte er doch, was niemand weiß, bereits Ende der 60er Jahre den flammenden Aufsatz »Über die Lust der Medizin« geschrieben, danach 1970 auf den VI. Deutschen Klinikertagen den auch raubgedruckten Vortrag »Medizin und Sexualität. Sieben Thesen zur kritischen Reflexion ihres Verhältnisses« gehalten und zusammen mit noch jüngeren Forschern bereits begonnen, den sexuologischen Kenntnisstand der Medizinstudenten, die Geschlechtsideologie von Großgynäkologen, die sexualmedizinische Praxis von Allgemeinärzten und die entsprechende Lehre an westdeutschen Universitäten zu erfassen. Als die *Sexualmedizin* im April 1972 die Schatten der Medizin erblickte, hielt er gerade seine Antrittsvorlesung für das Fachgebiet Sexualwissenschaft, programmatisch betitelt: »Thesen zur Konzeption einer Sexualmedizin«.

Er hatte also diese denkbare Frucht der Revolte schon entdeckt und von ihr gekostet. Die kommerziellen Absichten des Verlages aber und das forsche Auftreten des ersten Chefredakteurs, der immer nach Amerika schielte, wo die Sex Education natürlich schon wild zu wuchern begonnen hatte, machten es unmöglich, die neue Zeitschrift freudig zu begrüßen. Als dann recht bald zwei versierte Medizinjournalisten das Blatt ganz übernahmen, Heinz Schestak als Chefredakteur und Dorothee Seiz als »Erster Redakteur« (was heute, in westlichen Zeiten von Gender Studies, nach DDR klingt), rauften sich die Experten der zwei Seiten, die Sexualmediziner und die »Sexualmediziner« zusammen, davon überzeugt, trotz aller Widrigkeiten etwas Notwendiges tun zu müssen. Ich jedenfalls war wild entschlossen, den unglaublich dummen und zynischen und gemeingefährlichen Umgang der allermeisten Mediziner mit den sexuellen Nöten der Patienten, koste es, was es wolle, zu bekämpfen. Um dieses Ziel zu erreichen, hätte ich mich damals mit jedem einigermaßen seriösen Verlag verbündet, Axel Cäsar Springer ausgenommen – wg. '68. (Als dann sehr viel später dieser Verlag die *Sexualmedizin* übernahm, schied ich aus verschlepptem Eskapismus auch ganz offiziell aus dem Kreis der wissenschaftlichen Ratgeber aus.)

Ein Blick zurück

Nachdem mich die Nachricht vom Ende der *Sexualmedizin* erreicht hatte, las ich noch einmal in den ersten Jahrgängen der Zeitschrift – und war hin- und hergerissen. Einerseits gediegene medizinische Abhandlungen mit endlosen Literaturverweisen, praktisch relevante somato- und psychotherapeutische Berichte, kritische sexualwissenschaftliche Essays, interessante historische Texte aus dem Archiv, für die kommenden Geschichtsforscher beinahe einmalige Dokumente (z. B. Bilder von sexuologischen Tagungen oder von Falldemonstrationen einer Wilhelm-Reich-Gruppe oder Interviews mit alten Sexualforschern kurz vor ihrem Tod), dazu hinreißende Porträtfotos von Autoren wie Kurt Biener (mit einem Stethoskop in den Ohren; 1972: 14), Günter Amendt (1973: 308; 1976: 882), Reimut Reiche (1973: 495) oder Gunter Schmidt (1974: 497), der in dem dazugehörigen Aufsatz über den Zustand der US-amerikanischen Sex Education unter dem Titel »Totale Sexualmedizin?« mit der ganzen Richtung abrechnet und sich anschließend konsequent aus dem wissenschaftlichen Beirat zurückzieht. Wie gesagt: einerseits. Andererseits Quark und Quatsch und Ergüsse à la »Arzt und Poet dazu«, die bestraft werden müssten, eine immer wieder durchbrechende Schlüsselloch-Mentalität, überhaupt Sexualisierung (aus Kommerz) und Intellektualisierung (aus Dummheit) à la »Intimquitäten«: ein Grauen.

Hinzu kam die generelle Haltung, alle »Richtungen« zu Wort kommen zu lassen, die als aufgeklärter Pluralismus verstanden wurde. So wird gleich im ersten Heft von 1972 Ernst Schaetzings Warnung vor einer Liberalisierung des Abtreibungsrechts redaktionell verbreitet, und die Deutsche Gesellschaft für Sexualforschung kann, von der Redaktion flankiert, gegen eine regierungsamtliche Kampagne, mit der sexueller Missbrauch im Kindesalter bekämpft werden sollte, zu Felde ziehen. So kann Srikanthabhushan Pal (1973) bei männlichen und weiblichen Homosexuellen eine endokrine Dysfunktion diagnostizieren und Willhart S. Schlegel (1973) seine konstitutionsbiologische Instinktlehre auffrischen, während Reiche und Dannecker (1973) aus ihrer kritisch-soziologischen Studie berichten. Ärztinnen und Ärzte, die nach Orientierung suchten, müssen ganz schön verwirrt worden sein.

Doch um es einmal positiv zu sagen, wie es war: Zensur fand nicht statt. Das war auch in den 70er Jahren nicht wenig, gerade angesichts der Verbreitung der *Sexualmedizin*, die zeitweise dem *Deutschen Ärzteblatt* auf den Fersen war. Da die Standesfunktionäre aber abweichende medizinische Auffassungen selbst dann nicht publizierten, beispielsweise zum Problem der hormonellen Kontrazeption bei jungen Mädchen, wenn die Gynäkologieprofessoren ihres Vertrauens eine solche Arbeit empfohlen hatten, schätzte ich es sehr, in diesen Fällen die lieben Kollegen über die *Sexualmedizin* erreichen zu können.

Das und noch viel mehr ist vor allem das Verdienst von Heinz Schestak, der die *Sexualmedizin* am längsten und in ihrer besten Zeit als Chefredakteur verantwortete. Er hielt selbst dann zu kritischen oder auch nur das Medizinernest beschmutzenden Sexualwissenschaftlern, wenn sie, wie der Autor, als »Marxisten« vorgeführt und als »Terroristen« gebrandmarkt wurden (vgl. Sexualmedizin 1973: 476). Erst jetzt ist mir bewusst geworden, welche Kämpfe auch damals tobten. In den 70er Jahren nahm ich das offenbar kaum wahr, obgleich ich wusste, dass Pharmafirmen und konservative Medizinprofessoren, von missgünstigen »Kollegen« einmal abgesehen, dem Verlag mit dem Entzug von Annoncen und Texten drohten, wenn sie ein Artikel erbost hatte. Deshalb sei einmal einem Kapitalisten gedankt für die Verteidigung der Meinungsfreiheit: Herr Stroh, der Chef des alten Medical Tribune Verlags, ließ sich nicht erpressen.

Die Idee einer kritischen Sexualmedizin

Vielleicht ist es ein Trost für die, die das Blatt zuletzt zu verantworten hatten, wenn sie lesen: Die *Sexualmedizin* hat etwa so lange existiert wie das legendäre *Jahrbuch für sexuelle Zwischenstufen* und die scheinbar endlose *Zeitschrift für die Bekämpfung der Geschlechtskrankheiten*. Sie hat die überaus materialreichen *Kryptadia* und *Anthropophyteia* und auch die immerhin 18 Jahre lang erschienene *Zeitschrift für Sexualwissenschaft (und Sexualpolitik)* überrundet, die Albert Eulenburg und Iwan Bloch 1914 herausgebracht hatten. Anderen Zeitschriften, wie *Mutterschutz, Geschlecht und Gesellschaft, Sexual-Probleme* und *Rassegna di studi sessuali*, war eine noch kürzere Erscheinungsdauer beschieden, von den nur ein Jahr lang existierenden Blättern ganz zu schweigen, zu denen das *Archivio delle psichopatie sessuale* von Pasquale Penta, die *Zeitschrift für Sexualwissenschaft* von Magnus Hirschfeld und die *Zeitschrift für Sexualforschung* von Hans Giese gehören.

Und schließlich gibt es Zeitschriften wie die deutsche *Vita sexualis* der vorletzten Jahrhundertwende oder die österreichische *Sexus* des 20. Jahrhunderts, von denen kaum in Erfahrung zu bringen ist, wie lange sie existiert haben oder ob sie vielleicht nach wie vor erscheinen.

Ein gewissermaßen objektiver Trost könnte sein: Die Zeitschrift *Sexualmedizin* ist nicht eingestellt worden, weil die Redaktion versagt hat, sondern weil dieses Früchtchen der Revolte vom Baum der gesellschaftlichen Modernisierung gefallen ist, die im Zusammenhang von '68 vorübergehend auch in der Medizin angesagt war. Sie ist eingestellt worden, weil eine sexualmedizinische Betrachtungsweise, die sich, wie wir es immer vertreten haben, an die psychosomatische und psychosoziale anlehnt und nicht an die der Körpermedizin, keine quantitativ nennenswerte Chance mehr in der Medizin hat, sofern sie sie je gehabt haben sollte ohne die indirekte Finanzierung durch die Pharmaindustrie. Schon vor Jahren sah Eberhard Schorsch (1988) die Sexualität in einen anderen gesellschaftlichen Bewertungszusammenhang gestellt: nicht mehr unter das Diktat der Moral, das noch Coenraad van Emde Boas (1972) im ersten Heft der *Sexualmedizin* beklagte, sondern unter das von Gesundheit und Hygiene, die die Medizin verwaltet. Schorsch unterschied in der Entwicklung der westdeutschen Sexualmedizin drei Abschnitte: einen initialen psychosomatischen Ansatz; eine sich anschließende Tendenz, die Sexualität wieder zu isolieren; und schließlich die Reduktion des Sexuellen auf die Körperfunktion, wie sie sich in der Theorie und Therapie sexueller Deviationen, in der Medikalisierung der Fortpflanzung, in der invasiven somatischen Diagnostik bei sexuellen Funktionsstörungen und in dem Trend zu operativen Behandlungen manifestiert.

Am Ende der ersten Phase, spätestens Anfang der 80er Jahre, konnte jeder interessierte Arzt wissen, welche Voraussetzungen erfüllt sein müssen, wenn es um kompetente Sexualberatung geht. In zahllosen Veröffentlichungen und auf vielen Fortbildungsveranstaltungen, vor allem in Frankfurt am Main, Heidelberg und Hamburg, waren die Minimalforderungen immer wieder genannt worden. Doch nur wenige Ärztinnen und Ärzte nahmen die Strapazen einer Selbsterfahrungs- oder Balint-Gruppe, einer eigenen Analyse oder einer psychotherapeutischen Ausbildung auf sich. Weil es aber doch einige taten, angestoßen durch die sexualmedizinische Debatte der Zeit, gibt es heute mehr Ärzte als vor zwei Jahrzehnten, die für die sexuellen Nöte ihrer Patienten aufgeschlossen sind. Darin sehe ich den Gewinn, den die Idee der Sexualmedizin der Medizin insgesamt gebracht hat. Das ist quantitativ nicht viel, qualitativ aber nicht gering zu schätzen, wenn der theoretisch wie praktisch vollkommen deletären Zustand der Jahrzehnte davor nicht vergessen wird.

Ansonsten sehe ich offenbar unüberwindbare Hindernisse für eine kritische Sexualmedizin (vgl. Sigusch 1990b, 2001h). Eher konservative Mediziner und Psychologen, die nachrücken, als sei gar nichts gewesen, geben wieder den Ton an und missverstehen unbeeindruckt gesellschaftlich-seelische Tatbestände, wie Geschlechtsidentität oder sexuelle Appetenz oder Liebe, als letztlich naturale Ereignisse, möchten kausal vorgehen und den Mechanismus der Sexualität samt aller Desiderate zentral und peripher als genetisch-neuroendokrinen dingfest machen, konstruieren erst ein sexuelles Artificium, um danach dessen natürliche Natur zu suchen, die es nicht gibt. Offenbar ist es in unserer Medizin unmöglich, Sexualmedizin als ein Allgemeines nicht somatologisch zu verstehen und nicht organisch zu betreiben. Letztlich scheint mir das in der hiesigen Medizin vorherrschende somatische Denken dafür verantwortlich zu sein, dass sich die Hoffnungen, die an die Idee der Sexualmedizin geheftet worden sind, nicht erfüllen konnten.

Als die Idee einer kritischen Sexualmedizin aufkam, sah ich viele Chancen. Zum einen, dass das Medizinstudium nicht nur Fachkenntnisse vermitteln würde, sondern auch eine psychotherapeutische Kompetenz, die übrigens van Emde Boas (1972: 12) im ersten Heft der *Sexualmedizin* verlangte, indem er sich für eine »systematische emotionelle Ausbildung« der zukünftigen Ärzte »während der ganzen Studienzeit« aussprach. Daraus ist nichts geworden. Die Fachkenntnisse der Mediziner sind nach wie vor erschreckend gering, und der Umgang mit sexuellen Problemen und Konflikten in der ärztlichen Praxis ist folglich im Allgemeinen nach wie vor schandbar bis erbärmlich. Zum anderen sah ich Ende der 60er Jahre die Chance, dass bisher getrennt gehaltene oder noch gar nicht wahrgenommene Verstehensmöglichkeiten und Betrachtungsweisen in einer kritischen Sexualmedizin zusammengeführt werden könnten. Auch daraus ist nichts geworden. Wie vor Jahrzehnten ist die Medizin gespalten in zwei Lager: hier das überwältigende Gros der Somatiker, dort die kleine Gruppe zitternder Psychiker, die in der Körpermedizin, die immer noch nicht begriffen hat, das sie eine ist, kaum Einfluss und Ansehen erlangen konnte, wenn sie sich nicht übermäßig wissenschaftstheoretisch und methodologisch anpasste und andiente.

Diesen Hiatus hat die bunte Schar der Sexualmediziner nicht ernsthaft in Frage gestellt und schon gar nicht überbrücken können. Eher im Gegenteil. Indem einige eine psychotherapeutische Ausbildung absolvierten, traten sie nicht selten ganz ins Lager der Psychiker über. Inzwischen verfeinerten die anderen ihr körpermedizinisches Instrumentarium und verließen sich wieder ganz und gar auf Körpertherapie. Damit ist der Riss, der durch die Medizin läuft, wieder beinahe total.

Die Geschichte der Sexualmedizin, die weit gefasst bis in die Antike, eng gefasst bis ins letzte Jahrhundert zurückreicht (Sigusch 2001h), wird später einmal geschrieben werden. Ich möchte vorerst nur an Hermann Rohleder (1908: 73) erinnern, einen der ersten Sexualmediziner der Moderne, der in Hirschfelds sogleich wieder eingegangener *Zeitschrift für Sexualwissenschaft* den programmatischen Aufsatz »Die Sexualwissenschaft in ihrer Bedeutung für die ärztliche Allgemeinpraxis« veröffentlichte. Auch wenn wir »das Eindringen in das Gebiet der vita sexualis hominis« nicht mehr zur »sittlichen Pflicht« des Arztes erheben und schon gar nicht das Ziel verfolgen, mit unserem Wissen das Familienleben der Patienten zu »beherrschen«, sollten wir doch, trotz aller Rückschläge und angesichts einer zerstückelten Medizin, an der Forderung festhalten: dass die zukünftigen Ärztinnen und Ärzte auch auf sexualwissenschaftlichem Gebiet unterrichtet werden.

Illusionen aber sollten wir uns nicht mehr machen. Wenn es nach einhundert Jahren sexualmedizinischer Bemühungen nicht möglich ist, das gröbste Wissen und die allernotwendigste Kompetenz an die nächsten Generationen weiterzugeben, dann liegen die Gründe für die Ignoranz sehr tief, dann hat das Nichtwollen und Nichtwissen System. Eine neue sexualmedizinische Zeitschrift, die ohne die Werbung der Pharmaindustrie gar nicht existierte, würde daran natürlich nichts ändern. Sie könnte aber erneut die Illusion nähren, die Sexualwissenschaft sei »in ihrer Bedeutung für die ärztliche Allgemeinpraxis« erkannt worden.

All das nach einem langen sexualmedizinischen Engagement feststellen zu müssen, ist kein Vergnügen, es sei denn, wir betrachten die Revolte mit Adriano Sofri (1988: 152) als »ein wunderbares Sackhüpfen« und trösten uns damit, Zweite geworden zu sein.

Folgerichtig hirnverbrannt oder
Der Kampf gegen die Psychochirurgie

Mitte der siebziger Jahre kam ein junger homosexueller Mann vom Lande zu mir und sagte, er wolle sich nur noch vergewissern. Ein Professor habe ihn vor kurzem untersucht und gesagt, die moderne Medizin könne das, was ihn quäle, durch einen operativen Eingriff ins Gehirn anstandslos beseitigen. Die Untersuchung habe etwa zehn Minuten gedauert, und der Operationstermin sei gleich festgesetzt worden.

Damals hielt ich schon fast alles für medizinisch möglich. Das aber nicht. Ich hatte einiges gesehen, erlebt und gelesen: dass zu Charcots Zeiten Millionen von »hysterischen« Frauen kastriert worden waren; dass sich Patienten selber entmannen; dass biedere Ärzte jahrelang an minderjährigen Patienten sexuelle Handlungen vornehmen; dass heute lebende Ärzte Psychopharmaka, Antihormone oder Fausthandschuhe gegen Onanie verordnen; dass Männer darum bitten, die Scheide ihrer Frau operativ den Maßen ihres Geschlechtswerkzeuges anzupassen; dass seelisch Kranke elektrisch geschockt werden; dass Ärzte sexuelle Reaktionen kleiner Kinder als »epileptische« diagnostizieren; dass normale Gerichtsgutachter Sexualwissenschaftler als »Perverse« bezeichnen und so weiter und so fort (vgl. Sigusch 1970b). Ich hatte die »Medizin ohne Menschlichkeit« von Alexander Mitscherlich und Fred Mielke (1947/1978) gelesen und wusste, welche Verbrechen NS-Ärzte im Zusammenhang mit Konzernen begangen hatten (vgl. z. B. Borkin 1978). Ich kannte schon aus nächster Nähe Brechts »Geschlecht erfinderischer Zwerge«, das »für alles gemietet« werden kann. Mein Vertrauen in die ethische Kraft unserer Medizin war bereits brüchig geworden.

Doch als der junge Mann vom Lande vor mir saß, wollte ich seine »Geschichte« nicht glauben, schloss ich zunächst die Augen. Einen normalen Homosexuellen, der sich gerade in jenem Konflikt befand, den alle durchzustehen haben, wenn auf die innere Gewissheit, anders als andere zu sein, der ausgestreckte Zeigefinger gerichtet wird – einen solchen Menschen nur deshalb und in dieser Lage einer Operation am Gehirn unterziehen wollen? Wer war da krank, abnorm, unmoralisch oder gemeingefährlich? Der Mann vom Lande?

Heute weiß ich mehr, als mir lieb sein kann. Tatsächlich sind in der Bundesrepublik Homosexuelle derartigen Hirnoperationen unterzogen worden (vgl. Rieber, Meyer, Schmidt, Schorsch und Sigusch 1976). Der Operateur Gerhard Dieckmann meinte 1977 in einem Forschungsbericht: Auf diese Weise können »homosexuelle Verhaltensweisen kontrolliert und den Forderungen der Gesellschaft angepasst werden« (Universität des Saarlandes 1978: 158).

»Therapeutische« Aggressivität

Die Rede ist von der so genannten Psychochirurgie, ein Bastardbegriff, der schon sagt, worum es geht. Als psychochirurgische Eingriffe bezeichne ich solche, die am morphologisch gesunden Gehirn mit dem Ziel vorgenommen werden, Erlebens- und Verhaltensbereiche eines Menschen durch das Zerstören oder direkte Reizen von Hirngewebe zu beseitigen, zu beeinflussen oder zu kontrollieren (Sigusch 1977/78). Hirnoperationen wegen einer organischen Nervenerkrankung, z. B. wegen eines Tumors, sollten nicht mit diesen Eingriffen vermengt werden. Gott sei Dank möchte bei weitem nicht jeder Neurochirurg auch ein Psychochirurg, ein »Seelen-Schneider«, sein, wie der Wissenschaftsjournalist Egmont R. Koch sie nannte.

Seit einigen Jahren sind wir Zeugen einer zweiten Welle der Psychochirurgie. Die erste hatten Antonio de Egas Moniz und Almeida Lima 1935 mit der »klassischen« Leukotomie eingeleitet. Danach wurden zahllose Techniken entwickelt und an ein- bis zweihunderttausend Patienten ausprobiert (vgl. z. B. Haddenbrock 1961; Heimann 1963; Valenstein 1973; Koch 1976). Ich nenne nur die so genannte Topektomie, bei der einfach der größte Teil des Stirnhirns herausgeschnitten wurde, und die so genannte transorbitale Leukotomie, bei der ein »Eispickel« genanntes Operationsinstrument unmittelbar über dem Auge des Patienten durch den Knochen hindurch sieben Zentimeter weit ins Gehirn hineingetrieben wurde, um dann mit Kreisbewegungen gesundes Stirnhirngewebe zu zerstören. Zur »Betäubung« wurde ein Elektroschockgerät benutzt. Die häufigste Spätkomplikation war eine traumatische Epilepsie, die nach Walter Jackson Freeman (1953), Erfinder der »Standard«-Leukotomie und genannt »Jack, the Brainslasher«, d. h. »der Hirnschlitzer«, bei wiederholtem Eingriff in 53 % der »Fälle« vorkam.

Heute sind die Operationen zwar technisch verfeinert, oft »stereotaktisch«, d. h. räumlich gezielt und im Voraus berechnet, aber bei weitem nicht so »fein«, und »schonend«, wie die Operateure behaupten. Heute wird eine »kleine« Läsion neben die andere gesetzt, dreißig, vierzig, fünf-zig, Millimeter um Millimeter Hirnsubstanz verbrannt, nicht selten auf beiden Seiten und in verschiedenen Regionen. Heute wird stereotaktisch leukotomiert, und die Sonde reicht weiter. Aber selbst die grobschlächtigen messerchirurgischen Eingriffe werden nicht allgemein als obsolet angesehen (Breggin 1972a). Führende Psychochirurgen verfechten und praktizieren solche Techniken der ersten Leukotomie-Ära bis zur Stunde, voran William B. Scoville (1969, 1975), Präsident der internationalen Fachgesellschaft, der sein »Orbital undercutting«, eine Rindenunterschneidung mit dem Skalpell, als Universaleingriff für seelische Erkrankungen schlechthin propagiert (vgl. Hirose 1968; Knight 1969; Baker et al. 1970). Die Ideologie der Operateure ist heute noch menschenfeindlicher, weil gemeingefährlich im Sinne des Wortes. Die »therapeutische« Aggressivität vieler Psychochirurgen ist heute noch rasender. Es geht weiß Gott nicht »nur« um Homosexuelle. Ich wüsste gar nicht, welche seelische Erkrankung, welche soziale Auffälligkeit sie meinen nicht wegbrennen zu können – Wirtschafts- und Weißkittelkrimi-nalität vielleicht ausgenommen.

Diese Entwicklung, dieser Missbrauch der Medizin spielt sich vor-nehmlich nicht im Osten, sondern im Westen ab. Hier handelt es sich auch um einen Missbrauch der Psychiatrie, weil die Operateure ohne den Zulie-ferdienst biologischer Psychiater hätten schon lange Skalpell und Sonde wieder weglegen müssen. Die UdSSR hat derartige Eingriffe bereits 1950 gesetzlich verboten (vgl. International Digest of Health Legislation 4, 312, 1952). In der DDR hat die »humanitas«, eine führende »Zeitung für Medizin und Gesellschaft«, psychochirurgische Eingriffe unter dezidierter Bezugnahme auf meinen bisher umfassendsten Beitrag zum Thema (1977) als inhuman gegeißelt (Laumann 1979). Nach allem, was wir wissen, haben zwar viele Mediziner des Ostens mit dieser Technik geliebäugelt, solche Eingriffe tatsächlich durchgeführt hat jedoch bisher ausschließlich ein gewisser Pavel Nádvorník mit seiner Gruppe in Bratislava, wobei er die so genannte psychiatrische Indikation so exzessiv handhabt wie die skrupellosesten US-Amerikaner – und das, um es nachzutragen und fest-zuhalten: bis zur Stunde (vgl. die jüngste Übersichtsarbeit von Pogády und Nádvorník 1982).

Die tschechoslowakische Gruppe hat ihre Ideen von den westdeutschen Psychochirurgen, die international führend sind. (Und um auch das nach-zutragen: Der theoretische Kopf der hiesigen Operateure hat gerade wieder in ebenso umfangreichen wie selbstkritiklosen Arbeiten zum Kampf geblasen; vgl. Orthner 1981, 1982a, 1982b). Die westdeutschen Psychochirurgen haben etliche Eingriffe zum ersten Mal durchgeführt und neue »Anwendungsbereiche« behauptet. Namentlich die stereotaktische Hypothalamotomie an Menschen mit abweichendem Sexualverhalten können sie auf ihrem Konto verbuchen. Die US-amerikanischen Psychochirurgen, ansonsten weiß Gott nicht zimperlich, halten sie übrigens technisch nicht für »machbar«. Selbst von solcher Kritik unbeeindruckt, haben Gerhard Dieckmann und Rolf Hassler (1976) im »Deutschen Ärzteblatt« propagieren dürfen, was sie glauben, erfolgreich »behandeln« zu können. Ich zitiere: Angst und Spannung, Depressionen, Schizophrenie, Zwangserscheinungen, Erethismus, aggressive Verhaltensweisen, sexuelle Verhaltensstörungen und Suchtverhalten. Natürlich werden auch Kinder, selbst unter fünf Jahren, operiert, bei uns und anderswo. So hat Dieckmann (1977) nach eigenen Angaben zwischen 1964 und 1975 auf diese Weise 57 Kinder »behandelt«. Der sehr einflussreiche Inder Balasubramaniam hatte bis 1970 bereits mehr als 150 Kinder, die als »aggressiv« bezeichnet worden waren, an den Mandelkernen des Gehirns stereotaktisch operiert. Er bezeichnet die Psychochirurgie als »sedativ« und versteht darunter jenen Zweig der Neurochirurgie, der es erlaube, »durch eine Operation einen Patienten ruhigzustellen und handhabbar [manageable] zu machen« (Balasubramaniam et al. 1969: 377). Bei ihm betrug die Operationsmortalität acht Prozent. Das heißt: jedes zwölfte Kind starb an den unmittelbaren Folgen des Eingriffs. Das ist Vernichtung von Leben mittels »ärztlicher Kunst«.

Krankheitsideologie und Menschenbild

Wie kommen die Psychochirurgen dazu? Was geht in ihren Köpfen vor? Zunächst: Die moderne Medizin hat keine Theorie, die die Erkrankungen des Menschen in ihren verschiedenen Dimensionen – konstitutionell, körperlich, seelisch bewusst, seelisch unbewusst, zwischenmenschlich, sozial, kulturell, gesellschaftlich – zusammen zu sehen vermöchte. Die heutige Medizin ist gespalten in Lager: hier Somatiker, da Psychiker. Die Insassen der beiden großen Lager stehen einander fremder und feindlicher gegenüber als der Zahnarzt dem Installateur und Goldschmied, als der Psychotherapeut dem Häusermakler und Bildhauer, als der Internist dem Automechaniker und elektronischen Datenverarbeiter. Die Somatiker geben natürlich im »technischen Zeitalter« den Ton an – bis hinein in die

Schulpsychiatrie. Deren fixe Idee aber, seelische Erkrankungen seien letztlich und irgendwie als körperlich verursacht anzusehen, haben die Psychochirurgen blutig, tödlich beim Wort genommen. Psychosoziale Probleme sind ihnen solche der Organik. Da sie ihre Behauptungen nicht beweisen können, sprechen sie heute zunehmend von Hirn*funktions*störungen. Die aber entziehen sich Reagenzglas und Mikroskop.

Nach meinem Verständnis ist es angesichts der Ergebnisse der Wissenschaften vom Menschen krankheitstheoretisch geradezu monströs, solch komplexe und für die Gattung Mensch spezifische Störungen wie Neurosen in bestimmten Hirnregionen lokalisieren und durch das Vernichten von Hirngewebe beseitigen zu wollen. Für uns sind schwere Neurosen, Psychosen oder Perversionen seelisch-soziale Erkrankungen, deren Behandlung, falls sie erforderlich ist, immer und zuallererst mit psycho- und soziotherapeutischen Mitteln zu erfolgen hat. Alles andere ist entweder Notfalltherapie oder so genannte Ultima Ratio, das meint letzte therapeutische Chance. Gerade dann aber dürfen ethische Prinzipien nicht außer Kraft gesetzt, sie müssen vielmehr aufs Äußerste strapaziert werden. Ich will das begründen.

Die psychochirurgischen Hirnoperationen suchen in der gesamten Heilkunde der letzten Jahrtausende als Eingriffe in die Integrität des Menschen ihresgleichen. Sie verändern oder beseitigen höchste geistige, emotionale und soziale Fähigkeiten des Menschen. Sie setzen immer Defekte, hinter die kein Weg zurückführt. Sie können nicht mit der Amputation einer Extremität, ja selbst nicht mit chirurgischen Kastrationen gleichgesetzt werden. Sie sind keine Notfalltherapie zur Erhaltung menschlichen Lebens.

Auch mir ist nachvollziehbar, wie bei uns ein Arzt dazu kommen könnte, einen Patienten in ausweisloser Situation faute de mieux, in Ermangelung eines Besseren, im Sinne einer Ultima Ratio, aus Erbarmen und nach subjektiv gewissenhaftem Abwägen aller Aspekte zur Operation zu überweisen. Die allermeisten Patienten wurden aber vor dem Hirneingriff weder psychotherapeutisch behandelt noch überhaupt von einem Psychotherapeuten untersucht (vgl. Sigusch 1977/78: 17, 19f.). Und was heißt faute de mieux, was heißt Ultima Ratio unter hiesigen Bedingungen?

In erster Linie doch: Die Strafvollzugs- und Psychiatrie-Anstalten sind für humane Therapien ungeeignet, ob man nun die personellen oder die baulichen Voraussetzungen betrachtet. Ihr Klima ist mindestens so therapiefeindlich wie das Land allgemein. Das Inkrafttreten des Reformgesetzes, nach dem sozialtherapeutische Anstalten eingerichtet werden sollten, wird von Jahr zu Jahr verschleppt. Die RVO- und Ersatzkassen geben jährlich rund zwölf Milliarden Mark für die ärztliche Versorgung aus – davon 0,5 Prozent für die anerkannten Psychotherapien. Viele Psychotherapeuten sind entnervt, unwillig, unfähig oder ängstlich. Sie behandeln oft lieber milde Neurosen und distinguierte Herren. Die zuweisenden Bio-Psychiater, selber psychotherapeutisch unausgebildet, hängen wie ihre Operateure einer somatischen und damit asozialen Krankheitsideologie an, die gleichförmig im Kopf der Patienten regiert. Es herrscht eine kollektive Verschwörung zur Verleugnung der wirklichen Krankheitsursachen. Wenn dann noch die Ehrfurcht vor der medizinischen Technik in Zeiten der ökonomischen Krise mit einer allgemeinen Entliberalisierung zusammenfällt, wird humaner Therapie schon gar keine Chance mehr gegeben. Menschenexperimentatoren haben mit den Resten von Anstand und Sitte ein leichtes Spiel. Darin drücken selbst Psychoanalytiker die Augen zu. Sie sind natürlich nicht dafür, aber sie unternehmen auch nichts Energisches dagegen.

In solchen Zeiten, wenn insbesondere die Schulpsychiatrie – ohn' Aug', ohn' Ohr, ohn' Zahn, ohn' alles – wieder einmal versagt hat, diesmal mit den Psychopharmaka, in solchen Zeiten können sich die Psychochirurgen erfolgreich prostituieren: Unser Eingriff ist billig (die Frühinvalidisierungen einmal vergessen), unser Eingriff ist sicher (die Rückfälle einmal vergessen), unser Eingriff ist, so sagte es der Chirurg Fritz Douglas Roeder (1971: 76), ein »einmaliger Aufwand« (die Todesfälle, weiteren Hirnoperationen und nachträglichen Kastrationen einmal vergessen), wir halten die Straße sauber, wir entlasten den Steuerzahler, wir sind das tätig gewordene gesunde Volksempfinden, wir sind die gerecht und billig Denkenden im Land.

Was heißt da schon anoperierter Persönlichkeitsdefekt? Viele von ihnen haben es ausgesprochen. Zum Beispiel Erna Hoch (1947):

>»Aber wenn man schließlich sich vergegenwärtigt, dass vielleicht der größere Teil der Menschheit dahinvegetiert, ohne je von diesen höhern, wahrhaft menschlichen Geistesfähigkeiten [...] Gebrauch zu machen oder dann nur, um mit den niedrigeren, animalen Trieben und Instinkten in Konflikt zu kommen, so erscheint eine künstliche Herabsetzung auf dieses unkomplizierte Niveau vielleicht weniger als eine prätentiöse Anmaßung« (zit. n. Haddenbrock 1961).

Oder v. d. Horst (1952), nachdem er selber festgestellt hatte, dass Operierte auf einer niederen, in der schöpferischen Freiheit beschränkten Existenzebene lebten: Damit werde ja nur eine selten verwirklichte Fähigkeit reduziert, die »bei dem Mann von der Straße praktisch nie realisiert wird« (zit. n. Haddenbrock 1961).

Kann ein medizinisches Bild vom Menschen noch zynischer, im rechtlichen Sinn noch sittenwidriger sein? Und was heißt nach alldem Ultima Ratio? Wer will verantworten, wer will ethisch rechtfertigen, einige Menschen auszusondern, als unbehandelbar abzustoßen? Ultima Ratio ist immer ein Wechselbalg. Je schlechter es um die psycho- und soziotherapeutische Versorgung der Bevölkerung bestellt ist, desto eher muss nach ihr gerufen werden. Was gestern als unbehandelbar galt, wird heute behandelt. Die Medizingeschichte lehrt es. Was gestern als »schwere Unzucht« verfolgt wurde, wird heute weithin als »grober Unfug« angesehen. Die Rechtsgeschichte lehrt es. Man denke beispielhaft an den Exhibitionismus. Ein Arzt, der Hirneingriffe »nur« als so genanntes letztes therapeutisches Mittel anwendet oder zulässt, handelt auf der Tiefe der technologischen Medizin, vollkommen pragmatisch, als Dienstmann der amtierenden Krankheits-, Sozialschädlichkeits- oder Sexualideologie, bestenfalls resignativ, mit einem schalen Gefühl in der Gegend des Magens, ein bisschen ethisch. Die Ethik aber ist unteilbar. Nichts ist mir widerwärtiger als hinhaltende, larvierende Positionen. Die, durch und durch liberal, werden den Menschenexperimentatoren letztendlich Tür und Tor öffnen. Doch ich höre die Besänftiger schon sagen: Wir haben ja gewarnt – vor diesem Missbrauch.

Die Problematik einer therapeutischen Ultima Ratio zu erörtern, ist aus einem aktuellen Anlass zusätzlich geboten. Eine Sachverständigenkommission, die die Bundesregierung nach unserer öffentlichen Kritik beim Bundesgesundheitsamt (BGA) gebildet hatte, legte inzwischen ihre abschließenden Empfehlungen vor, denen ich nicht zugestimmt habe (Fülgraff und Barbey 1978). Die Mehrheit der Kommission möchte psychochirurgische Hirneingriffe gegenwärtig nicht verboten sehen und nicht empfehlen, diskutiert sie dann jedoch allen Ernstes als Ultima Ratio. Die Kommissionsmehrheit hat das Problem an eine Nachfolgekommission weitergereicht, die mögliche Anwendungen »im Sinne einer ultima ratio« erarbeiten und mit der »Ausarbeitung eines hypothesenorientierten wissenschaftlichen Begleitprogramms« beauftragt werden soll. Ferner ist beschlossen worden: »Die Durchführung des Eingriffs sollte grundsätzlich vom Votum der Kommission abhängig gemacht werden« (ebd.: I/52). (Nachtrag: Die Nachfolgekommission ist bis heute nicht berufen worden, wie Gesetzgeber und Regierung überhaupt beharrlich schweigen.)

Dabei ist bekannt: Kein Psychochirurg wird sich zum Befehlsempfänger machen lassen, jeder folgt nur seinem Gewissen. So war es und so wird es sein. Die Psychochirurgen Gerhard Dieckmann und Dieter Müller, die der Kommission angehörten, haben ihr das mündlich und schriftlich gegeben (ebd.: I/31 f., I/39 ff.). Doch die Mehrheit beschloss das Unmögliche. Sie ließ sich auch nicht von Makabrem beirren: Ein bei allen Beratungen tonangebender Operateur hatte sich an seinem Universitätskrankenhaus dem Votum einer lokalen Fachkommission unterworfen; er nahm an deren Sitzungen teil, hörte sich an, warum ein Patient nicht operiert werden sollte – und hatte ihn zu diesem Zeitpunkt dem Eingriff bereits unterzogen.

(Nachtrag 1983: Dieser tonangebende Psychochirurgieprofessor bezeichnete seine Eingriffe auch dann noch in Kommissionen, im Fernsehen und sonstwo als »durchweg gelungen«, als alle Welt schon von den schrecklichsten Auswirkungen gehört hatte. Einer seiner Patienten brachte nach dem Hirneingriff erst ein Kind und dann sich selber um. Das wird »Rückfall« genannt. Vor dem Eingriff war der Patient nach dem Zeugnis eines kompetenten Professors der Psychiatrie und der Sexualwissenschaft, der ihn unabhängig und eingehend als Gutachter untersucht hatte, »gehalten«. Nach dem Eingriff waren offenbar alle inneren Hemmnisse beseitigt. Ein anderer operierter Patient, den ich bereits in meiner Arbeit »Medizinische Experimente am Menschen. Das Beispiel Psychochirurgie« [1977: 14] als »Werner K.« beschrieben hatte, wurde der Öffentlichkeit kurz darauf als »Säureattentäter« bekannt. Er zerstörte 1977 Gemälde und Kunstwerke im Wert von mehr als 100 Millionen Mark, darunter Rembrandts »Selbstbildnis«, Rembrandts »Jacobssegen« und Rembrandts »Der Apostel Thomas als Architekt«. Seine Ehefrau war zuvor »beim Fensterputzen« aus dem 2. Stock gestürzt und hatte sich dabei tödlich verletzt.)

Ich habe auch gegen den Abschlussbericht gestimmt (Sigusch 1978b), weil sich die BGA-Kommission trotz wiederholter Proteste mehrerer Mitglieder ausschließlich mit speziellen Eingriffen an Menschen mit sexuell abweichendem Verhalten befassen konnte. Das ist nicht nur krankheitstheoretisch ein Unding – sexuelle Störungen sind keine Krankheitsentitäten, weil sich das Sexuelle nicht aus der Seele lösen lässt, wie der Knochen vom Fleisch –, sondern überhaupt: Die Psychochirurgen bestimmten, wer als »sexuell gestört« bezeichnet, über wen in der Kornmission gesprochen werden durfte. Dabei war allen bekannt, dass die psychochirurgischen Eingriffe mit anderer Begründung zahlenmäßig weit überwiegen. Und auch das, was ich jetzt berichte, war der Kommission bekannt, weil ich es ihr vorgetragen habe.

Die Psychochirurgie als Ermittlungs- und Strafvollzugsbehörde

Nicht »nur« wer Angst hat, depressiv ist, homosexuell, ein kleiner Dieb, zwangsneurotisch oder drogenabhängig, lebt in der Gefahr, am Hirn operiert zu werden, wenn er in die falschen Hände kommt oder meint, sich ein Stück Freiheit damit erkaufen zu können, oder aus unbewusstem Strafbedürfnis nichts anderes wünschen kann.

Namentlich und nachweislich in den USA sind psychochirurgische Eingriffe aus rein politischen Gründen durchgeführt worden, beispielsweise auf dem US-Luftwaffenstützpunkt Travis. Erfasst worden sind »aufsässige«, »gewalttätige« und politisch motivierte Strafgefangene, Terroristen, Flugzeugentführer, Kriminelle oder als kriminell Bezeichnete (vgl. z. B. Breggin 1972b; Valenstein 1973; Hermann 1974; Koch 1976). Unter den Gefangenen, die für einen Hirneingriff ausgesucht worden waren, befanden sich auch solche, die international als politische Häftlinge anerkannt sind, beispielsweise von Amnesty International. Ich nenne Martin Sostre und Eduwardo »Pancho« Cruz. Der Direktor aller kalifornischen Strafvollzugsanstalten und Initiator eines Psychochirurgie-Projekts, Raymond K. Procunier, hat schon vor Jahren eher unfreiwillig bekannt, worum es geht. Nach den Auswahlkriterien gefragt, zitierte er aus dem Gutachten über einen Gefangenen, der bereits für einen Hirneingriff vorgesehen war. »Er ist 25 Jahre alt und macht einen reiferen Eindruck als seine Mitinsassen. Er beherrscht Karate und brachte es auch den anderen bei; er hat Streiks angeführt und versuchte sogar einmal, im Gefängnis einen Generalstreik zu organisieren; er spricht das, was er denkt, stets offen aus und hat Kontakt mit Anwälten, die ihn ermutigen und ihm Bücher gesellschaftlichen Inhalts schickten« (zit. n. Koch 1976: 101). Auch schon vor Jahren hat Egmont R. Koch (1976: 87) recherchiert und mitgeteilt, dass das Team des US-Amerikaners Vernon Mark im »Massachusetts General Hospital« in Boston über 200 Frauen und Männer mit solchen Absichten »behandelt« hat.

Zusammen mit anderen namhaften Medizinprofessoren hat Vernon Mark im »Journal of the American Medical Association«, also nicht irgendwo, »wissenschaftlich begründet«, warum »Krawallmacher« und »Aufrührer« am Hirn operiert werden sollten: Menschen, »die Brandstiftung, Schießen aus dem Hinterhalt und tätliche körperliche Bedrohung begangen haben«, leiden an einer »brain dysfunction«, einer Hirnfunktionsstörung. Mark und seine Kollegen forderten weitere Untersuchungen mit dem Ziel, »to pinpoint, diagnose, and treat those people with low violence thresholds before they contribute to further tragedies« (Mark et al. 1967: 895; vgl. auch Mark und Ervin 1970). Selektieren, diagnostizieren, operieren.

Wer davon überzeugt ist, hierzulande seien ähnliche Entwicklungen undenkbar – sind die USA kein demokratisches Land? –, der muss die Praxis der Psychochirurgen genau verfolgen und Wort für Wort studieren, was sie zu sagen wagen. Roeder, bislang einer der aktivsten Psychochirurgen in der Bundesrepublik, hat schon 1971 auf die »Möglichkeiten zur Entschärfung persönlicher und vielleicht weit darüber hinausgehender sonst hoffnungsloser Konfliktsituationen« (1971: 64) hingewiesen. Und er fährt fort: »Wir wollen gleich in medias res gehen und auf die Gewalttätigen zu sprechen kommen [...]. Es ist [...] grundsätzlich wichtig, straffällig Gewordene in dieser Richtung sehr eingehend zu untersuchen. Es ist dringend nötig, hier möglichst subtil vorzugehen« (ebd.: 66). Das ist exakt die Position der zitierten US-Amerikaner. Roeder jedenfalls ist sicher, »eine krankhafte Gewalttätigkeit, die immer wieder zu Verbrechen führt, durch geeignete Hirnoperationen steuern, vielleicht sogar beseitigen« zu können. Und er fügt hinzu: »Im Tierversuch führen diese Eingriffe zur ›docility‹ [milde Gefügsamkeit]« (ebd.).

Fritz Douglas Roeder steht in der Bundesrepublik nicht alleine da. Alle westdeutschen Psychochirurgen, die ich kenne, sind davon überzeugt, Aggressivität auf ihre Weise behandeln zu können und zu müssen. Alle haben es versucht. 1976 sagte Gerhard Dieckmann dem »Spiegel«: »Zu mir kam einmal ein erfolgreicher Geschäftsmann und wollte operiert werden, weil er immer so aggressiv sei und bei allen Menschen anecke. Ich riet ihm ab, weil ich daran nichts Krankhaftes fand. Aber ich bin mir nicht sicher, ob das richtig war.« Auf die dann gestellte Frage, ob er nicht beispielsweise auch einen »Radikalen« operieren würde, der unbedingt in den Öffentlichen Dienst wolle, aber nicht dürfe und darunter leide, wobei sich aggressive Tendenzen ja vielleicht diagnostizieren ließen, antwortete Dieckmann: »Man müsste erst einmal feststellen, ob er krank ist. Wenn ja, bestünde sogar eine Berechtigung zur Behandlung« (Dieckmann und Horn 1976).

Wenige Monate vorher hatte »Bild« (Ausgabe vom 31. Dezember 1975) einen Psychiatrieprofessor gefragt, ob man nicht die Terroristen am Gehirn operieren könne. Roeder hatte diese Fährte natürlich schon aufgenommen. Egmont R. Koch (1976: 108) berichtete dazu: Er »glaubt, es sei eine Überlegung wert, gewohnheitsmäßige Gewaltverbrecher, Terroristen vom Schlag der Baader-Meinhof-Leute [...] einmal unter dem Gesichtspunkt einer operablen Gehirnstörung unter die Lupe zu nehmen«.

Der Schoß, aus dem das kriecht, ist fruchtbar. Das Klima wird bereitet. Einige haben schon öffentlich Blut geleckt. Und so traurig es ist: An medizinischen Begründungen wird es nicht fehlen. Eine, natürlich geht es um Hormone, habe ich vor kurzem in einer weit verbreiteten Ärzte-Zeitschrift gelesen (Medical Tribune, mtv, Nr. 46/1977, S. 5).

Die Visionen von Huxley oder Orwell, die Beschwörungen von Kubrick oder Rorvik sind eingeholt, die Entwicklung ist schon lange über die simple Psychochirurgie hinausgegangen. Gegenwärtig heißt das Stichwort ESB – Electrical Stimulation of the Brain. Mithilfe von operativ ins Gehirn eingepflanzten Elektroden, mithilfe von »endoradiosondes«, telemetrischen Systemen, Dataphonen und Computern können Gefühle und Verhalten beeinflusst, blockiert, konditioniert, kontrolliert werden, ferngesteuert, Tag und Nacht, 24 Stunden lang, Jahr um Jahr (vgl. z. B. Delgado 1969). Die US-Wissenschaftler Barton L. Ingraham und Gerald W. Smith haben 1972 in der angesehenen Fachzeitschrift »Issues in Criminology« vorgeschlagen, auf Bewährung entlassene Delinquenten solcherart elektronisch zu überwachen: »wie Roboter durch das Drücken von Knöpfen« (1972: 41). Der Computer nimmt psychophysische Daten aus dem Körper auf und schaltet, je nach Programmierung, bei »gefährlichen« Zuständen entweder die nächste Polizeidienststelle oder den »Bewährungshelfer« ein oder veranlasst gleich einen Stromstoß über die eingepflanzten Hirnelektroden. Das könne, so beruhigen uns die Wissenschaftler, auch auf einem »unterbewussten Level« erfolgen, sodass das »subjektive Freiheitsgefühl« (ebd.: 48) des Kontrollierten nicht verletzt werde.

Und um auf die Homosexuellen zurückzukommen: In den USA werden sie bereits seit Jahren auf diese Weise traktiert. Tonangebend ist der Psychiater Robert G. Heath (1972), dessen persönlicher Rekord nach letzten Mitteilungen bei 125 Hirnelektroden pro Versuchsperson liegt. Er ist auch dazu übergegangen, Homosexuelle unter elektrischer Hirnreizung aus »therapeutischen« Gründen mit Prostituierten zusammenzubringen. Das hat für ihn den Vorteil, wieder einmal irgendetwas als erster publizieren zu können.

Was tun?

Psychochirurgische Hirneingriffe könnten dann nicht mehr als Ultima Ratio-»Behandlung« gerechtfertigt werden, wenn auch für die heute bei uns noch vogelfreien Patienten humane Therapieverfahren zur Verfügung stünden. Die Entwicklung der Psychotherapie in Theorie und Praxis ist so fortgeschritten, dass von dorther keine unüberwindlichen Barrieren zu beschwören sind. In den Niederlanden werden bereits seit 25 Jahren in ihrer Persönlichkeit stark gestörte Delinquenten, die tatsächlich gefährlich sind, auf psychoanalytischer Grundlage mit großem Erfolg soziotherapeutisch behandelt (vgl. z. B. Goudsmit und Reicher 1980). Ich nenne als vorbildlich die Van-der-Hoeven-Klinik in Utrecht und die Dr.-S.-van-Mesdag-Klinik in Groningen. In den Niederlanden haben die Psychochirurgen kaum eine Chance. Bei uns sind sie dabei, die Entwicklung menschlicher Behandlungen zu behindern.

Der Gesetzgeber hat die Möglichkeit, psychochirurgische Eingriffe, wenn sie als sittenwidrig verstanden werden, zu verbieten. Gehofft werden kann auf eine einheitliche Rechtsprechung der Oberlandesgerichte. Ein abweisender Beschluss des OLG Hamm liegt bereits vor (Beschluss vom 26. Juli 1976 – 1 VAs 79/75; vgl. NJW 1976: 2311 ff.). Noch wichtiger aber werden die schonungslose Aufklärung und das Ächten dieser Techniken durch viele Ärzte und die liberale Öffentlichkeit sein. Die Medizin hat dabei, gerade weil die Psychochirurgie so unsittlich ist, die Chance, sich auf ihre ethischen Prinzipien zu besinnen. Von den Psychochirurgen selber wird man es nicht erwarten können. Gerhard Dieckmann hat das der BGA-Kommission ins Stammbuch geschrieben: Wenn heute ein Schwangerschaftsabbruch »gesellschaftlich akzeptiert wird, d. h., wenn ein werdendes Leben aus sozialen Gründen vernichtet werden darf, erübrigt sich eine Diskussion über die ethische Berechtigung eines psychochirurgischen Eingriffs« (Fülgraff und Barbey 1978: I/31).

Ich selber bin sehr pessimistisch. Um die ethische Kraft unserer Medizin ist es schlecht bestellt. Menschenexperimente sind an der Tagesordnung, nutzlose bis schädigende Behandlungen Legion. Psychochirurgische Hirneingriffe sind keine einmalige Entgleisung. Sie sind ein notwendiger Ausfluss und merklicher Ausdruck der tonangebenden technologischen Körpermedizin, die sich unter hiesigen Bedingungen zu erbarmungslosen Höhenpunkten entwickeln konnte. Auch in diesem Sinne sage ich noch einmal: Bedroht sind wir alle.

Nachtrag 2005: Ein Gesetz, das psychochirurgische Eingriffe unter bestimmten Bedingungen erlaubte wie das sog. Kastrationsgesetz oder generell untersagte, gibt es bei uns bis heute nicht. Psychochirurgische

Eingriffe werden weiterhin insbesondere an Patienten der Psychiatrie vorgenommen, auch in Deutschland (vgl. im Einzelnen Sigusch 1999a), meines Wissens aber nicht mehr an »unseren« Patienten, das heißt an sexuell auffälligen, tatsächlich oder vermeintlich sexuell gestörten oder kranken Menschen.

Die sexuelle Frage

Vor einhundert Jahren ist zum ersten Mal ein Buch mit dem Titel »Die sexuelle Frage« erschienen. Der Autor, ein Schweizer Psychiatrieprofessor, hieß August Forel und traf offenbar die Sorgen und den Groll der gebildeten Stände, denn sein Buch war Jahrzehnte lang so stark verbreitet wie kein anderes zum Thema.

Für die »sexuelle Entartung« seiner Zeit machte Forel (1905), in dieser Reihenfolge, verantwortlich: 1. die Ausbeutung des Menschen durch den Menschen, 2. die Sitte, narkotische Gifte, vor allem Alkohol, zu genießen, 3. die Unterordnung der Frau unter den Mann, 4. das Heer der Sittenüberlieferungen, Vorurteile, mystischen und religiösen Vorstellungen, 5. die Pornografie, 6. die Übergriffe des Staates, insbesondere durch ungerechtfertigte Gesetze, 7. die pathologischen Ausartungen des Geschlechtstriebes und die Geschlechtskrankheiten, 8. die Gefahr der Überwucherung, die der Kulturmenschheit durch die große Fruchtbarkeit minderwertiger Menschenrassen drohe.

Aus heutiger Sicht eine denkwürdige Mischung. Neben Erstrangigem – Ausbeutung! Unterordnung! – steht Drittrangiges wie die Pornografie, die für uns Abgebrühte allenfalls wegen ihrer Dümmlichkeit noch einen Groll zu erzeugen vermag. Hier zeigt sich bereits, dass die sexuelle Frage diesseits des Herr-Knecht-Verhältnisses akut mal in diese, mal in jene Unterfragen zerfällt. Damals, Anfang des 20. Jahrhunderts, war es beispielsweise die Alkoholfrage (bei Forel auf Platz 2!), was manche von uns gewiss verwundert. Jetzt, in dem Moment, in dem wir ein Buch mit demselben Titel »Die sexuelle Frage« herausbringen (Sigusch 1982), ist es, zumindest in unseren Kreisen, die Frage nach dem Leben zu zweit – ja oder nein, und falls ja, begrenzt oder auf Dauer, mit oder ohne Treue, mit oder ohne Kinder, alleinwohnend oder mit anderen zusammen, undsoweiter, undsofort, im Jargon: die Beziehungskiste.

Die Akzente der sexuellen Frage können sich also aktuell verschieben, teilweise auch auf einem technisch »höheren« Niveau und komplexer präsentiert werden. Geblieben aber sind die Probleme – die eingeklemmte Lust, die dünne Plurre, der Tran und Smer, das Oben und Unten, das Aufstacheln, das Unbefriedigtsein, die fehlende Geborgenheit, die Drogen,

die Käuflichkeit, die Wohnungs-, Verhütungs-, Geschlechter-, Abtrei-
bungsfrage, der Lebenskampf. Diese Probleme sind chronisch, seit die
Menschen und ihre Welt unter ein angeblich vernünftiges Kalkül gestellt
sind, sie werden oft als sexuell verstanden, seit die Bedürfnisse und
Wünsche der Menschen isoliert sind, um sie als solche in Regie nehmen zu
können. Seitdem existiert alles so genannt Sexuelle im Widerspruch: hier
die Wirklichkeit fremd bestimmter Arbeit, dort die Idee der bei sich seienden Liebe, hier die Verkehrungen des Alltagsbewusstseins, dort die Illusion der umstandslos bei sich seienden Moral. Andere Widersprüche, wie
der von sozial-emotionaler Dauerbindung und erotisch-affektiver Kurz-
weil, kommen gewiss, auch als allgemeine, von weiter her.

Seitdem die sexuelle Frage gestellt ist, hat sie aber immer mehr gemeint
als narkotische Gifte, Pornografie, die beste Fortpflanzungsverhütung,
auch mehr als den Waffenstillstand zwischen den Geschlechtern oder die
staatliche Billigung des Abbruchs einer Schwangerschaft. Sie stand letztlich immer für die Frage nach Glück und Lust, nach dem Sinn des Lebens,
nach dem Verhältnis von Mensch zu Mensch und Mensch zu Welt als
einem menschlichen auf Erden. Zuletzt hat wohl die Schüler- und Studentenbewegung der 60er Jahre die sexuelle Frage erkennbar in dieser Weise
aufgeworfen, was zum Teil die blinde Wut der Dienstmänner von Anstand
und Sitte, der beamteten Triebtäter erklären mag.

Jedoch zurück zu Forel. Denn seine Liste der Quellen sexueller Missstände, wie er es nennt, ist zuallererst denkwürdig aus einem grauenhaf-
ten Grund: Die Ausrottung der »Entarteten« und »Minderwertigen« steht
als Frage, Sorge, Absicht bereits auf seinem Programm. Er bezweckte
»nur«, wie er schrieb, »die defekten Untermenschen allmählich ... zu
beseitigen«. Dazu gehörten »in erster Linie alle Verbrecher, Geisteskran-
ke, Schwachsinnige, vermindert Zurechnungsfähige, boshafte, streitsüch-
tige, ethisch defekte Menschen«, ferner »die Narkosesüchtigen«, »die
erblich zu Tuberkulose Neigenden, die körperlich Elenden, die Rachiti-
schen, Haemophilen, Verbildeten und sonst durch vererbbare Krankheiten oder krankhafte Konstitutionen zur Zeugung eines gesunden
Menschenschlages unfähigen Individuen«.

Also haben wir alle ein Recht auf den »Gnadentod«, sofern nur die
Barbarei fortgeschritten und die selektierenden Ärzte samt Psychiatern
gründlich genug sind. Lange vor dem Sieg des Nationalsozialismus gaben
fortschrittliche Wissenschaftler Zweck und Ziel zu Protokoll. Forel, der mit
»schwermütigen Gefühlen« aufklärte und reformierte, hatte »die sozial

nützlichen Menschen« im Auge, welche zur »eugenischen Vermehrung besonders günstige Objekte sind«, »das heißt diejenigen Menschen, die große Freude an Arbeit haben, dabei verträglich und gleichmäßigen Humors, gutmütig und gefällig sind«.

Jetzt, nachdem die guten Ratschläge im Genickschuss der Nazis ihr wahres Gesicht zu zeigen genötigt waren, jetzt, nachdem die tiefen Sorgen erst im Liberalismus der Weimarer Zeit, dann aufs Neue im Liberalismus der aufgeschossenen BRD ihr wahres Gesicht zu verhüllen suchten, jetzt kommt einigen die Antwort auf die sexuelle Frage nicht mehr so leicht oder gar nicht mehr über die Lippen.

Wird alles auf Schablonen gezogen, droht allem Abweichenden die Vernichtung, mutet es wie ein Segen an: dass keiner eine verbindliche Antwort auf die sexuelle Frage zu geben vermag. Wird sie doch versucht, ob von rechts oder links, wird immer Unheil angerichtet, kommt immer ein Dogma heraus, welches mit dem Triebleben, mit der Anarchie der Lust so unvereinbar ist wie das Feuer mit dem Wasser. Das gilt ebenso für den Fluch, mit dem der Vatikan einmal den begierigen Blick des Ehemannes auf »seine« Frau, andermal die lebenslange Sorge zweier mannliebender Männer füreinander belegen zu müssen glaubt, wie für die Forderung überdrehter Sexualforscher nach dem anatomisch »richtigen«, psychologisch »reifen«, ideologisch »vollen« und damit physiologisch »multiplen« Orgasmus. Das eine hat so wenig mit dem wirklichen Leben zu tun wie das andere.

Vielleicht sollten wir uns immer wieder vor Augen führen, wie gefährlich es ist, einen Maßstab, der bereits kursiert oder in Mode kommt, als verbindlich anzusehen. Zum Beispiel die Natur des Menschen: Natürlich – und das meint ja immer gesellschaftlich – ist die Ehe nicht natürlicher als die Bindung zweier Perverser aneinander. Natürlich ist das Kinderkriegen nicht unnatürlicher als das Abtreiben. Natürlich ist eine Frau in der Peep Show nicht entwürdigter als die Journalistin, die mit ihrem Herausgeber schlafen muss, wenn sie im Blatt präsentiert werden will.

Die Manifestationen des Sexuallebens unterliegen gleichermaßen der Kritik, ob nun Ehe und Familie, Beziehungen und Reize, die Peep shows der Normalen und die sadomasochistischen Spiele der Perversen. Solange keine in sich harmonische Möglichkeit des Sexuellen zu erkennen ist, muss am Mysterium der Liebe ebenso festgehalten werden wie am isolierten Reizmoment. Beide sind konform und unangepasst zugleich, wie das Sexuelle in dieser Kultur überhaupt einen Doppelcharakter besitzt: ins schlechte Allgemeine eingebunden sein und immer wieder dagegen opponieren.

Unangepasst sind nicht nur einige Versuche, geschlechtlich und sexuell anders im Leben zurechtzukommen, ist nicht nur einiges am Perversen oder Homosexuellen. Auch die normale Verliebtheit und die alltägliche Liebe protestieren gegen die herrschende Rationalität, gegen Gleichschaltung und Verramschung, selbst wenn sie schon verloren haben, bevor sie richtig begannen. Anders ergeht es den Perversionen aber auch nicht, sobald sie sich süchtig manifestieren. Sie produzieren ebenso wenig wie die gemeine Liebe eine andere Einheit als die verstofflichte.

Deshalb kann am 100. Geburtstag des Denkers Theodor W. Adorno die allgemeine Antwort auf die sexuelle Frage nur lauten: Das Sexualleben ist falsch, weil das Leben, das wir leben, falsch ist.

Was taugt das neue Gesetz zur Bekämpfung von Sexualdelikten?

Wolfgang Berner, Lorenz Böllinger, Beatrix Gromus, Hertha Richter-Appelt und ich haben 1998 für den Vorstand der Deutschen Gesellschaft für Sexualforschung eine Stellungnahme zum neuen »Gesetz zur Bekämpfung von Sexualdelikten und anderen gefährlichen Straftaten« abgegeben, die in verschiedenen Fachzeitschriften veröffentlicht worden ist (Z. Sexualforsch. 11, 163–166, 1998; Psyche – Z. Psychoanal. 52, 787–789, 1998; Dr. med. Mabuse – Zeitschrift im Gesundheitswesen 23, 20–21, 1998; Spektrum der Psychiatrie, Psychotherapie und Nervenheilkunde 27, 69–71, 1998; Hess. Ärztebl. 59, 333–334, 1998; Mschr. Kriminol. Strafrechtsref. 81, 368–371, 1998). Sie ist im Folgenden wiedergegeben.

Abscheuliche Sexualverbrechen haben in jüngster Zeit viele Menschen aufgewühlt. Immer wieder ist von verschiedener Seite öffentlich verlangt worden, Sexualstraftäter zu kastrieren und auf Dauer »wegzuschließen«. Wir sagen dagegen: Die Sicherheit, die wir uns alle wünschen, ist in keiner menschlichen Gesellschaft zu haben und schon gar nicht in einer, die sich auch noch im Umgang mit ihren Verbrechern als humane beweisen will. Der menschenfreundliche Weg, für den sich unsere Gesellschaft vor drei Jahrzehnten entschieden hat, heißt Psycho- und Sozialtherapie, wenn irgend möglich und zusätzlich zur eventuell indizierten medikamentösen Behandlung.

Obgleich die therapeutische Euphorie der 70er Jahre verflogen ist, gilt doch nach wie vor: Therapie ist allein schon deshalb sinnvoller und humaner als das bloße Verwahren, weil es nach allem, was wir wissen, seltener zu Rückfällen kommt. Zu fordern ist folglich ein Ausbau der Psycho- und Sozialtherapie im sträflich vernachlässigten forensischen Bereich. Diese Gemeinschaftskosten sollten uns das Leben der Opfer und das Leben der Täter wert sein.

In diesen Tagen ist das »Gesetz zur Bekämpfung von Sexualdelikten und anderen gefährlichen Straftaten« vom 26. Januar 1998 (BGBl I: 160) mit seinen wesentlichen Teilen in Kraft getreten. Es war Ende des vergangenen

Jahres von Bundestag und Bundesrat beschlossen worden und soll vor allem dem »Sicherheitsinteresse der Allgemeinheit« dienen. Ziel des Gesetzes ist es, durch ein Bündel von Maßnahmen die Rückfalldelinquenz zu reduzieren. Geändert wurden Regelungen, die vor allem die Aussetzung des Strafrestes auf Bewährung, die Entlassung aus dem psychiatrischen Maßregelvollzug, die Behandlung in Sozialtherapeutischen Anstalten, die Sicherungs-verwahrung sowie die Erfassung von Sexualstraftaten im Bundeszentral-register betreffen.

So werden jetzt Straftaten von Jugendlichen und Heranwachsenden längere Zeit im Bundeszentralregister ausgewiesen, kann eine Therapie gegen den Willen des Verurteilten angeordnet oder Sicherungsverwah-rung unter bestimmten Umständen bereits nach der ersten Verurteilung verhängt werden.

Bisher mussten gutachterliche Stellungnahmen zur bedingten Entlas-sung nur im Fall der Sicherungsverwahrung oder der lebenslänglichen Haft eingeholt werden. In Zukunft müssen sich Gutachter auch bei befristeten Freiheitsstrafen von mehr als zwei Jahren äußern, wobei darauf verzichtet worden ist, externe Sachverständige einzuschalten, die nicht zum Vollzugspersonal gehören. Die Gutachten sollen insbesonde-re zu der Frage Stellung nehmen, »ob bei dem Verurteilten keine Gefahr mehr besteht, dass dessen durch die Tat zutage getretene Gefährlichkeit fortbesteht« (§ 454 Abs. 2 neu StPO).

Damit wird die bisherige (§ 67 d StGB) und andernorts (§ 57 StGB) belassene Verantwortungs- und Erprobungsformel (»Sobald verantwor-tet werden kann zu erproben...«) zumindest erheblich in Frage gestellt. Wir teilen die Auffassung namhafter Juristen und forensischer Psychia-ter, die sie im Oktober 1997 in einem Schreiben an den Rechtsausschuss des Bundestages geäußert haben, dass mit dieser Formel »lebensfremde Anforderungen an die gutachtliche Bewährungsprognose« gestellt werden. Tatsächlich ist es unmöglich, von irgendeinem Menschen, ob vorbestraft oder nicht, ohne jede Einschränkung zu sagen, dass keine »Gefahr« (oder was auch immer) mehr bestehe, dass dessen »Gefähr-lichkeit« (oder was auch immer) fortbestehe.

Wir halten es ferner für äußerst problematisch, gesetzliche Regelun-gen auf seltene Extremfälle hin zu formulieren und dadurch Differen-zierungsmöglichkeiten für weniger gefährliche Fälle einzuschränken oder zu verlieren. Wir erinnern an das Prinzip der Verhältnismäßigkeit, das auch auf Sexualdelikte anzuwenden ist. So ist nicht einzusehen, dass es die Gefahr der Wiederholung eines exhibitionistischen Deliktes womöglich rechtfertigt, einen Menschen lebenslang unterzubringen oder wegzuschließen.

Wie andere mit der Sachlage Vertraute wissen wir, dass es einige wenige hochgefährliche, bisher nicht wirksam beeinflussbare psychisch gestörte Sexualdelinquenten gibt, die nach dem momentanen Stand des Wissens und Könnens trotz einer medikamentösen Behandlung nicht entlassen, sondern nur human untergebracht werden können. Wird aber versucht, an alle Sexualdelikte denselben Maßstab anzulegen und in gleicher Weise die Wiederholungsgefahr auszuschließen, werden binnen kürzester Zeit alle zur Verfügung stehenden Unterbringungsmöglichkeiten ausgeschöpft sein. Und man wird unter großen Druck geraten und gezwungen sein, entweder den Maßstab zu ändern oder sich nicht an ihn zu halten.

Letzteres ist nach unserem Dafürhalten bereits jetzt abzusehen, wenn nur daran gedacht wird, dass die finanzpolitisch immobilen Bundesländer die Mittel für die Sozialtherapeutischen Anstalten bereitzustellen haben, in die nach den neuen gesetzlichen Bestimmungen vom Jahr 2003 an Sexualdelinquenten »vorrangig« eingewiesen werden müssen. Gegenwärtig gibt es etwa 800 Plätze in den alten und etwa 20 Plätze in den neuen Bundesländern. Benötigt aber werden nach vorsichtigen Schätzungen allein für Sexualstraftäter zusätzlich etwa 2000 bis 3000 Plätze in Sozialtherapeutischen Anstalten. Höchst problematisch ist in diesem Zusammenhang auch, dass es bei Anwendung des Gesetzes zu einer »Verdrängung« anderer, »nichtsexueller« Straftäter aus den therapeutisch orientierten Einrichtungen kommen dürfte.

Wir sehen ferner die Gefahr, dass therapeutische Bemühungen korrumpiert werden, wenn die Hoffnung auf Entlassung von Anfang an untergraben wird und das Verhältnis von Untergebrachten sowohl zu ihren Therapeuten wie auch zur Justiz und zur Gesellschaft insgesamt unter den Auspizien größten Misstrauens steht. Offenbar sind die öffentlichen Hände unter diesen Auspizien des Misstrauens viel eher bereit, in die Begutachtung vor der Entlassung als in kompetente Therapien zu investieren . Beides müsste aber Hand in Hand erfolgen. Denn eine Begutachtung ohne die parallele Entwicklung von Behandlungsmöglichkeiten dürfte nur immer wieder die gleichen negativen Schlüsse ziehen. Möglicherweise werden Gutachter nach wiederholten negativen Stellungnahmen auch unter den Entscheidungsdruck geraten, positive

Entwicklungen dort anzunehmen, wo außer der Unterbringung nichts geschehen ist.

Wir machen darauf aufmerksam, dass wir im letzten Jahr unter den von uns betreuten Patienten eine deutliche Zunahme suizidaler Handlungen bis hin zur Selbsttötung feststellen mussten. Dies mag auch mit der für diese Patienten bedrohlichen und erbarmungslosen öffentlichen Stimmung zusammenhängen.

Die Humanistische Union hat in einer Erklärung vom Dezember 1997 davon gesprochen, dass Opferschutz durch die neuen gesetzlichen Regelungen »nur vorgegaukelt« werde statt »wirkliche Opferhilfe« anzubieten. Auch wir sind der Auffassung, dass es eine Illusion ist, durch die Androhung härterer Strafen, die das gleichzeitig beschlossene »Sechste Gesetz zur Reform des Strafrechts« (BGBl I: 164) vorsieht, potenzielle Täter abzuschrecken. Nach den vorliegenden wissenschaftlichen Daten tritt diese Wirkung nicht ein.

Da andererseits der Ausbau der vorhandenen und der Neubau zukünftiger Behandlungseinrichtungen nach einer kurzen Vernebelungszeit von denselben Politikern, die das beschlossen haben, als unfinanzierbar bezeichnet werden wird, stimmen wir der Einschätzung zu, dass die Allgemeinheit, deren Sicherheit zu schützen jetzt höchste Priorität haben soll, tatsächlich hinters Licht geführt wird. Denn auch die nunmehr vorgeschriebene Gefährlichkeitsprognostik ist ein ebenso billiger wie untauglicher Versuch, das Problem der Sexualdelinquenz in den Griff zu bekommen. Sie beinhaltet eine illusionäre Verkennung der Realität, vor der nur gewarnt werden kann. In der Praxis wird sie keine oder eher negative Folgen für den Opferschutz haben.

Statt immer wieder den Schutz der Opfer vorzugaukeln und das Ausschalten der Täter zu beschwören, sollten endlich ebenso wirksame wie humane Schritte eingeleitet werden. Davon überzeugt, dass sich Sexualkriminalität nur durch das Ansetzen an vielen Punkten beeinflussen lässt, fordern wir:

– Verbindlich beschlossene Mittel des Bundes und der Länder für den Neubau und die personelle Ausstattung psycho- und sozialtherapeutischer Einrichtungen sowie für die ambulante Behandlung der Opfer und der Täter;
– den Ausbau der forensisch relevanten Wissenschaften an den Universitäten, damit insbesondere Forensische Psychiatrie und

Sexualwissenschaft endlich in die Lage versetzt werden, qualifizierten Nachwuchs und damit Gutachter und Therapeuten auszubilden, was gegenwärtig wegen der äußerst geringen Personalausstattung der vorhandenen Institute und Klinikabteilungen kaum möglich ist;

— die forensisch-therapeutische Fort- und Weiterbildung von Ärzten und Psychologen mit der Möglichkeit, entsprechende öffentlich-rechtlich wirksame Zertifikate wie beispielsweise die Zusatzbezeichnung »Sexualmedizin/Sexualtherapie« erwerben zu können;

— die Bestandsaufnahme, Entwicklung und Evaluierung neuer und unkonventioneller Therapieansätze innerhalb von Strafanstalten, sozialtherapeutischen Einrichtungen und forensischen Kliniken, um den Betroffenen Änderungsmöglichkeiten anzubieten, die dann erst vielfache Begutachtungen sinnvoll erscheinen lassen;

— die Schulung von Polizeibeamten und Mitarbeitern der Jugendämter, um für Gewalt- und Missbrauchssituationen und das Problem der sekundären Viktimisierung sensibel zu werden, sodass beispielsweise bei der Befragung von Opfern nicht durch falsche Interventionen zusätzlicher Schaden angerichtet wird;

— die Schulung von Justizpersonal im Umgang mit Tätern, um die oft im Alltag übersehenen Anzeichen einer negativen Entwicklun besser erkennen zu können;

— die Entwicklung von Standards der Begutachtung durch die forensisch relevanten Wissenschaften, an denen in Zukunft die Güte von Einzelgutachten im Sinne der Qualitätssicherung gemessen werden kann.

Schließlich fordert die Deutsche Gesellschaft für Sexualforschung die Mitglieder des Deutschen Bundestages auf, darüber nachzudenken, ob nicht eine Enquête-Kommission einberufen werden sollte, die nach durchaus bewährtem Muster den Stand des Wissens und Nichtwissens und die Lage der Opfer und der Täter eruiert. Vielleicht wird sich dann zeigen, dass es eine Schande ist, wie unsere Gesellschaft mit den Opfern von Gewaltdelikten umgeht. Und vielleicht wird erkannt werden, dass es ein Rückfall in illiberale und inhumane Zeiten ist, durch die rechtliche Aufwertung des barbarischen Instruments der Sicherungsverwahrung und die lediglich vorgegaukelten Prognose- und Therapiemöglichkeiten den kulturell mühsam errungenen und höchstrichterlich postulierten

Rechtsanspruch jedes Verurteilten auf Resozialisierung auszuhöhlen.

Prof. Dr. med. Volkmar Sigusch, Erster Vorsitzender der Deutschen Gesellschaft für Sexualforschung und Direktor des Instituts für Sexualwissenschaft, Klinikum der Universität Frankfurt am Main; Prof. Dr. med. Wolfgang Berner, Zweiter Vorsitzender und Direktor der Abteilung für Sexualforschung, Klinik für Psychiatrie und Psychotherapie, Universität Hamburg; Prof. Dr. phil. Hertha Richter-Appelt, Geschäftsführerin, Fachbereich Medizin, Universität Hamburg; Prof. Dr. jur. Lorenz Böllinger, Beisitzer, Fachbereich Rechtswissenschaft, Universität Bremen und Prof. Dr. rer. nat. Beatrix Gromus, Beisitzerin, Fachbereich Psychologie, Universität Freiburg i. Br.

Frankfurt am Main, Hamburg, Bremen und Freiburg i. Br., im Februar 1998

Über Versuche, das Sexuelle zu definieren

Ich bin vor zwei Jahrzehnten ans Regal getreten, in dem sie stehen, und wusste schon: Helmut Kentlers »Taschenlexikon Sexualität« (1982) stellt alle Wörterbücher und Lexika, die nach dem Zweiten Weltkrieg erschienen sind, ruhig, ja souverän in den Schatten. Einige der Vorläufer sind jetzt Makulatur, einige endgültig als pornografische Zettelkastenschmierereien derangiert, andere als Geschwätz entlarvt. Auch das von Hans Giese 1952 herausgegebene »Wörterbuch der Sexualwissenschaft« ist jetzt überholt. Es war ohnehin misslungen, weil Giese alles andere als ein Rationalist und Volksaufklärer war, weil er sich dieser Aufgabe halbherzig stellte. »Wir sind«, lautet der erste Satz seines Vorwortes, »keine Anhänger der These, dass die Öffentlichkeit über sexuelle Dinge notwendig aufgeklärt werden müsse, sind vielmehr der Ansicht, dass sich Sexualität wesensgemäß zwischen zwei Menschen abspielen und diesen Rahmen nicht ohne weiteres überschreiten soll« (S. 5).

Von den noch älteren Nachschlagewerken geblieben ist vor allem das enzyklopädische »Handwörterbuch der Sexualwissenschaft«, welches Max Marcuse zum ersten Mal 1923 herausgegeben hat (siehe weiter unten). An ihm haben namhafte Gelehrte wie Sigmund Freud mitgearbeitet, von ihm zehrt auch Kentler, es bleibt von Belang. Ziemlich unerfreulich sind spätestens jetzt der Borneman (1968), der Dietz-Hesse (1964), der Bastin (1972) und wie sie alle heißen. Schlagen wir beispielsweise den Buchstaben *M* auf. Bei Kentler liest er sich sexualwissenschaftlich so: Matriarchat, Menstruation, Minderheiten, Misshandlung, Monogamie, Moral, Mutterschutz, Mythos usw. In Ernest Bornemans »Lexikon der Liebe« (welch ein Titel!) wird er dagegen so gefüllt: Machlänomanie, Madelonettes, Mädchenstecher, Magdalenenhäuser, Mère sotte, Mixakusis, Mixoscopia, Muliebriores usw. Wer will das wissen, wer soll das wissen, wer muss das wissen? Selbst ich, ein Archivar der Sexualwissenschaft und anfällig fürs Seltsame, kann leichten Herzens auf Bornemans Zettelkästen verzichten. Schlimmer noch, weil unbelesener, geht es im DDR-»Wörterbuch der Sexuologie und ihrer Grenzgebiete« von Karl Dietz und Peter G. Hesse zu. Dort steht unter *M*: Macginty-Test, Mäeutik, Makrophallie, Marderbeindl, Metakentrin, Metromanie, Misopädie, Monomerie usw.

Der Kentler

Schaute ich in die Nachkriegslexika zur sexuellen Frage hinein, zogen sich mir immer Gehirn und Gedärm zusammen. Der Kentler dagegen ist bekömmlich, er hat meine prinzipielle allergische Reaktion auf solche Unternehmungen gemildert. Hier wird kein totgeborenes Raritätenkabinett eröffnet und mit belanglosem Petitessenwissen angegeben, hier ist klar und bedeutsam gegliedert, wird ungespreizt geschrieben und als Anhang eine kenntnisreiche Bibliografie zum Thema präsentiert. Kentler hat nicht, wie üblich, von anderen geklaut; er macht sich seine eigenen Gedanken, spricht aus eigener Erfahrung als Psychologe, Pädagoge, Sexualforscher. Viele Darstellungen sind ebenso schlicht wie bestechend, ob es nun um »Liebe«, »Inzest«, »Sprache« oder »Obszönität« geht. Psychiatrische Gerichtsgutachter, die zwar eine süchtig-perverse Entwicklung im Sinne von v. Gebsattel (1932) und Giese (1962) zu diagnostizieren wagen, die entsprechenden Leitsymptome aber höchstens dunkel erinnern, können sie jetzt im Kentler nachlesen und für ihre schriftlichen Einlassungen abschreiben.

Damit ist ein Problem aller Lexika benannt: Je mundgerechter ein Thema aufbereitet ist, desto leichter kann es verwertet werden. Lässt sich etwas einfach abschreiben, braucht man vom Problem nichts verstanden zu haben. Wir selber besitzen in dieser Hinsicht reichlich schmerzliche Erfahrungen. Einige unserer offenbar allzu systematischen klinischen Überlegungen hat mancher Arzt wie eine Rezeptverordnung an seine Patienten weiter gereicht.

Manchmal ist Kentler einfach entwaffnend. So eröffnet er das Stichwort »Päderastie« mit der »Definition«: »das Gernhaben von Jungen« (S. 198). Manchmal ist es zu schön, um wahr zu sein. Beispielsweise, wenn er in dem Stichwort »Sexualwissenschaft« schreibt, Giese habe »eine wertfreie Analyse sexueller Abweichungen eingeleitet« (S. 262) – als ob Gieses Bewährungspunkt nicht die so genannte Wir-Bildung gewesen wäre (wer sie schaffte, trat aus dem Kreis der Perversen heraus), als ob er nicht ein Fehlstehen *in der Ordnung* über ein Fehlstehen *gegen die Ordnung* gesetzt hätte. Manchmal geht es unscharf zu, wo eine klare Aussage möglich wäre oder vonnöten: Das Transsexuellengesetz regelt nicht die ärztliche Behandlung. Der Begriff der repressiven Entsublimierung stammt nicht von Reimut Reiche, sondern von Herbert Marcuse.

Wer ein derartiges Buch kauft, hat ein Recht zu erfahren, wie die Phimose behandelt wird. Und Ängste sollten auf keinen Fall geschürt werden: »Unbehandelt führt die Vorhautverengung zu ernsthaften Erkrankungen (z. B. Nierenschäden)« (S. 295). Diese Aussage ist extremer, als wenn es unter dem Stichwort »Zukunft« hieße: Im nächsten Jahr wird jeder zweite Mensch auf der Straße tot gefahren. Ich sage das, weil Kentler erklärtermaßen Ängste mildern will, weil es doch nur drei Gründe gibt, in einem Lexikon zu lesen: 1. Man hat ein persönliches Problem (siehe Phimose). 2. Man will einen Terminus erklärt finden (siehe repressive Entsublimierung). 3. Man sucht über Stichworterläuterungen und Literaturangaben einen ersten Zugang zu einer Frage.

Vielleicht sollten Kentler und seine Mitarbeiter auch eine falsche Schärfe bekämpfen, die mich als Einziges wirklich geärgert hat. Ich meine eine gelegentlich durchkommende Abhängigkeit von der rationalistisch-behavioristischen, namentlich von der US-amerikanischen Sexualforschung. »Arousal« und »arousability« brauchen wir weiß Gott nicht als »Fachausdrücke« für Erregung und Erregbarkeit. Wohin die Annahme eines Sexualverhaltenszentrums geführt hat, bringt uns nach wie vor aufs Blutigste die so genannte Psychochirurgie vor Augen (siehe S. 202ff.). Und den »jüngsten Fortschritt in der Sexualforschung brachten die amerikanischen Wissenschaftler William H. Masters und Virginia E. Johnson« (S. 252) bei aller Liebe wirklich nicht. Ich bin nicht verwundert, dass die westdeutsche Sexualforschung »mit international anerkannten Ergebnissen« (S. 252) aufwartet. Viele europäische Arbeiten der letzten Jahre sind gedanklich sehr viel spektakulärer als die von Masters und Johnson. Kentler weiß das alles und bezeugt es selbst durch seine Bücher, macht sich aber nicht ganz frei von dem Gejubele der Illustrierten. Natürlich lassen sich die Experimente von Masters und Johnson (siehe S. 172ff.) besser verwerten als die Überlegungen eines Constantin von Cernowski.

Das Problem

Jedes Lexikon der Sexualität hat ein Bild vom Menschen, eingestanden oder nicht. Ist es in Georges Bastins »Wörterbuch der Sexualpsychologie« ein unerschütterlicher Naturalismus – bei ihm hat die Frau einen gottgewollten »Muttertrieb« –, regiert in Kentlers Lexikon eine unerschütterliche Menschlichkeit. Wir haben, schreibt er, »das Sexualleben jedes Menschen zu achten (mag es einem noch so seltsam und fremd vorkommen), denn in ihm äußert sich nicht nur heimliche Sehnsucht nach Verstandenwerden und Glück, sondern es ist auch eine ganz persönliche

Lebensleistung, die von der Hoffnung auf ein erfülltes Leben bestimmt ist« (S. 255). Voller Hoffnung ist der Verfasser selbst. Schon im Vorwort heißt es: »Arbeitslosigkeit, wirtschaftlicher Rückgang, fehlende Zukunftsaussichten, Umweltverschmutzung, Kriegsdrohungen machen allen zu schaffen. Und doch geht die sexuelle Emanzipation, die vor ungefähr 25 Jahren begann, weiter – lautloser, weniger aufsehenerregend als früher, dafür aber wirkungsvoller« (S. 5).

Sympathisch ist mir auch das Kentlersche Anliegen: »Für Angehörige sexueller Minderheiten soll mehr Toleranz entstehen, die aus genauer Kenntnis und tieferem Verstehen kommt« (S. 6). Bei den Entrechteten, Erniedrigten und Verfolgten setzt Kentler an, nicht bei den »Normalen«, nicht bei der »Psychologie des Paares, das sich auf einer Bank im Park umarmt, das seine Ehe vorbereitet oder im Kreise seiner Kinder älter wird«, wie Bastin (1972: 10) in seiner Einleitung bekennt. »Rosa Listen«, »Chauvis« oder »Cock-Ringe«, die es bei Kentler selbstverständlich gibt, trieben Bastin die Röte der Scham, der Wut ins Gesicht.

Bleibt die Schwierigkeit, vielleicht Unmöglichkeit, überhaupt Sexuelles lexikalisch abhandeln zu können. Wer es tut, muss das definieren, was undefinierbar ist, muss Einheit schaffen, wo Widersprüche herrschen, muss auf unsere Rationalität ziehen, was dagegen opponiert. Er handelt von den -täten, -keiten, -lungen, also von den historisch gewordenen und gesellschaftlich fabrizierten Sexualformen, die wir als verdinglichte seit zwei Jahrhunderten Sexual*ität* nennen. Dieser Versachlichung muss er beim Definieren mehr Tribut zahlen, als wenn er einen Essay schreibt, in dem das Disparate, in dem die Anarchie des Dranges und der Lust als die andere Seite nicht ganz und gar dem Formelwissen geopfert wird. Schließlich sind Liebe, Sexualdrang, Lust oder Perversion nur zu denken und zu begreifen durch den Einschluss dessen, was sie ausschließen.

Jeder Ausdruck, schon gar jeder Fachausdruck, bündelt in sich einen oft von weit herkommenden Gedankenstrang, friert das Leben ein, aus dem die Vorstellungen kamen. Dieses Leben muss in einem guten Lexikon wieder erweckt werden, indem die verschiedenen Bedeutungen expliziert werden, indem auf die historische Genese eines Begriffs verwiesen wird. Es ist überaus bezeichnend und keineswegs kurios, dass der Ausdruck »sexuell« zunächst auf die Welt der Pflanzen beschränkt war. Etwas davon hängt ihm und dem, was er zu umgreifen sucht, heute noch an. Werden Ausdrücke über Jahrhunderte oder gar Jahrtausende festgehalten, dürfen wir vermuten, dass das *Problem*, welches sie meinen, geblieben ist. Die unterschiedlichen *Bedeu-*

tungen sagen uns, welche historische Lösung versucht worden ist. Platons Begriff der Liebe meint die Liebe zu der an-sich-seienden Idee. Uns ist dieser Begriff fremd und problematisch, weil uns Ideen fremd sind und jedes An-sich problematisch. Und doch lebt in unserer »Definition« von Liebe diese platonische Anschauung fort, wenngleich weniger als greifbarer Gedanke denn als emotionalisierte Abstraktion.

In der Diskussion eines Vortrages über den Begriff des Triebes (Sigusch 1984a) wurde ich von Günter Amendt gefragt, wie ich denn nun Trieb »definiere«. Ich war verblüfft. Wie kam er, ausgerechnet er, nach einer 50-minütigen Exposition dazu, mich nach einer dreisätzigen Definition zu fragen? Hatten wir nicht bei Adorno gelernt, dass die Geschichte der neueren Philosophie auch eine Geschichte der Kritik des definitorischen Verfahrens ist? Hatte uns Adorno nicht eingeschärft, dass die Forderung nach Definitionen vorkritisch ist? In der transzendentalen Methodenlehre Kants heißt es: »Definieren soll, wie es der Ausdruck selbst gibt, eigentlich nur soviel bedeuten, als den ausführlichen Begriff eines Dinges innerhalb seiner Grenzen ursprünglich darstellen« (Kritik d. reinen Vernunft, B 755). Ausführlich – das hatte ich versucht – und nicht mit einem Satz: dadada, dadada, peng, peng. Wird expliziert, wird Festes, Eindeutiges, Gebrauchsfertiges immer auch ins Gegenteil verkehrt. Nach Kant, dem Großmeister der Definition, kann weder ein empirischer, also ein Erfahrungsbegriff, noch ein a priori gegebener Begriff definiert werden. Übrig bleiben »keine anderen als willkürlich gedachte«. An diesen kann »das Kunststück« versucht werden (ebd., B 757). Kant dachte dabei an die Mathematik. Mit dieser hat der Trieb gar nichts und sehr viel zu tun; er ist ihr Gegenbild. »Das Grundvorurteil«, sagt Nietzsche,

> »ist aber: dass die Ordnung, Uebersichtlichkeit, das Systematische dem wahren Sein der Dinge anhaften müsse, umgekehrt die Unordnung, das Chaotische, Unberechenbare nur in einer falschen oder unvollständig erkannten Welt zum Vorschein komme, – kurz ein Irrthum sei – : – was ein moralisches Vorurtheil ist, entnommen aus der Thatsache, dass der wahrhaftige, zutrauenswürdige Mensch ein Mann der Ordnung, der Maximen, und im Ganzen etwas Berechenbares und Pedantisches zu sein pflegt. Nun ist es aber ganz unbeweisbar, dass das An-sich der Dinge nach diesem Recepte eines Muster-Beamten sich verhält« (GW, Bd. XVI: 53f.).

Wer noch dort nach Definitionen verlangt, wo die Sache selbst in einzigartiger Weise sich dem Gerinnen widersetzt, sollte sich zunächst fragen, ob nicht sein Verlangen aus dem neuzeitlichen Prozess der Verdinglichung kommt. Bei den frühen Denkern gab es keine begriffliche Verfestigung, weshalb unsere Definition des platonischen Liebesbegriffes immer an dessen Wirklichkeit vorbei gehen muss, auf unsere gezogen ist. Welchen Anstrengungen hat sich Hegel unterzogen, um das Feste wieder flüssig zu machen, und welchen Widersprüchen. Bei ihm kommt die Zwiespältigkeit der neueren Philosophie gegenüber der Definition als Dialektik zu ihrem Höhepunkt.

Der Widerspruch

Lexikon der Liebe, des Sexuellen, selbst der Sexualität – das ist, Gott sei Dank, ein Widerspruch in sich. Mit dem lebt aber die Sexualwissenschaft selbst von Anfang an. Seit das Faktische unser Leben beherrscht, gibt es dieses verdinglichte und verdinglichende Unding Sexualwissenschaft. Wie die Dinge liegen, wird dem Sexualforscher am meisten geglaubt, dem es am effektivsten gelingt, seinen widerborstigen Gegenstand wissenschaftlich zu zähmen, zu messen und zu replizieren, der das Dranghafte der Rationalität opfert.

Die schon erwähnten Wissenschaftler Dietz und Hesse zum Beispiel (ebd.: 119, 267) nehmen kein Blatt vor den Mund: Auf den Begriff des Triebes könne »in der Wissenschaft verzichtet werden«, da er »verschwommen« (chaotisch!) und »hypothetisch« (unbewiesen!) sei, da er »erkenntnistheoretisch« (was für ein Quatsch!) nichts erkläre. Als Methoden der Sexualwissenschaft werden folglich »das Sammeln von Material«, »das Vergleichen (Statistiken des Verhaltens, Analysen)« genannt. Es lebe der RALPH-Report. »Das Maß liefert der Durchschnitt.« Es lebe das dumpf grollende gesunde Volksempfinden samt Coitus anglogermanicus simplex. Coitus meint Geschlechtsvollzug, und simplex heißt einfach. Einfach ist auch der »Grundsatz der Sexualwissenschaft.« Er lautet: »wissenschaftliche Nüchternheit, Unvoreingenommenheit und Sauberkeit«. Wieder einmal saßen die amtierenden Dienstmänner der Sexualideologie Deutschdeutschlands in einem Boot. Die einen beriefen sich auf die gottgewollte Ordnung, die anderen auf die realsozialistische. Im »Ziel« waren sie vereint: »optimale Sexualfunktion mit einer dauernden Beschränkung auf einen bestimmten Partner«.

Seit nur noch zählt, was Fakt ist, geht an den Lexika und Wörterbüchern der Sexualität kein Weg mehr vorbei. Das Zählen und Auflisten und Definieren verstümmelt unser Leben, stellt es so unvollkommen dar, wie es tatsächlich ist. Wahr ist aber auch, dass jedenfalls heute ohne feste

Termini gar nicht konsequent gedacht werden kann. Es macht allerdings einen Unterschied, ob die Termini wie Atome anfänglich gesetzt oder in einem Zusammenhang reflektierend entfaltet werden.

Einer, der ein Lexikon verfasst, hat es wirklich nicht leicht. Er muss beamtisch sein. Kentler ist das auf eine höchst unpedantische Weise. Viele seiner Termini bleiben unabgeschlossen, manche werden flüssig gemacht: »Was wir heute unter Liebe verstehen, hätte in Griechenland etwa bis zur Zeit des Sokrates als Wahnsinn gegolten« (S. 158). Wo es um den Kampf gegen Vorurteile und Ressentiments geht, wird er wohltuend dogmatisch: »Inzest zerstört also nicht die Familie, sondern ist die Folge von Familienstörungen« (S. 131). Was will man mehr? Noch nie habe ich ein Lexikon der Sexualität gesehen, in dem so viel Zutreffendes steht, in dem mit so viel menschlicher Wärme »definiert« wird.

Der Marcuse

2001 hat der Verlag Walter de Gruyter das bereits hervorgehobene Handwörterbuch von Max Marcuse nicht »neu« herausgegeben – wie er auf der Titelseite ködert –, aber immerhin als unverändertem Nachdruck verfügbar gemacht. Allerdings ist zu befürchten, dass das Werk nach einem kurzen Strohfeuer, nein: eher nach einem kaum beachteten Glimmen, sehr schnell wieder vom Markt verschwinden wird. Schon jetzt bieten es Antiquariate zu einem Ramschpreis im Internet an.

So geht die Freude über die Erinnerung an einen weitgehend vergessenen Sexualforscher und sein bedeutendes Werk im Handumdrehen in ein Gefühl der Schalheit und des Missbehagens über. Denn das Dunkel, in dem manche sexualwissenschaftlichen Werke in unseren Tagen sehr schnell wieder versinken, ist im Fall des Marcuseschen Wörterbuches die Barbarei der Nazis. Außerdem macht es einen Unterschied, ob ein relativ belangloser, inhaltlich schnell verfallender Bericht über ein Forschungsprojekt mangels Nachfrage nach einem halben Jahr vom Markt genommen wird oder ob eines der wichtigsten und nach wie vor lesenswertesten Werke der alten Sexuologie verramscht wird, bevor die erste ausführlichere Rezension veröffentlicht werden konnte.

Wenige Jahre nach dem Erscheinen des Handwörterbuches musste der Herausgeber Max Marcuse (1877–1963) Deutschland verlassen, weil er Jude war. In einer ebenso hellsichtigen wie entschiedenen Reaktion auf den Sieg der Nationalsozialisten nahm er im Juli 1933 seinen 13-jährigen Sohn

Hans Renatus an die Hand und verließ Berlin in Richtung Palästina. Dieser Sohn kehrte Jahrzehnte später unter dem Namen Yohanan Meroz als Botschafter Israels nach (West-) Deutschland zurück. Sein Vater vermied es jedoch auch dann, wieder deutschen Boden zu betreten.

Demnächst werde ich eine bereits abgeschlossene Arbeit über Marcuse und sein Werk, die auch den im Frankfurter Institut für Sexualwissenschaft befindlichen Nachlass auswertet, andern Orts veröffentlichen. Auch aus diesem Grund seien hier einige seiner verdienstvollen Aktivitäten nur kursorisch genannt, Aktivitäten, die ihn als den Sexualforscher im ersten Drittel des 20. Jahrhunderts erscheinen lassen, der am intensivsten und erfolgreichsten darum bemüht war, aus der verstreuten und verzettelten Sexualforschung der Jahrzehnte vor 1933 eine Disziplin Sexualwissenschaft zu machen: Mitbegründung der »Internationalen Gesellschaft für Sexualforschung« im Jahr 1913, Redaktion der Zeitschrift »Sexual-Probleme« von 1908 bis 1914 in sieben Bänden, der »Abhandlungen aus dem Gebiete der Sexualforschung« von 1918 bis 1931 in 6 Bänden und der »Zeitschrift für Sexualwissenschaft (und Sexualpolitik)« von 1919 bis 1932 in 13 Bänden, ferner Herausgabe des hier besprochenen »Handwörterbuchs der Sexualwissenschaft« 1923 und stark erweitert 1926 im Umfang von insgesamt 1.300 eng bedruckten zweispaltigen Seiten sowie schließlich Redaktion der »Verhandlungen des I. Internationalen Kongresses für Sexualforschung« von 1926, die in den Jahren danach in fünf Bänden erschienen sind. Allein mit diesen enormen editorischen Leistungen gehört Max Marcuse zu den aktivsten und einflussreichsten Sexualwissenschaftlern seiner Zeit.

Dass er ausgesprochen namhafte und weichenstellende Fachmänner und Fachfrauen für sein Handbuch gewonnen hat, ist seinem disziplinierenden Vermögen zu verdanken: Sigmund Freud schrieb über Psychoanalyse und Libidotheorie, Hermine Hug-Hellmuth über Familienleben und Kind, Karl Sudhoff über die Geschichte der Geschlechtskrankheiten und der Prostitution, Leopold von Wiese über Feminismus und die Soziologie der Liebe, Knud Sand über Geschlechtsumwandlung und Hermaphroditismus, Harald Schultz-Hencke über Jugendbewegung und Ödipuskomplex, Alfred Vierkandt über Schamgefühl und die Soziologie der Ehe, Else Voigtländer über psychische Geschlechtsmerkmale und sexuelle Verwahrlosung. Von den Sexuologen steuerten neben Paul Fürbringer, Oskar F. Scheuer und Carl Posner vor allem Arthur Kronfeld (z. B. »Geschlechtstrieb«, »Homosexualität«, »Onanie«, »Perversion und Perversität«,

»Sexualwissenschaft«) und Ferdinand von Reitzenstein (z. B. »Ethnoanalyse«, »Ethnologie der Pubertät«) grundsätzliche Artikel bei. Der Herausgeber Marcuse übernahm insgesamt 28 Stichworte, von Skurrilitäten wie »Zizisbeat« bis hin zu heute noch nicht übertroffenen Artikeln wie dem über »Kastration«.

Damit ist bereits gesagt, dass dieses Handwörterbuch nach wie vor eine Wissensquelle ist, in der vieles Falsche, das heute nachgeplappert wird, richtig dargestellt ist. Zum Beispiel: Krafft-Ebing hat den Ausdruck »Sadismus« nicht erfunden, sondern aus der französischen Literatur übernommen. Das steht natürlich so in Marcuses Wörterbuch. Aber. Es gibt nicht nur Gutes über dieses Werk zu sagen. Aus heutiger Sicht besonders problematisch ist der eugenisch-rassenhygienische Ton, den vor allem eine Person in der zweiten, nachgedruckten Auflage von 1926 anschlägt: die Ärztin und »Gesellschaftsbiologin« Agnes Bluhm, die an allen Fronten der Eugenik/Rassenhygiene maßgeblich aktiv war. Sie durfte den Artikel »Rassenhygiene« schreiben. Der Herausgeber Marcuse, selbst einer positiven Eugenik zugeneigt, hatte offenbar kein Problem damit, Äußerungen wie die folgenden zu verantworten: »Das schwierige Negerproblem [der Vereinigten Staaten von Amerika] scheint durch die natürliche Auslese (Geschlechtskrankheiten, Tuberkulose und stark erhöhte Kindersterblichkeit) sich allmählich von selbst zu lösen, wenigstens geht die allgemeine Ansicht dahin, daß Mulatten nicht mehr in demselben Umfang wie früher erzeugt werden« (S. 641). Und dann darf Bluhm alle »Leitsätze der Deutschen Gesellschaft für Rassenhygiene« propagieren (S. 643ff.): »1. Die Hauptgefahr, die jeder Volksgemeinschaft droht, ist die Entartung, nämlich Verarmung an wertvollen, leistungsfähigen Rassenelementen«, undsofort bis zur Nr. 41.

Folgerichtig versucht Bluhm an anderer Stelle, im Artikel »Zölibat« (S. 806f.), alle zuvor, nicht zuletzt und bereits am Beginn des Jahrhunderts auch von Marcuse gegen »rassenhygienische Eheverbote« vorgebrachten Argumente zu entkräften: Sie seien kein Eingriff in persönliche Dinge, weil die Ehe nun einmal »eine eminent öffentliche Angelegenheit« sei. Den Einwand, Eheverbote für »hochgradig Minderwertige« erübrigten sich, »da degenerierte Familien von selbst aussterben«, hält Bluhm für »inhuman«, weil die künstliche Auslese viel schonender sei als die natürliche, und außerdem für »unangebracht«, weil sich die natürliche »Ausmerzung« nur langsam und »unter starker sozialer Schädigung der Volksgemeinschaft« vollziehe. Unzutreffend sei auch die Behauptung, man wisse erbpathologisch noch zu wenig, um Eheverbote rechtfertigen zu können. Bluhm meint dagegen, über den Erbgang »schwerer Leiden« wie Hämophilie, Nachtblindheit, einer bestimmten Form der Zuckerharnruhr (heute Diabetes mellitus genannt), einer Reihe von Geisteskrankheiten, des erworbenen schweren Alkoholismus (Stichwort Forelsche Blastophthorie) usw. wisse man genug. Jetzt komme es darauf an, in Kenntnis des in den USA bereits im Großen laufenden Experiments endlich zu handeln.

In einer Einleitung zu dem Nachdruck des Handwörterbuches erinnert der Historiker Robert Jütte daran, wie unterschiedlich das Schicksal der Mitarbeiter Marcuses nach 1933 gewesen ist. Jüdische Forscher – wie Oskar Scheuer – wurden ermordet, wenn sie nicht rechtzeitig – wie Sigmund Freud, Arthur Kronfeld, Karl Birnbaum und Wilhelm Liepmann – vor der Verfolgung der Nazis geflohen waren. Andere – wie Leopold von Wiese und Alfred Vierkandt – forschten zu Hause weiter. Wieder andere – wie Agnes Bluhm – arbeiteten vor und nach 1933 den Nazis zu.

In einer Nachbemerkung zu der Einleitung schildert Volker Gebhardt an Hand der noch im Verlagsarchiv vorhandenen Dokumente, wie der Verleger einerseits mutig das Werk Marcuses gegenüber den Nazis verteidigte, andererseits aber sich im Sinne der NS-Ideologie mit Worten und Taten andiente. Zweigleisig wurde auch Jahre lang mit dem Buch selbst verfahren: mal wurde es beschlagnahmt, dann durfte es wieder verkauft werden. Gebhardt vermutet, Marcuse habe 1938 angeregt, eine dritte Auflage des Handbuchs in dem Schweizer Verlag Albert Müller erscheinen zu lassen, jedenfalls habe dieser Verlag in jenem Jahr beim Berliner Verlag Walter de Gruyter angefragt, der 1927 den Verlag Marcus & Weber, in dem das Handbuch ursprünglich erschienen war, übernommen hatte.

Marcuse erwähnt diesen Vorgang in einer unveröffentlichten Selbstdarstellung aus dem Jahr 1959, die uns vorliegt, mit keinem Wort. Er berichtet aber, dass de Gruyter »Widerstand« geleistet habe, als der Psychiatrieordinarius Kurt Kolle nach 1945 um eine dritte Auflage bemüht gewesen sei. Umso merkwürdiger, dass sich dieser Verlag ein halbes Jahrhundert danach entschieden hat, die zweite Auflage von 1926 unverändert und unkommentiert nachzudrucken, als seien die sexuell-gesellschaftlichen Verhältnisse noch so wie in der Weimarer Republik – samt der rassenhygienischen Propaganda jener Agnes Bluhm, die Hitler persönlich ausgezeichnet haben soll und der wir beim Blick auf die Geschichte der Sexualwissenschaft nicht nur in Marcuses Handwörterbuch begegnen: weil sich in Deutschland Eugenik/Rassenhygiene einerseits und Sexualwissenschaft andererseits Hand in Hand entwickelt haben, sodass nur sehr wenige Forscher das Glück oder den Mut hatten, diesem Objektiv auszuweichen oder zu widersprechen – wie Moll und Freud.

Hören wir zum Schluss, was der aus Deutschland vertriebene und zum Schweigen verurteilte Max Marcuse 1959, im Alter von 82 Jahren, in der erwähnten, bisher nicht veröffentlichten Selbstdarstellung zu seinem Handbuch sagt:

»Seit 1911 [richtig: 1912, V. S.] gab es das von A. Moll herausgegebene [seit der dritten Auflage von 1926] zweibändige ›Handbuch der Sexualwissenschaften‹, für das Marcuse den 8. Hauptabschnitt ›Neuropathia sexualis‹ bearbeitet hatte. Trotz der großen Bedeutung, die Molls Unternehmen für die Sexualforschung zukommt, beweist der Pluralis im Titel ›Sexualwissenschaft*en*‹, wie wenig noch die Erkenntnis und Anerkennung einer Sexualwissenschaft aus eigenem Recht bei der Konzeption und Redaktion des Werkes zugegen waren. Demgegenüber stellt das von Marcuse geschaffene ›Handwörterbuch der Sexualwissenschaft‹ (wieder bei Marcus und Weber, Bonn–Berlin) den imposanten Beleg dar für die Existenz einer selbständigen Sexualwissenschaft, wenn diese auch ihrerseits in die verschiedenen anderen Disziplinen hineinreicht und auch deren Methodik in die eigenen Arbeits- und Betrachtungsweisen mit aufnehmen muß. In diesem Sinne hat Marcuse sein ›Handwörterbuch‹ als ›Enzyklopädie der natur- und kulturwissenschaftlichen Sexualkunde des Menschen‹ deklariert. Als solches kam es so schnell zu Ruf und Gebrauch, daß schon zwei Jahre nach der ersten Auflage 1924 [richtig: 1923] eine Neuauflage (1926) erforderlich wurde. Auf 822 zweispaltigen Seiten in Lexikonformat präsentiert sich die menschliche Sexualität in der ganzen Fülle, Tiefe, Problematik ihrer Ausdrucksformen in Natur und Kultur nach dem Wissen und den Aspekten jener Zeit, zum Teil in umfassenden Darstellungen von monographischem Umfang und Wert. Die große Bedeutung diesen Werkes auch für die sexualwissenschaftliche Arbeit und Organisation der Gegenwart hat Dr. Giese in dem persönlichen Briefe an Marcuse besonders hervorgehoben, und der derzeitige Ordinarius der Psychiatrie in München, Prof. Kurt Kolle, war um die Herausgabe einer 3. Auflage bemüht, aber der Gedanke scheiterte an dem Widerstand des Berliner Verlags. Auch in dem ›Handwörterbuch‹ finden sich Erstveröffentlichungen von Freud, unter den Stichworten: ›Libidotheorie‹ und ›Psychoanalyse‹. Von den 26 eigenen Beiträgen Marcuses [auch die ganz kurzen mitgezählt sind es 28] nennen wir nur die Titel: ›Fortpflanzungstrieb‹, ›Kastration‹, ›Pubertät‹, ›Selbstmord‹‹«.

Der Pschyrembel Sexualität

2003 hat der Verlag Walter de Gruyter ein »Pschyrembel® Wörterbuch Sexualität«, bearbeitet von Stephan Dressler und Christoph Zink, heraus gebracht, das auf mehr als 600 eng und zweispaltig bedruckten Seiten möglichst alle Emanationen, Obszönitäten und Quidproquos, alle Sexome und Sexione nicht nur beim Wort rufen, sondern auch noch erläutert soll.

Schauen wir also nach. Der härteste, beinahe bösartige Test eines Wörterbuchs ist der, bei dem das Wissen zugrunde gelegt wird, das man gerade selbst durch ausführliche eigene Recherchen erworben hat. Ich wähle entsprechend aus und finde: Die Daten zu Alfred Blaschko, Richard von Krafft-Ebing, Max Marcuse, die Angaben zu Abolitionismus, Salvarsan und Penisfraktur sind im Wesentlichen korrekt.

Der zweite, eigentlich entscheidende Test ist der, bei dem etwas nachgeschlagen wird, was man gerade sucht. Ich hatte den Vornamen von Hata vergessen und fand ihn: Sahachiro, und ich wurde gerade von einer Kollegin gefragt, woher das Verb vögeln eigentlich komme. Zu meiner Überraschung fand ich auch dazu eine angemessene Eintragung.

Nach diesem sehr guten Testergebnis wurden entlegene, verwirrende Fachtermini aufgesucht: Metatropismus, Pikazismus, Saliromanie, Zissexualismus usw. Auch hier ein hervorragendes Ergebnis: Endlich kann der Sexualforscher Schmidt das alles zur Freude des Sexualforschers Money verbindlich nachlesen.

Natürlich gibt es auch Merkwürdigkeiten in einem so umfangreichen Werk. So wird das älteste Institut für Sexualwissenschaft ebenso wenig aufgeführt wie die deutschen Institute; dafür aber werden einige gelistet, die bedauerlicherweise gar nicht mehr oder kaum noch existieren. Von den lebenden Sexualwissenschaftlerinnen und Sexualwissenschaftlern werden nur die genannt, die in der DDR gewirkt haben und heute weiter in den so genannten neuen Bundesländern wirken. Das ist zwar auch komisch, könnte aber begrüßt werden, weil auf vielen anderen Feldern die »Wessis« anstandslos dominieren.

Und natürlich gibt es auch Unschärfen: Hans Giese wurde nicht 1925, sondern 1920 geboren; Max Marcuse war schon von 1919 an für die Zeitschrift für Sexualwissenschaft verantwortlich; Krafft-Ebing hat die Bezeichnung Sadismus nicht erfunden; der Ausdruck orgastische Manschette wurde nicht von Masters und Johnson eingeführt (sie sprachen von »platform«), sondern von Sigusch (siehe S. 179) erfunden; die

Muliobriores stammen nicht von einem C.-H. Ulrichs, sondern von Karl Heinrich Ulrichs: alles unwichtig, jedenfalls die Sache nicht verfälschend. Neutralisiert werden diese wenigen Unschärfen durch einige unglaubliche Schärfen. So wird das Pseudonym Albert Hagen entschlüsselt und gelistet, das Iwan Bloch benutzt hat; oder die Autoren stufen die blödsinnige, aber heute verbreitete Bezeichnung »erektile Dysfunktion« (siehe S. 98) herunter, indem sie auf den alten Ausdruck Erektionsstörung verweisen. Vollends neutralisiert werden die wenigen Unschärfen durch zahllose ebenso informierte wie kritische Beiträge, die auch den Leuten vom Fach wichtige Kenntnisse vermitteln, weil das Gebiet der Sexualwissenschaft nun einmal so verzweigt ist und von der Mythologie bis zur Biochemie reicht.

Alles in allem kann ich nach einer intensiven Kreuz-und-quer-Lektüre freudig überrascht sagen: Dieser Pschyrembel bietet eine ebenso aktuelle wie verlässliche Erklärung praktisch aller Ausdrücke und Begriffe, die sich im weitesten Sinne auf die sexuelle Sphäre beziehen. Er könnte neben den Kentler gestellt werden – als etwas akut Andersartiges.

237

Natur und Sexualität: Sieben frühe Thesen

1. Der Mensch ist von Natur gesellschaftlich und seine Sexualität ist es auch. Sexualität ist eine gesellschaftliche Kategorie. Menschensexualität schlechthin, »reine« Sexualität ist reine Gedankenschöpfung. Das natürliche Moment am Sexuellen lässt sich vom gesellschaftlichen prinzipiell nicht abscheiden – im Sinne von primär und sekundär, von vorausgegeben und gemacht, von richtig und falsch. In jedem Trieb, in jedem Bedürfnis des Menschen ist seine ganze Gattungsgeschichte reflektiert. Die Geschichte reicht bis in die physiologischen Vorgänge hinein. Am Beispiel des Hungers ist das besonders schön gesagt worden, zuerst von Marx (MEW 13: 624):

> »Hunger ist Hunger, aber Hunger, der sich durch gekochtes, mit Gabel und Messer gegeßnes Fleisch befriedigt, ist ein andrer Hunger, als der rohes Fleisch mit Hilfe von Hand, Nagel und Zahn verschlingt. Nicht nur der Gegenstand der Konsumtion, sondern auch die Weise der Konsumtion wird daher durch die Produktion produziert, nicht nur objektiv, sondern auch subjektiv«.

Man könnte fürs Sexuelle viele Variationen bringen. Hüten wir uns also, die zarte Erektion des Hirtenknaben vergangener Jahrhunderte und seinen Umgang mit ihr als etwas Natürliches auszuspielen gegen die rezente Gliedversteifung einer staatstragenden Person. Oder gegen die Art und Weise, wie Frau Häusermakler in ihrem Bungalow nach Lektüre von »Geruchloser Leben«, Roger Pure vorm Auge, crèmegebadet rasiert, gezupft, gesprüht und frisiert à la française zur Musik von Boney M. in der Reizhose von Beate U. mit Gesichtsmaske aus der geilen Haut springen zu müssen meint und tatsächlich zu fahren genötigt ist.

2. Zu interessieren hat uns der geschichtlich-gesellschaftliche Charakter des Sexuellen. Das ist philosophisch ebenso wie politisch geboten. Nur so erkennen wir, was für die Menschen konkret und bedeutsam ist. Nur bei dieser Blickrichtung können wir Pornografie, Partnertausch oder Gruppensexualität als das begreifen, was sie sind: Ausfluss hingerichteter Begierde. Dass der letzte Schrei immer US-amerikanisch klingt – Fist Fucking, Poppers, Escort Girls, Peepshows –, sagt uns, wo die Zerstörung am gründlichsten

ist. Wer es liebt, den Atem am Kultur-, Sitten- und Seelenzerfall zu haben, der reise nach New York. Aber: Pornografie und Peepshow sind nicht unnatürlicher als die begierlich erlahmende, eifernde, kurzmütige, unfreundliche, bittere, fetischistische und zwanghaft das Ihre suchende Art und Weise, wie wir alle gehalten sind, einen anderen Menschen zu lieben. Nur diese Optik erlaubt uns eine menschliche Sicht des gegenwärtigen Liebes- und Geschlechtslebens, bewahrt uns vor flottem Zynismus gegenüber massenhaftem Erleben, vor schneller Abscheu und Resignation.

3. Wenn der natürliche Anteil der Sexualität nie unmittelbar, sondern stets nur als historisch Gewordener und gesellschaftlich Produzierter in Erscheinung tritt, ist das Sich-Berufen auf die Natur der Sexualität Ausdruck der allgemeinen Verblendung und Ratlosigkeit, von rechts bis links. Wer von »natürlicher« Sexualität als biologisch vorausgegebener, gesunder, normaler, richtiger, als nur gesellschaftlich überlagerter oder als der ungebrochenen, ungehemmten des »einfachen« Menschen redet, leugnet die gattungsspezifische Natürlichkeit des Menschen, die in seiner gesellschaftlichen Geschichtlichkeit besteht, will menschenfeindliche medizinische Attacken rechtfertigen (Beispiel: Psychochirurgie), will entschuldigen und vorm Zeigefinger bewahren (Beispiel: Homosexualität), will »alternative« Lebensformen unter die Leute bringen (Beispiel: Psychosekten), kocht sein eigenes Süppchen und hat Grund dazu.

4. Wenn gesagt wird, menschlich Sexuelles werde erst in seiner gesellschaftlichen Vermitteltheit konkret und bedeutsam, erst dadurch werde es, über das Körperlich-Morphologische hinaus, konstituiert, dann heißt das nicht, dass der natürliche Anteil am Sexuellen in den Weisen gesellschaftlicher menschlicher Praxis und theoretischer Bearbeitung ganz und gar aufgelöst werden könnte. Die anatomisch-physiologische Ausstattung des Menschen bleibt der geschichtlich-gesellschaftlichen Bildung seiner Sexualität nicht ganz und gar äußerlich, sie setzt Richtungen und Begrenzungen, wenn auch noch so randständige und kraftlose, wie die klinische Pathologie uns oft lehrt. Und vergessen wir nicht: Ohne den gesellschaftlichen Lebensprozess gibt es kein biologisches Leben der Gattung Mensch.

5. Es ist gefährlich, am Sexuellen einen konstanten von einem variablen Anteil zu trennen. Selbst das, was wir gelegentlich etwas vorlaut »Naturbasis« des Sexuellen genannt haben, ist zur historisch-gesellschaftlichen Seite hin nicht

blind. Als solches hat es keine Bedeutung. Jede Aussage über die zentralner-
vöse Steuerung der Sexualität, über die Physiologie der Fortpflanzung, über
»Sexualhormone« und dergleichen ist durch die jeweils in gesellschaftlichem
Maßstab regierende Art und Richtung sowie Vollständigkeit wissenschaftlicher Erkenntnis, durch das jeweilige Bild vom Menschen, das jeweilige
Naturbewusstsein, die jeweilige Naturideologie hindurchgegangen, deren
Boden sich nach dem allgemeinen Verhältnis von Mensch–Natur–Gesellschaft bemisst. Greifen wir den Geschlechterdimorphismus mit dem entscheidenden Umstand: dass die Frau empfangen, gebären, dass der Mann zeugen
kann – und da ist der biologische Kern der Alternativgeschlechtlichkeit –, greifen wir dieses Merkmal heraus, das man als das relativ stabilste gegenüber
dem Historisch-Gesellschaftlichen ansehen könnte, dann sehen wir sofort
dreierlei. Zum einen ist das Zusammenpassen der männlichen mit den weiblichen Geschlechtswerkzeugen keine zwischengeschlechtliche Garantie,
welche sexuelle Anziehung und Aktion zwischen Mann und Frau zu halten
vermochte. Zum anderen wissen zunehmend weniger Menschen, wes
Geschlechts sie sind, ob, wie, wann und wozu sie empfangen oder zeugen
sollen. Auch hier also wieder: Abgelöst vom Menschen und seinem gesellschaftlichen Lebensprozess hat Biologisches keinen Sinn. Zum dritten ist die
Fortpflanzung, ohnehin ein nichtsexueller Vorgang, aus dem Körper des
Menschen bereits herausgeschält. Und nur moralische Resthemmungen und
das Chaos des Monopols hindern Wissenschaftler zur Zeit daran, die Lösung
massenhaft zu probieren, mittels genetischer Techniken billigste »menschliche« Ersatzteillager anzulegen, überhaupt »menschliche« Arbeitskraft künstlich zu produzieren.

6. Eine von Geschichts- und Gesellschaftstheorie getrennte Theorie der
Sexualität des Menschen ist keine. Wer über Sexualität ernsthaft nach-
denkt, hat die ganze Gattungsgeschichte des Menschen und mehr am
Hals. Die Arbeit ist die erste Kategorie der Sexualwissenschaft. Während
das noch bestritten werden muss, ist allgemeine Überzeugung, dass es eine
Sexualtheorie außerhalb einer umfassenden Persönlichkeitstheorie nicht
geben kann. Die aus der gesellschaftlichen Dialektik wie der Knochen aus
dem Fleisch herausgelöste Seele (samt Sexualität) ist aber entsubjektiviert
– und sei die psychologische Theorie in sich noch so »stimmig« und be-
geistere sie einen noch so sehr. Sexualität als autonomes Feld bearbeiten,
heißt sie zu einem Objekt des Forschens und Behandelns machen nach der
gesellschaftlichen Manier des Abstrahierens, des Trennens und des

Bruches. So, als Firlefanz, passt Sexualforschung vorzüglich ins allgemeine Geschäft. Und namentlich die US-Amerikaner belästigen uns jeden Tag mit Variationen zum Thema »Wie die Sexualforschung im Zuge des imperialistischen Kulturzerfalls immer läppischer wird«. Das Aufschütten unverbundener Datenberge und anschließende Herumstochern in ihnen sollte uns kalt lassen. Soweit es mich betrifft, können sie ihre Schein-mit-Schein-Korrelationen, genannt Reports, für sich behalten. Ich diskutiere dann wirklich lieber mit Moraltheologen und lese Gehlen.

7. Alles Natürliche ist im Laufe der Menschheitsgeschichte immer mehr zu einem »Gemachten« geworden und immer weniger ein »Vorausgegebenes« geblieben. Das Objektive ist dabei subjektiviert, das Subjektive objektiviert worden. Hier muss, erkenntnistheoretisch, auch die Sexualwissenschaft ansetzen. Heute sind die Menschen vollends unter sachliche Bedingungen gestellt, die ihnen als unkontrollierte wie eine Naturgewalt, als künstliche, »zweite« Natur entgegentreten und erscheinen. Unter der Diktatur des Warenfetischs imponiert das als natürlich, was gesellschaftlich ist, und das als gesellschaftlich, was natürlich, Individuum und Gesellschaft sind prinzipiell zusammengebrannt und prinzipiell entzweit. Das macht das theoretische Dilemma jeder Subjektwissenschaft und auch der Sexualforschung aus. Solange den Menschen ihre eigenen gesellschaftlichen Verhältnisse als fremde, von ihnen nicht beherrschte Gewalt entgegenstehen, so lange sind sie, in diesem Sinne, aus der Naturgeschichte noch gar nicht herausgetreten, so lange hat die wirkliche Menschheitsgeschichte noch gar nicht begonnen. Standortblind muss uns das nicht machen, aber oft ratlos – solange die Treue eine Hure ist.

Natur und Gesellschaft:
Sieben späte Bemerkungen

1. Seit der Antike ist es epistemische Wirklichkeit und seit Kant außerdem ein epistemologischer Gemeinplatz, dass auch die scheinbar »objektiven«, ideologiefernen, intentionslosen, gewissermaßen neutralen und integren Naturwissenschaftler »Natur« konstruieren, weil, wie es in der »Kritik der reinen Vernunft« (1787, B XIII/XIV) heißt, »die Vernunft nur das einsieht, was sie selbst nach ihrem Entwurfe hervorbringt«. Da der Prozess der Aufklärung ein radikaler Prozess des Zerlegens und Neuzusammensetzens von Natur und Mensch und damit auch von Leben und Tod ist, müssen ultraradikale Positionen eingenommen werden, sollen die »naturalen« Naturgrenzen als unhintergehbar begriffen und als ethisch bedeutsam oder gar (in Relation zu »künstlichen« Naturdingen und »künstlichen« Naturvorgängen, letztlich in Relation zur »Kultur«) als »höherwertig« verstanden werden – ein Streit um Denk- und Politikmöglichkeiten, der im Augenblick am deutlichsten an den Extrempositionen des Essenzialismus einerseits und des Konstruktivismus andererseits abgelesen werden kann.

2. Die Konstruktions- und Destruktionsprozesse der ökonomisch-experimentellen Tausch- und Wissensgesellschaft haben alle vorausgegangenen Grenzziehungen beseitigt oder in Frage gestellt. Indem der bisherigen Natur in immer kürzeren Abständen »naturale« Dinge und Vorgänge hinzugefügt werden, die in ihr gar nicht vorkommen – vom Element Hassium, genchirurgisch veränderten Pflanzen und ungeschlechtlich geklonten Säugetieren bis hin zu menschlichen »Retortenbabies« oder Schwangerschaften außerhalb der »altnatürlichen« Fruchtbarkeitsperiode –, wird die Grenze zwischen Natur- und Gesellschaftsprozess niedergerissen. Dadurch werden die alten Begriffe und »Tat«-Sachen Leben und Tod, Natur und Gesellschaft ununterbrochen umkodiert, und die metaphorische Rede der kritischen Theoretiker von der »zweiten« Natur, die in Wahrheit die »erste« sei, ist zur Praxis der Facta bruta geworden. Konkret überwunden werden die alten Naturzwänge, Fortpflanzungs- und Generationenschranken, indem embryonale Eier oder Eierstöcke übertragen werden, sodass die Ei-Empfängerin ein Kind austrägt, dessen

genetische Mutter nie geboren worden ist; oder indem Frauen lange nach der Menopause Kinder gebären; oder indem eine Großmutter das von ihrem Schwiegersohn befruchtete Ei ihrer Tochter austrägt, sodass sie ihr Enkelkind gebiert; oder indem farbigen Frauen Eizellen von weißen Frauen eingepflanzt werden oder auch umgekehrt, was jedenfalls in Holland als »Laborverwechslung« schon vorgekommen ist; oder indem Embryonen extrauterin geteilt werden, um die Chance für eine Gravidität zu verdoppeln; oder indem Zwillinge oder Drillinge im Abstand von mehreren Jahren zur Welt kommen; oder indem selektiv abgetrieben wird, weil Zwillinge oder das Geschlecht des Kindes oder der inzwischen ermittelte Erzeuger unerwünscht sind; oder indem in einer Frau, die gemäß momentaner medizinischer Definition bereits tot ist, sich ein Kind entwickelt. Eine Schwangere kann einen »Achtlingswurf« infolge hormoneller Behandlung, wie vor Jahren von einem britischen Sensationsblatt angezettelt, in Erwartung einer Leistungsprämie so lange hinauszögern, bis keiner der Achtlinge mehr eine Überlebenschance hat. Individuen können ihre Keimzellen verkaufen oder verleihen und in vielen Ländern gleichzeitig tausend Leben produzieren lassen. Sie können sich aber auch vertrauensvoll an eine Keimzell-Agentur wenden und ein Kind aus einem Katalog mit attraktiven Spendern bestellen, wie es ihnen durch Versandhandel und Modejournale geläufig ist. Oder sie kaufen sich, weil doch überschaubarer, ein bereits geborenes Baby. Um für ein leukämiekrankes Kind einen Knochenmarkspender zu haben, können sie eine Ersatzteilschwangerschaft durchführen, wie vor zwei Jahren in den USA geschehen. Um den Bedarf an embryonalen Zellen zur Behandlung diverser Krankheiten vom Morbus Parkinson bis zum Diabetes mellitus zu decken, müsste die Anzahl der unter bestimmten medizinischen Kautelen vorgenommenen Abtreibungen gewaltig gesteigert werden, wie es sowieso immanent geboten ist: funktionelle Ausdifferenzierung der Abtreibung, Verwendung von Embryonen als Rohstoff, Selbstlegitimierung der Hylomatie (siehe Bemerkung 6) als humane Tat. Der ohnehin überlebte alte Tod kann auch dadurch überlistet werden, dass die bereits altmodisch und damit überwiegend Verstorbenen mit ihren eingefrorenen Keimzellen Leben ermöglichen, was britische Behörden kürzlich einer Witwe genehmigt haben. Ganz neuartige und disperse Fortpflanzungs- und Familienbande knüpft die In-vitro-Fertilisation, indem sie z. B. einen Samenspender, eine Eispenderin, eine Leihmutter und die zukünftigen »sozialen Eltern« trennend verbindet. Die Befruchtung könnte eigentlich ganz ins Labor verlegt und der vorgeburtlichen Diagnostik der

Fortpflanzungsmediziner anvertraut werden, die bereits PID, das heißt Prä-Implantations-Diagnostik, anwenden, über einen einfachen Bluttest auf Missbildungen verfügen und außerdem beinahe stündlich neue Gene entdecken, sodass ihnen eine Beratung zum Tode möglich ist. Erspart bliebe auf diese Weise der immer noch erschütternde Fetozid durch einen Stich ins Herz, sofern sich die Eltern ein medizinisch gesundes Kind wünschen, das sie angesichts des allgemeinen Standes der Technik und der ansonsten garantiert funktionstüchtigen Geräte, die sie erwerben, eigentlich auch verlangen können.

3. Eine neue Wissenschaft, genannt Bionik, führt Biologie und Technik, Fleisch und Elektronik, Lebendiges und Totes immer effektiver zusammen. Sie ist dem reinen Funktionalismus und dem reinen Utilitarismus verpflichtet. Ihre Phantasmagorien gehen in Gestalt von Androiden, High tech-Untoten oder Replikanten in Filmen wie »Terminator«, »Robocop«, »Blade Runner« oder »Universal Soldier« kommerziell überaus erfolgreich um den Globus. Das Digitalisieren der analogen Welt, das Kopieren natürlicher Dinge und Prozesse und das Nanoisieren der Technologie ermöglichen der Wissenschaft bisher Unmögliches. Die alten Bioprothesen, Pumpen, Stents, Ventile, Schrittmacher usw., gehören angesichts der Nanotechnologie, der Cyberstick-Chirurgie und des Simulated Patient ins grobtechnische Jahrhundert. Heute werden Augen und Ohren, Arme und Beine, Netzhäute, Harnblasen und Schließmuskeln ersetzt und Gedanken körperlos auf den Computer übertragen. In der kalten Nehmer-Kultur können sich Menschen als warme Geber fühlen, indem sie als menschliches Ersatzteillager solidarisch funktionieren. Sie können weiterleben in mehreren Menschen als Dividuum, genannt Transplantat. Gelegentlich schlägt ein Herz innerhalb weniger Wochen mittels Reimplantation in drei Menschen. Werden Organe en bloque eingepflanzt, beispielsweise Herz und Lungen, kann der Empfänger sein überzählig gewordenes altes Herz an einen anderen Empfänger weitergeben. Man nennt das Domino-Transplantation. Stolz aber können alle sein, dass ein Mensch ohne eigene Arme und Beine bei der Olympiade der Körperbehinderten die 100 Meter in 11,6 Sekunden gelaufen ist. An solchen Grenzüberwindungen zeigt sich der konkrete Weg vom Individuum, dem Unteilbaren, Einmaligen, zum Dividuum, dem Zerlegten, Vervielfältigten. Und hier zeigt sich auch, dass die Verstofflichung der Menschen mit ihrer Entstofflichung und die Entstofflichung der Dinge mit ihrer Verstofflichung einhergeht. Dass konkrete Verstofflichung gegenstandslos, nicht aber stofflos sein kann, zeigt die Virtual Reality.

4. Momentaner Höhepunkt der Selbstübersteigerung und Selbsterzeugung scheint die Technik des Klonens zu sein. Sie wird seit Jahrzehnten angewandt, um genetisch »identische« Pflanzen und Tiere aus embryonalen Zellen zu produzieren. Neu und in der Natur nicht vorkommend, ist jedoch das Klonen von Tieren aus gewöhnlichen, bereits spezialisierten Körperzellen ausgewachsener Tiere, was Naturwissenschaftler bisher nicht für möglich gehalten haben. In diesen Wochen sind Forscher um Ian Wilmut in Schottland mit dieser »Tat«-Sache herausgerückt, die als »Quantensprung« angesehen wird. Sie hatten bereits im vergangenen Jahr das Schaf »Dolly« aus einer Euterzelle eines erwachsenen Tieres geklont. Forscher in Neuseeland und China haben offenbar bereits andere Spezies aus ausgereiften Zellen geklont, wie überhaupt im Augenblick immer mehr Prioritäten dieser Art veröffentlicht und angemeldet werden: So soll der US-Amerikaner Jerry Hall schon 1993 menschliche Embryonen geklont haben. Psychoanalytiker wird wohl kaum überraschen, dass die schottischen Forscher jetzt von einzelnen Allgemeinen bedrängt werden, sie als erste Menschen nach dem Tod zu klonen oder auch zu Lebzeiten, damit sie wenigstens gedoppelte Allgemeine sind. Claudia Schiffer soll die mögliche Dispersion bereits als Entlastung ebenso begrüßt haben wie ihre Verehrer als Verheißung. Michael Jackson dagegen, der die hylomatische Dispersion bisher wie kein anderer persönlich zu repräsentieren schien, begnügte sich gerade mit seinem Ebenbild aus Wachs. Das Klonen scheint der Gipfel der Individualisierung zu sein, ist jedoch in Wahrheit sein Abgrund, weil natürlich nicht ein Individuum mit seiner immer noch einmaligen Geschichte kopiert werden kann, sondern nur Materie, sei sie auch noch so disponierend. Außerdem werden ausgerechnet Evolutionsbiologen nicht müde, die biotischen Vorteile der geschlechtlichen Fortpflanzung aufzuzählen und neuerdings auch per Computer-Simulation zu »beweisen«: größere genetische Vielfalt durch das Kombinieren zweier Genome, geringere Fehlerquote als beim ständigen Kopieren der Kopie per »Jungfernzeugung«, kontingente Verteilung der immer auftretenden Mutationen, schnelle Anpassung an eine durch Krankheitserreger veränderte »innere« Umwelt.

5. Die fortgeschrittene Technik des Klonens hat einen alten Traum der Menschen scheinbar wahrgemacht: kontrollierte Serienproduktion von genetisch einwandfreien Nutztieren und Nutzmenschen, was US-Senatoren sogleich ausdrücklich begrüßt haben. Den »Standort Deutschland«

schädigend dagegen die Beteuerung des Bundesforschungsministers: »Den geklonten Menschen darf und wird es nicht geben.« Natürlich (und das meint immer gesellschaftlich) wird es versucht werden. Wann die Produktion anläuft, entscheiden bei uns nicht Gesetze und Beteuerungen, sondern der Stand des Wissens, die Nachfrage des Marktes und das Objektiv der Hylomatie, andernorts möglicherweise auch fundamentalistische Beherrschungs- und Reinheitsphantasmagorien. Angesichts des Standes der Technik sieht Siep (1996: 12) nicht nur die »Gestalt des Menschen, sondern auch die des Lebens überhaupt grundsätzlich zur Disposition« gestellt. Die »Grundbegriffe des Lebens« – Art (statt Serienprodukt), Individuum (statt Typ), ungeplante natürliche Ausstattung und zufallsabhängige Fortpflanzung – seien »selbst zu Wertbegriffen« geworden. Da die Begründer der modernen Ethik nicht für denkbar hielten, dass »Züchtung die Grundstruktur des organischen Lebens tangieren könnte«, müsse eine neue Ethik entwickelt werden, die sich von der Illusion verabschiede, jedem Individuum bleibe seine private Lebensplanung überlassen. Auch müssten neue Fragen gestellt werden: »Gegen wessen Würde und Rechte verstößt es eigentlich, einen genetisch nahezu gleichen Nachkommen zu erzeugen?« Der Vater, der einen ihm aus dem Gesicht geschnittenen Sohn erhalte, oder das Individuum, das die Ausstattung eines Nobelpreisträgers mit auf den Lebensweg bekomme, oder die Angehörigen, die »eine genetische Kopie eines teuren Sterbenden« erhielten, dürften wohl kaum Anstoß nehmen. Außerdem stelle sich die Frage, warum eine Natur, »die von Zufällen, Abweichungen und Individualisierungen bestimmt ist«, einer Natur vorzuziehen sei, »die für die Bequemlichkeit des Menschen technisch optimiert wurde«. Siep will die Entscheidung, »wieviel ›Leben‹ und ›Natürlichkeit‹ wir für gut halten«, nicht »dem Kräftespiel der privaten Wünschen und Marktstrategien« überlassen. Er setzt auf den menschlichen Willen und einen öffentlichen Dialog. Das aber ist die zentrale Illusion der brandneuen Ethik.

6. Ein allgemeines, längst zur fest installierten Struktur gewordenes Objektiv, das bereits von der Marxschen Kritik der Politischen Ökonomie ebenso antizipiert wird wie von der Luhmannschen Systemtheorie angedeutet, von ihnen aber wegen ihres ökonomischen oder funktionalistischen Reduktionismus und wegen ihrer optimistischen Postmissen nicht begriffen werden kann, habe ich in ersten Versuchen eindimensional pessimistisch mit dem Wort *Verstofflichung* zu bezeichnen versucht (Sigusch

1984b, 1987b, 1989d). Heute denke ich, ein Terminus wie *Hylomatie*, in dem Worte des Lebens und des Todes, der Selbstbewegung, Raserei und Stillstellung (wie Stoff, Automation oder Manie) aufscheinen, ruft den Prozess, der bezeichnet werden soll, dialektischer beim Namen, weil die Verstofflichung von Menschen mit der Entstofflichung von Dingen und die Entstofflichung von Menschen mit der Verstofflichung von Dingen einhergeht, weil es nicht nur abbauende, reduktive, totstellende und vernichtende, sondern auch aufbauende, vermehrende, erweiternde und lebensspendende Ver- und Entstofflichungen gibt und weil der mehrdimensional unschöne Neologismus Hylomatie das Neo-Logische, Auto-Matische, Insichselbstlaufende des Prozesses betont. Eine Theorie der Hylomatie, auf die ich an anderer Stelle einen Ausblick gegeben habe (Sigusch 1997), müsste sowohl Theoreme der Autodestruktion, die vor allem Anders und Adorno entwickelt haben, wie Theoreme der Autopoiesis fortdenken, die vor allem Marx und Luhmann entfaltet haben. Denn Hylomatie ist beides: subjektlose Selbstfortsetzung wie subjektlose Selbstvernichtung, wobei deren einerseits produktiv-erhaltende, andererseits unproduktiv-vernichtende Mechanismen über die epistemische, ökonomische und dispositionelle Sphäre miteinander dialektisch vermittelt sind, aber »automatisch« ablaufen. Als so genannte Sachzwänge, angeblich apriorische Dichotomien, angeblich gesichertes Wissen und angebliche wissenschaftliche Standards sind sie dem Willen der einzelnen Allgemeinen systematisch entzogen. Von den Menschen her gesehen, läuft Hylomatie vor allem auf Verstofflichung hinaus, indem ihnen einst zugesprochene Lebendigkeit, Beweglichkeit, Autonomie und Eigendynamik an die Dinge, nicht zuletzt an die Warendinge, übergehen, die jetzt ein »Eigenleben« führen. Von den Dingen her gesehen, läuft Hylomatie vor allem auf Entstofflichung hinaus, indem sie jetzt über Qualitäten verfügen wie »Liebreiz« (Marx), Sex Appeal, Kommunikabilität, Kreativität, Reproduktivität und Destruktivität, die ihnen von den tonangebenden Vertretern der Subjektphilosophie abgesprochen worden sind. Hylomatie ist also zugleich eine Vermittlungskategorie – im Blick auf die erwähnten Theoreme und im Blick auf die Prozesse, die für die moderne Gesellschaft charakteristisch sind: unablässige Metamorphosen von Leben und Tod, durch die Lebendiges totgestellt und Totes verlebendigt wird, durch die Leben und Tod, Natur und Gesellschaft ineinander übergehen. Die Dialektik dieser Gesellschaft fängt die Kategorie der Ver- und Entstofflichung eher ein als die allzu »weiße« Kategorie Autopoiesis und die allzu »schwarze« Kategorie Autodestruktion.

7. Leben und Natürlichkeit werden von den Objektiven des Tauschs und der Hylomatie, die ineinander liegen, unwillkürlich, gewissermaßen automatisch und in Zeiten stürzender Zeit beinahe tagtäglich umkodiert, ohne dass Dialoge daran etwas grundsätzlich ändern könnten. Vorgestern wurde mitgeteilt, dass jetzt die vordem aporetischen Gattungsgrenzen zwischen Pflanze, Tier und Mensch gentechnisch aufgehoben seien. Gestern wurde in »Nature« publiziert, dass sich Eiweiße ohne DNA selbst reproduzieren können (Lee et al. 1996). Heute teilt »Science« mit, dass auf dem Mars möglicherweise Lebensformen existieren (McKay et al. 1996). Nach der (angeblichen) Entdeckung von Spuren einfachen Lebens in einem Mars-Meteoriten teilte der NASA-Chefplaner Jesco von Puttkammer im August 1996 mit, der Mars werde in zwei oder drei Generationen kolonisiert werden. In etwa 20 Jahren sei ein bemannter Raumflug zum Mars möglich. Mit ihm beginne ein »sehr langfristiges Besiedelungsprogramm« (Frankfurter Rundschau vom 9. August 1996, S. 26). Besiedelung, Kolonisierung. Haben jene Philosophen vielleicht doch recht, die *metoikesis*, Umsiedlung, von der bei Platon (Phaidon, 117B) die Rede ist, als Sokrates das tödliche Gift gereicht wird, zu den Wesenszügen des Menschen, zu den anthropologischen Konstanten zählen? Geht es bei Sokrates darum, bei der »Wanderung von hier dorthin«, als Moriturus keinen Fehler zu machen, damit die Seele nach dem Tod des Körpers weiterleben kann, planen die modernen *metoikoi* den Übergang von einem Planeten zum anderen, von einer technoiden Lebensform zu einer technischen. Kalkulationsgerecht ist der Plan, weil bereits ausgerechnet ist, dass die Erde in einigen Generationen für Menschen nicht mehr bewohnbar sein wird, aus Gründen des universellen Massenmords oder aus Gründen der Oikologie, einer modernen Einsicht, die die *metoikesis* der Antiken momentan hinauszögern will, weil die meisten Verstofflichten glauben, nur das technoide Leben garantiere überhaupt noch Leben.

Literatur

Adorno, Th. W.: Über Statik und Dynamik als soziologische Kategorien. In: M. Horkheimer und Th. W. Adorno (Hg.): Sociologica II. Frankfurt a. M.: Europäische Verlagsanstalt 1962

Adorno, Th. W.: Negative Dialektik. Frankfurt a. M.: Suhrkamp 1966

Adorno, Th. W.: Einleitung. In: Th. W. Adorno, R. Dahrendorf, H. Pilot, H. Albert, J. Habermas und K. R. Popper: Der Positivismusstreit in der deutschen Soziologie. Darmstadt, Neuwied: Luchterhand 1969 (a)

Adorno, Th. W.: Dialektische Epilegomena. Zu Subjekt und Objekt. In: Th. W. Adorno: Stichworte. Kritische Modelle 2. Frankfurt a. M.: Suhrkamp 1969 (b)

Anders, G. (1956): Die Antiquiertheit des Menschen. Bd. I: Über die Seele im Zeitalter der zweiten industriellen Revolution. 5. Aufl. München: C. H. Beck 1980 (a)

Anders, G.: Die Antiquiertheit des Menschen. Bd. II: Über die Zerstörung des Lebens im Zeitalter der dritten industriellen Revolution. München: C. H. Beck 1980 (b)

Anders, G.: Ketzereien. München: C. H. Beck 1982

Andritzky, M. und Th. Rautenberg (Hg.): »Wir sind nackt und nennen uns Du«. Von Lichtfreunden und Sonnenkämpfern. Eine Geschichte der Freikörperkultur. Gießen: Anabas 1989

Anonymus [Kertbeny, K. M.]: § 143 des Preussischen Strafgesetzbuches vom 14. April 1851 und seine Aufrechterhaltung als § 152 im Entwurfe eines Strafgesetzbuches für den Norddeutschen Bund. Offene, fachwissenschaftliche Zuschrift an Seine Excellenz Herrn Dr. Leonhardt, königl. preussischen Staats- und Justizminister. Leipzig: Serbe 1869

Arentewicz, G. und G. Schmidt (Hg.): Sexuell gestörte Beziehungen. Konzept und Technik der Paartherapie. Berlin u. a.: Springer 1980; 2., neubearb. Aufl. 1986; 3., bearb. Aufl. Stuttgart: Enke 1993

Aristoteles: De categoriae (dt.: Die Kategorien. Übers. und hg. von I. W. Rath. Stuttgart: Reclam 1998)

Baker, E., M. D. Young, D. M. Gauld, und J. F. R. Fleming: A new look at bimedial prefrontal leucotomy. Can. Med. Assoc. J. 102, 37–41, 1970

Balasubramaniam, V., T. S. Kanaka, P. V. Ramanugam und B. Ramanurthi: Sedative neurosurgery. J. Indian Med. Assoc. 53, 377–381, 1969

Barré-Sinoussi, F., J. C. Chermann, F. Rey, M. T. Nugeyre, S. Chamaret, J. Gruest, C. Dauguet, C. Axler-Blin, F. Vézinet-Brun, C. Rouzioux, W. Rozenbaum und L.

Montagnier: Isolation of a T-lymphotropic retrovirus from a patient at risk for Acquired Immune Deficiency Syndrome (AIDS). Science 220, 868–870, 1983

Bartlett, R. G.: Physiologic responses during coitus. J. Appl. Physiol. 9, 469–472, 1956

Bastin, G.: Wörterbuch der Sexualpsychologie. Freiburg i. Br.: Herder 1972

Beauvoir, S. de: Le deuxième sexe. Paris: Gallimard 1949 (dt.: Das andere Geschlecht. Sitte und Sexus der Frau. Hamburg: Rowohlt 1956)

Benedek, T.: Sexual functions in women and their disturbance. In: S. Arieti (Hg.): American handbook of psychiatry. Vol. 1. New York: Basic Books 1959

Benjamin, J.: Die Fesseln der Liebe. Basel, Frankfurt a. M.: Stroemfeld 1990

Bergler, E.: Neurotic counterfeit-sex. Impotence, frigidity, »mechanical« and pseudo-sexuality, homosexuality. New York: Grune & Stratton 1951

Bergler, E. und W. S. Kroger: Kinsey's myth of female sexuality. New York: Grune & Stratton 1954

Bersani, L.: Ist das Rectum ein Grab? Lettre international, Heft 3, S. 197–222, 1988

Boas, E. P. und E. F. Goldschmidt: The heart rate. Springfield, Ill.: C. C. Thomas 1932

Borkin, J.: The crime and punishment of I.G. Farben. New York: Free Press, 1978 (dt.: Die unheilige Allianz der I.G. Farben. Eine Interessengemeinschaft im Dritten Reich. Frankfurt a. M., New York: Campus 1979)

Borneman, E.: Lexikon der Liebe. 2 Bde. München: Ullstein 1968

Bostandshiew, T. und T. Merdshanow: Die Rheophallographie – eine objektive Methode zur Untersuchung des Blutkreislaufs des Penis. Erste Mitteilung. Bull. Res. Inst. Neurol. Psychiat. (Sofia) 12, 95–101, 1968 (a) [bulgarisch]

Bostandshiew, T. und T. Merdshanow: Die Rheophallographie – eine objektive Methode zur Untersuchung des Blutkreislaufs des Penis. Zweite Mitteilung. Unveröffentl. Manuskript. Sofia 1968 (b)

Breggin, P. R.: Interview von Judy Miller mit Peter P. Breggin. Sender WBAI, Pacifica, New York 1972 (a); abgedruckt in: Liberation, Bd. 17, Nr. 7, Oktober 1972; Les Temps Modernes, Nr. 321, April 1973

Breggin, P. R.: Psychosurgery for the control of violence. U.S. Congressional Record, 92nd Congress, Second Session, Vol. 118, No. 26, Part. 9, pp. 11396–11402, March 30, 1972 (b)

Brierley, M.: Some problems of integration in women. Int. J. Psychoanal. 13, 433–448, 1932

Brückner, M.: Zwischen Kühnheit und Selbstbeschränkung. Von der Schwierigkeit weiblichen Begehrens. Z. Sexualforsch. 3, 195–217, 1990

Casper, J. L.: Ueber Nothzucht und Päderastie und deren Ermittelung Seitens des Gerichtsarztes. Nach eigenen Beobachtungen. Vierteljahrsschr. gerichtl. öffentl. Med. 1, 21–78, 1852

Clement, U.: Sexualität im sozialen Wandel. Eine empirische Vergleichsstudie 1966 und 1981. Stuttgart: Enke 1986

Clement, U.: Systemische Sexualtherapie. Stuttgart: Klett-Cotta 2004

Dannecker, M.: Homosexuelle Männer und AIDS. Eine sexualwissenschaftliche Studie zu Sexualverhalten und Lebensstil. Stuttgart: Kohlhammer 1990

Dannecker, M. und R. Reiche: Sexualität und Gesellschaft. Festschrift für Volkmar Sigusch. Frankfurt a. M., New York: Campus 2000

Dannecker, M.: Sexueller Missbrauch und Pädosexualität. In: Sigusch 2001 (a)

Delgado, J. M. R.: Physical control of the mind. New York: Harper & Row 1969

Deppe, H.-U.: Wettbewerb heißt Selektion. Patientenversorgung im Krankenhaus zwischen ethischen und betriebswirtschaftlichen Kriterien. Frankfurter Rundschau vom 16. März 1998, S. 8

Dieckmann, G. und H. J. Horn: »Spiegel«-Gespräch »Bei Bartsch fehlte der Zielpunkt im Gehirn«. Der Spiegel, Nr. 22, 24. Mai 1976, S. 70–81

Dieckmann, G. und R. Hassler: Psychochirurgie. Zum gegenwärtigen Stand der chirurgischen Behandlung psychiatrischer Erkrankungen. Dt. Ärztebl. 73, 1217–1223, 1976

Dieckmann, G.: Die stereotaktische Behandlung erethischer Kinder. In: H. Doose (Hg.): Aktuelle Neuropädiatrie. Stuttgart: Thieme 1977

Dietz, K. und P. G. Hesse: Wörterbuch der Sexuologie und ihrer Grenzgebiete. Rudolstadt: Greifenverlag 1964

Dose, R. und H.-G. Klein (Hg.): Mitteilungen der Magnus-Hirschfeld-Gesellschaft. Bd. 1: Heft 1 (1983) – Heft 9 (1986). Bd. 2: Heft 10 (1987) – Heft 15 (1991). Hamburg: von Bockel 1992

Dressler, S. und Ch. Zink (Bearb.): Pschyrembel Wörterbuch Sexualität. Berlin, New York: de Gruyter 2003

Elias, N. (1939): Über den Prozeß der Zivilisation. Soziogenetische und psychogenetische Untersuchungen. 2 Bde. 2., vermehrte Aufl. Bern: Francke 1969

Emde Boas, C. van: Medizin und Moral. Sexualmed. 1, 9–12, 1972

Eulenburg, A. und I. Bloch: Vorbemerkung der Herausgeber. Z. Sexualwiss. 1, 1, 1914

Fisher, S. und H. Osofsky: Sexual responsiveness in women: Physiological correlates. Psychol. Rep. 22, 215–226, 1968

Ford, C. S. und F. A. Beach (1951): Formen der Sexualität. Das Sexualverhalten bei Mensch und Tier. Reinbek: Rowohlt 1968

Forel, A.: Die sexuelle Frage. Eine naturwissenschaftliche, psychologische, hygienische und soziologische Studie für Gebildete. München: E. Reinhardt 1905; 8. u. 9. Aufl., 1909

Foucault, M.: Les mots et les choses. Une archéologie des sciences humaines. Paris: Gallimard 1966 (dt.: Die Ordnung der Dinge. Eine Archäologie der Humanwissenschaften. 12. Aufl. Frankfurt a. M.: Suhrkamp 1993)

Foucault, M.: Histoire de la sexualité. Tome 1: La volonté de savoir. Paris: Gallimard 1976 (dt.: Sexualität und Wahrheit. Band 1: Der Wille zum Wissen. Frankfurt a. M.: Suhrkamp 1977)

Foucault, M.: Dispositive der Macht. Berlin: Merve 1978

Foucault, M.: Das Leben der infamen Menschen. Tumult, Nr. 3, 41–57, 1982

Frank, M.: Was ist Neostrukturalismus? Frankfurt a. M.: Suhrkamp 1984

Frecot, J., J. F. Geist und D. Kerbs: Fidus 1868–1948. München: Rogner & Bernhard 1972

Freeman, W. J.: Lobotomy and epilepsy. Neurology (Minn.) 3, 479–494, 1953

Freud, S. (1892/93): Ein Fall von hypnotischer Heilung. Gesammelte Werke, Bd. I. London: Imago 1952, S. 1–17

Freud, S. (1905): Drei Abhandlungen zur Sexualtheorie. Gesammelte Werke, Bd. V. London: Imago 1942, S. 27–145

Freud, S. (1916/17): Vorlesungen zur Einführung in die Psychoanalyse. Gesammelte Werke, Bd. XI. London: Imago 1944, S. 1–482

Freud, S. (1933): Neue Folge der Vorlesungen zur Einführung in die Psychoanalyse. Gesammelte Werke, Bd. XV. London: Imago 1944, S. 1–197

Freund, K., F. Sedlácek und K. Knob: A simple transducer for mechanical plethysmography of the male genital. J. Exp. Anal. Behav. 8, 169–170, 1965

Fülgraff, G. und I. Barbey (Hg.): Stereotaktische Hirnoperationen bei abweichendem Sexualverhalten. Abschlußbericht der Kommission beim Bundesgesundheitsamt. (= bga-Berichte, Bd. 3/1978). Berlin: Dietrich Reimer 1978

Gebsattel, V. E. v.: Süchtiges Verhalten im Gebiet sexueller Verirrungen. Monatsschr. Psychiat. Neurol. 82, 113–177, 1932

Giddens, A.: Wandel der Intimität. Frankfurt a. M.: Fischer Taschenbuch Verlag 1993

Giese, H. (Hg.): Wörterbuch der Sexualwissenschaft. Bonn: Instituts-Verlag 1952

Giese, H. (Bearb. in Verbindung mit V. E. von Gebsattel): Psychopathologie der Sexualität. Stuttgart: Enke 1962

Goudsmit, W. und J. W. Reicher: Sozialtherapie schwerstgestörter Delinquenten auf psychoanalytischer Grundlage. In: V. Sigusch (Hg.): Therapie sexueller Störungen. 2., neubearb. und erweit. Aufl. Stuttgart, New York: Thieme 1980

Grafton, A.: Die tragischen Ursprünge der deutschen Fußnote. Berlin: Berlin-Verlag 1995

Grünwald, U.: Auswirkungen der Neufassung des § 218 StGB. Erste Eregbnisse einer empirischen Untersuchung an 941 ratsuchenden Frauen. In: Sigusch 1979

Gustafson, J., G. Winokur und S. Reichlin: Effect of psychic-sexual stimulation on urinary and serum acid phosphatase and plasma nonesterified fatty acids. Psychosom. Med. 25, 101–105, 1963

Habermas, J.: Der philosophische Diskurs der Moderne. Zwölf Vorlesungen. Frankfurt a. M.: Suhrkamp 1985

Haddenbrock, S.: Psychochirurgie. In: V. E. Frankl et al. (Hg.): Handbuch der Neurosenlehre und Psychotherapie, Bd. 5. München, Berlin: Urban & Schwarzenberg 1961

Hamer, D. H., S. Hu, V. L. Magnuson, N. Hu und A. M. L. Pattatucci: A linkage between DNA markers on the X chromosome and the male sexual orientation. Science 261, 321–327, 1993

Hammond, B. und J. A. Ladner: Socialization into sexual behavior in a negroe slum ghetto. In: C. B. Broderick und J. Bernard (Hg.): The individual, sex and society. Baltimore: The Johns Hopkins Press 1969

Hauch, M.: Meine Lust, deine Lust, keine Lust. Überlegungen zu Lust und Sexualität im Kontext geschlechtsspezifischer »Arbeitsteilung«. In: Pro Familia (Hg.): Fachtagung »Zwischen Lust und Technik: UnSicherheiten mit dem Sexuellen«. Frankfurt a. M. 1992

Hauer, K.: Vom Unzüchtigen im Sittlichen. Essays zu Kultur und Erotik. Tübingen: edition diskord 1987

Heath, R. G.: Pleasure and brain activity in man. J. Nerv. Ment. Dis. 154, 3–18, 1972

Hegel, G. W. F. (1798): Daß die Magistrate von den Bürgern gewählt werden müssen. Werke in 20 Bänden, Bd. 1. Frankfurt a. M.: Suhrkamp 1971

Hegel, G. W. F. (1798–1800): Der Geist des Christentums und sein Schicksal. Werke in 20 Bänden, Bd. 1. Frankfurt a. M.: Suhrkamp 1971

Hegel, G. W. F. (1807): Phänomenologie des Geistes. Werke in 20 Bänden, Bd. 3. Frankfurt a. M.: Suhrkamp 1970

Hegel, G. W. F. (1816): Wissenschaft der Logik, Bd. 2. Hg. von G. Lasson. Hamburg: Meiner 1971

Hegel, G. W. F. (1830): Encyclopädie der philosophischen Wissenschaften im Grundrisse. Sämtliche Werke. Hg. von G. Lasson, fortgeführt von J. Hoffmeister. Bd. 5. Leipzig: Meiner 1949

Heimann, H.: Psychochirurgie. In: H. W. Gruhle et al. (Hg.): Psychiatrie der Gegenwart, Bd. I/2. Berlin u. a.: Springer 1963

Heinrich, K.: Geschlechterspannung und Emanzipation. Das Argument 4 (23), 22–25, 1962

Hellerstein, H. K. und E. H. Friedman: Sexual activity and the postcoronary patient. Med. Asp. Hum. Sex. 3, 70–96, 1969

Helm, E. B., W. Stille und E. Vanek (Hg.): Aids II. Jahrestagung der Deutschen Gesellschaft für Infektiologie, Schloß Reisensburg/Günzburg, Mai 1986. München u. a.: Zuckschwerdt 1986

Hermann, G.: Mit dem Skalpell gefügig gemacht. Süddeutsche Zeitung, 29. Mai 1974

Hildebrandt, K.: Forensische Begutachtung eines Spartakisten. Allg. Z. Psychiat. 76, 479–518, 1920/21

Hirose, S.: Mentally abnormal offenders and psychosurgery. Acta Criminol. Med. Leg. Jpn. 34, 186–195, 1968

Hirschsprung: Erfahrungen über Onanie bei kleinen Kindern. Berlin. klin. Wschr. 23, 628–631, 1886

Hitschmann, E. und E. Bergler: Frigidity in women, its characteristics and treatment. Washington, New York: Nervous and Mental Disease Publishing Company 1936 (Orig.: Die Geschlechtskälte der Frau. Wien: Ars Medici 1934)

Hoch, E. M.: Schweiz. Arch. Neurol. Psychiat. 60, 177–199, 1947 (zit. nach Haddenbrock 1961)

Horkheimer, M. und Th. W. Adorno: Dialektik der Aufklärung. Philosophische Fragmente. Amsterdam: Querido, 1947; Neuausgabe Frankfurt a. M.: Fischer Taschenbuch 1969

Horney, K.: The denial of the vagina. Int. J. Psycho-Anal. 14, 57–70, 1933 (auch in: H. M. Ruitenbeek [Hg.]: Psychoanalysis and female sexuality. New Haven, Conn.: College & University Press 1966)

Horst, L. v. d.: Folia psychiat. neurol. Neerlandica 55, 313–322, 1952 (zit. nach Haddenbrock 1961)

Hössli, H.: Eros. Die Männerliebe der Griechen; ihre Beziehungen zur Geschichte, Erziehung, Literatur und Gesetzgebung aller Zeiten. Die Unzuverläßigkeit der äußern Kennzeichen im Geschlechtsleben der Leibes und der Seele. Oder Forschungen über platonische Liebe, ihre Würdigung und Entwürdigung für Sitten-, Natur- und Völkerkunde. 2 Bde. Glarus: bei dem Verfasser 1836 (Bd 1); St. Gallen: in Kommission bei E. P. Scheitlin 1838 (Bd. 2). – Nachdruck mit einem Materialienband: Berlin: Verlag rosa Winkel 1996 (= Bibliothek rosa Winkel, Bde. 13 bis 15)

Ingraham, B. L. und G. W. Smith: The use of electronics in the observation and control of human behavior and its possible use in rehabilitation and parole. Iss. Criminol. 7, 35–53, 1972

Jäger, G.: Die Entdeckung der Seele. 2. Aufl. Leipzig: E. Günther, 1880 [dort die mit Dr. M. gezeichneten Beiträge von K. M. Kertbeny]

Jäger, G.: Ein bisher ungedrucktes Kapitel über Homosexualität aus der »Entdeckung der Seele«. Jb. sex. Zwischenstufen 2, 53–125, 1900 [dort die mit Dr. M. gezeichneten Beiträge von K. M. Kertbeny]

Jovanovic, U. J.: Die Periodik der Erektionen im Schlaf. Med. Klin. 63, 923–929, 1968

Kahn, E.: Psychopathie und Revolution. Münch. med. Wschr. 66, 968–969, 1919

Kant, I. (1781/1787): Kritik der reinen Vernunft. Werke in 6 Bänden, hg. von W. Weischedel, Bd. II. Darmstadt: Wissenschaftliche Buchgesellschaft 1956

Kemper, W.: Die Störungen der Liebesfähigkeit beim Weibe. 2. Aufl. Leipzig: Thieme 1943; Nachdruck der 2. Aufl.: Darmstadt: Wissenschaftliche Buchgesellschaft 1967

Kennedy, H.: Karl Heinrich Ulrichs. Sein Leben und sein Werk. Beiträge zur Sexualforschung, Bd. 65. Stuttgart: Enke 1990; 2., überarb. Aufl. Hamburg: MännerschwarmSkript Verlag 2001

Kentler, H.: Taschenlexikon Sexualität. Düsseldorf: Schwann 1982

Kentler, H. (Hg.): Sexualwesen Mensch. Texte zur Erforschung der Sexualität. Hamburg: Hoffmann und Campe 1984

Kertbeny, K. M.: Schriften zur Homosexualitätsforschung, hg. und eingeleitet von M. Herzer. Berlin: Verlag rosa Winkel 2000

Kiesselbach, A. und K. A. Rosenbauer: Anatomie und Physiologie der Sexualorgane. In: H. Giese (Hg.): Die Sexualität des Menschen. Handbuch der medizinischen Sexualforschung. Stuttgart: Enke 1955; 2., neubearb. u. erweit. Aufl., 1971

Kinsey, A. C., W. B. Pomeroy und C. E. Martin: Sexual behavior in the human male. Philadelphia, London: Saunders 1948 (dt.: Das sexuelle Verhalten des Mannes. Berlin, Frankfurt a. M.: G. B. Fischer 1955)

Kinsey, A. C., W. B. Pomeroy, C. E. Martin und P. H. Gebhard: Sexual behavior in the human female. Philadelphia, London: Saunders 1953 (dt.: Das sexuelle Verhalten der Frau. Berlin, Frankfurt a. M.: G. B. Fischer 1954)

Kleist, K und F. Wißmann: Zur Psychopathologie der unerlaubten Entfernung und verwandter Straftaten. Allg. Z. Psychiat. 76, 30–88, 1920/21

Kling, A., N. Bernick, G. Borowitz und R. Cartwright: Physiological, psychological and symbolic correlates of sexual arousal in man. Chicago 1969 (unveröffentl. Manuskript)

Klumbies, G. und H. Kleinsorge: Das Herz im Orgasmus. Med. Klin. 45, 952–958, 1950 (a)

Klumbies, G. und H. Kleinsorge: Circulatory dangers and prophylaxis during orgasm. Int. J. Sexol. 4, 61–66, 1950 (b)

Knight, G. C.: Bifrontal stereotactic tractotomy: An atraumatic operation of value in the treatment of intractable neuroses. Brit. J. Psychiat. 115, 257–266, 1969

Koch, E. R.: Chirurgie der Seele. Stuttgart: DVA 1976

Koch, F.: Sexuelle Denunziation. Die Sexualität in der politischen Auseinandersetzung. Frankfurt a. M.: Syndikat 1986

Kolb, G.: Beiträge zur Physiologie maximaler Muskelarbeit, besonders des modernen Sports. Berlin, o. J. (unveröffentl., zit. nach Mendelsohn 1896 in Sigusch 1970a)

Kollberg, S., I. Petersén und I. Stemm: Preliminary results of an electromyographic study of ejaculation. Acta Chir. Scand. 123, 478–483, 1962

Kraepelin, E.: Psychiatrische Randbemerkungen zur Zeitgeschichte. Süddtsch. Monatshefte 16, 171–183, 1919

Krafft-Ebing, R. v.: Diebstahl und socialistische Umtriebe seitens eines Gewohnheitsverbrechers. Moralischer Irrsinn oder moralische Verkommenheit? Friedreichs Bl. gerichtl. Med. 35, 216–223, 1884

Krafft-Ebing, R. v.: Psychopathia sexualis. Eine klinisch-forensische Studie. Stuttgart: Enke 1886

Kunz, G.: Medizinische Experimente mit der Antibabypille. Ein Rückblick auf die ersten Versuche an puertoricanischen Frauen. Z. Sexualforsch. 2, 119–131, 1989

Laumann, M.: Menetekel Psychochirurgie. Humanitas 19, 6, 1979

Lautmann, R.: Die gesellschaftliche Thematisierung der Sexualität. Beiträge zur Sexualforschung 63, 18–28, 1987

Lee, D. H., et al.: A self-replicating peptide. Nature 382, 525–528, 1996

Leiblein, H.: Mit Kanonen auf Spatzen. In: V. Sigusch, I. Klein und H. L. Gremliza (Hg.): Sexualität konkret. Sammelband 2. Frankfurt a. M.: Zweitausendeins 1984 (a)

Leiblein, H.: Zeugungsverhütung. Praxis und Kritik. Med. Diss., Frankfurt a. M. 1984 (b)

Levi, L.: Sympatho-adrenomedullary activity, diuresis, and emotional reactions during visual sexual stimulation in females and males. Laboratory for Clinical Stress Research, Report No. 3. Stockholm 1968 (unveröffentl. Manuskript)

Lindemann, G.: Das paradoxe Geschlecht. Transsexualität im Spannungsfeld von Körper, Leib und Gefühl. Frankfurt a. M.: Fischer Taschenbuch Verlag 1993

Linsenhoff, A.: Kritische Bemerkungen zum therapeutischen Umgang mit der »sexuellen Lustlosigkeit« von Frauen. Z. Sexualforsch. 8, 353–358, 1995

Loiselle, R. H. und S. Mollenauer: Galvanic skin response to sexual stimuli in a female population. J. Gen. Psychol. 73, 273–278, 1965

Luhmann, N.: Die Gesellschaft der Gesellschaft. 2 Bde. Frankfurt a. M.: Suhrkamp 1997

Lyotard, J.-F.: La condition postmoderne. Paris: Minuit 1979

[Magnus-Hirschfeld-Gesellschaft]: Für ein neues Berliner Institut für Sexualwissenschaft. Eine Denkschrift, hg. von der Magnus-Hirschfeld-Gesellschaft in Verbindung mit dem Schwulenreferat im AStA der FU Berlin. Berlin: Edition Sigma 1987

Malinowski, B. (1924): Mutterrechtliche Familie und Ödipus-Komplex. In: B. Malinowski: Eine wissenschaftliche Theorie der Kultur und andere Aufsätze, hg. von P. Reiwald. Zürich: Pan-Verlag 1949; 2. Aufl. Frankfurt a. M.: Suhrkamp 1985

Malinowski, B.: Sex and repression in savage society. London: Kegan Paul 1927 (dt.: Geschlecht und Verdrängung in primitiven Gesellschaften. Reinbek: Rowohlt 1962)

Malinowski, B.: The sexual life of savages in North-Western Melanesia. London: Routledge 1929 (dt.: Das Geschlechtsleben der Wilden in Nordwest-Melanesien. Leipzig, Zürich: Grethlein, o. J.)

Marcuse, M. (Hg.): Handwörterbuch der Sexualwissenschaft. Enzyklopädie der natur- und kulturwissenschaftlichen Sexualkunde des Menschen. Bonn: Marcus & Weber 1923; Nachdruck der 2., stark verm. Aufl. von 1926: Berlin, New York: de Gruyter 2001

Mark, V. H., W. H. Sweet und F. R. Ervin: Role of brain disease in riots and urban violence. J. Am. Med. Assoc. 201, 895, 1967

Mark, V. H. und F. R. Ervin: Violence and the brain. New York: Harper & Row 1970

Marmor, J.: Some considerations concerning orgasm in the female. Psychosom. Med. 16, 240–245, 1954 (auch in: H. M. Ruitenbeek [Hg.]: Psychoanalysis and female sexuality. New Haven, Conn.: College & University Press 1966)

Marx, K. (1857/1858): Grundrisse der Kritik der politischen Ökonomie (Rohentwurf). Frankfurt a. M.: Europäische Verlagsanstalt und Wien: Europa Verlag, o. J. (1974)

Marx, K. (1859/1860): Einleitung zur Kritik der Politischen Ökonomie. In: K. Marx und F. Engels: Werke (MEW), Bd. 13. Berlin (DDR): Dietz 1974

Marx, K. (1867): Das Kapital. Kritik der politischen Ökonomie. Bd. I, Buch I. In: K. Marx und F. Engels: Werke (MEW), Bd. 23. Berlin (DDR): Dietz 1972

Marxen, K.: Das Volk und sein Gericht. Eine Studie zum nationalsozialistischen Volksgerichtshof. Frankfurt a. M.: Kostermann 1994

Masters, W. H.: Clinical significance of the study of human sexual response. Med. Asp. Hum. Sex. 1, 14–20, 1967

Masters, W. H. und V. E. Johnson: Human sexual response. Boston: Little, Brown 1966 (dt.: Die sexuelle Reaktion. Frankfurt a. M.: Akademische Verlagsgesellschaft 1967)

Masters, W. H. und V. E. Johnson: Human sexual inadequacy. Boston: Little, Brown 1970 (dt.: Impotenz und Anorgasmie. Zur Therapie funktioneller Sexualstörungen. Frankfurt a. M.: Goverts Krüger Stahlberg 1973)

McConaghy, N.: Penile volume change to moving pictures of male and female nudes in heterosexual and homosexual males. Behav. Res. Ther. 5, 43–48, 1967

McKay, D. S. et al.: Search for past life on Mars: Possible relic biogenic activity in martian meteorite ALH84001. Science 273, 924–930, 1996

Metzler-Raschig, M., R. Reiche und V. Sigusch: Sexualmedizinische Fortbildung für Ärzte. Sexualmed. 5, 405–412, 1976

Meyenburg, B.: Das Kondom. Ein Überblick. In: Sigusch 1979

Meyenburg, B.: Sexuelle Auffälligkeiten im Kindes- und Jugendalter. In: Dannecker und Reiche 2000

Meyenburg, B. and V. Sigusch: Sex education for health professionals and sexual treatment in Western Germany. WHO-Paper MCH/SYM/73.26, 1974

Mitscherlich, A. und F. Mielke (1947): Das Diktat der Menschenverachtung. Eine Dokumentation. Heidelberg: Lambert Schneider (Neuausgabe: Medizin ohne Menschlichkeit. Dokumente des Nürnberger Ärzteprozesses, hg. von A. Mitscherlich. Frankfurt a. M.: Fischer Taschenbuch 1978)

Moll, A.: Berühmte Homosexuelle. (= Grenzfragen des Nerven- und Seelenlebens, Heft 75). Wiesbaden: Bergmann 1910

Moll, A. (Hg.): Handbuch der Sexualwissenschaften. Mit besonderer Berücksichtigung der kulturgeschichtlichen Beziehungen. Leipzig: Vogel 1912; 3., neubearb. Aufl. 2 Bde. Leipzig: Vogel 1926

Moynihan, R.: Wie eine Krankheit gemacht wird: Female Sexual Dysfunction. Z. Sexualforsch. 16, 167–174, 2003

Müller, R. und W. Stille: Aids in der Krankenpflege. Ein Curriculum. Stuttgart: Schwer 1989

Nietzsche, F.: Gesammelte Werke. Bd. XVI: Studien aus der Umwerthungszeit. München: Musarion Verlag 1925

Nunnally, J. C., P. D. Knorr, A. Duchnowski und R. Parker: Pupillary response as a general measure of activation. Percept. Psychophys. 2, 149–155, 1967

Oppermann, E., I. Meyer, W. Barten und A. Röder: In eigener Sache. Das Letzte. Sexualmed. 22, 379, 1993

Orthner, H.: Über die Beeinflussbarkeit von Sexualstörungen durch die vordere Hypothalamotomie, dargestellt am Patientengut der Göttinger stereotaktischen Arbeitsgruppe. In: G. Nass (Hg.): Biologische Ursachen abnormen Verhaltens. Wiesbaden: Akademische Verlagsges. 1981

Orthner, H.: Die theoretischen und tierexperimentellen Grundlagen der vorderen Hypothalamotomie zur Behandlung schwerer Sexualstörungen und die Zielsicherheit der Methode. Fortschr. Neurol. Psychiat. 50, 316–329, 1982 (a)

Orthner, H.: Sexual disorders. In: G. Schaltenbrand und A. E. Walker (Hg.): Stereotaxy of the human brain. 2., rev. and enl. ed. Stuttgart, New York: Thieme 1982 (b)

Pacharzina, K.: Der Arzt und die Sexualität seines Patienten. Ergebnisse einer Studie an 100 Ärzten für Allgemeinmedizin. In: Sigusch 1979

Pal, S.: Homosexualität – ein endokrinologischer Versuch. Sexualmed. 2, 259–260, 1973

Petri, H.: Analytische Kurztherapie bei sexuellen Deviationen. Mit Bemerkungen zur Antiandrogentherapie. In: V. Sigusch (Hg.): Therapie sexueller Störungen. Stuttgart: Thieme 1975

Platon: Das Gastmahl. Übers. und erläut. von O. Apelt. Neubearb. von A. Capelle. 2. Aufl. Hamburg: Meiner 1960

Platon: Phaidon, übers. von F. Schleiermacher. Sämtliche Werke, Bd. I. Heidelberg: Lambert Schneider 1950, S. 731–811

Pogády, J. und P. Nádvorník: Psychochirurgia. Ceskoslovenská psychiatrie 78, 3–16, 1982

Ramdohr, F. W. B. v.: Venus Urania. 3 Teile. Leipzig: Göschen 1798

Reich, W.: Der Einbruch der Sexualmoral. 2., erweit. Aufl. Kopenhagen: Verlag für Sexualpolitik 1935 (vgl. auch die letzte dt. Ausg.: Der Einbruch der sexuellen Zwangsmoral. Zur Geschichte der sexuellen Ökonomie. Köln: Kiepenheuer und Witsch 1995)

Reiche, R.: Geschlechterspannung. Eine psychoanalytische Untersuchung. Frankfurt a. M.: Fischer Taschenbuch Verlag 1990; Neuausgabe Gießen: Psychosozial-Verlag 2000

Reiche, R. und M. Dannecker: Sexualität im normativen Vakuum. Eine soziologische Untersuchung über männliche Homosexualität. Sexualmed. 2, 495–498, 1973

Richter-Appelt, H.: Frühkindliche Körpererfahrungen und Erwachsenensexualität. In: Dannecker und Reiche 2000

Rieber, I., A.-E. Meyer, G. Schmidt, E. Schorsch und V. Sigusch: Stellungnahme zu stereotaktischen Hirnoperationen an Menschen mit abweichendem Sexualverhalten. Sexualmed. 5, 442–450, 1976 (nachgedruckt u. a. in: Monatsschr. Krim. 59, 216–222, 1976; Psychol. heute 3, 27–32, 1976)

Riedesser, P.: Psychotechnik für den Krieg – ihre Funktion vom Ersten Weltkrieg bis zur Gegenwart. Mediatus 4 (5), 5–7, 1984

Riehl-Heyse, H.: Über die Liebe in Zeiten der Cholera. Süddeutsche Zeitung Magazin, Nr. 20 vom 19. Mai 1995, S. 10–15

Roeder, C. H., G. Overbeck und T. Müller: Psychoanalytische Theorien zur Hypochondrie. Psyche 49, 1068–1098, 1995

Roeder, F. D.: Über die Möglichkeiten stereotaktischer Eingriffe bei Aggressionstätern. In: G. Nass (Hg.): Kriminalität vorbeugen und behandeln. Köln u. a.: Heymann 1971

Rohleder, H.: Die Sexualwissenschaft in ihrer Bedeutung für die ärztliche Allgemeinpraxis. Z. Sexualwiss. 1, 65–74, 1908

Rühmann, F.: »Wege aus dem Zwang? Zur Aids-Politik der Bundesregierung«. In: V. Sigusch (Hg.): Aids als Risiko. Hamburg: Konkret Literatur Verlag 1987

Runte, A.: Biographische Operationen. Diskurse der Transsexualität. München: Wilhelm Fink Verlag 1996

Schenk, H.: Die Befreiung des weiblichen Begehrens. Köln: Kiepenheuer & Witsch 1991

Schlegel, W. S.: Homosexualität – soziales Ordnungsprinzip. Sexualmed. 2, 296–298, 1973

Schmidt, G.: Totale Sexualmedizin? Sexualmed. 3, 497–504, 1974

Schmidt, G.: Sexuelle Folklore. Literatur konkret, 1979, S. 70–71

Schmidt, G. (Hg.): Jugendsexualität. Sozialer Wandel, Gruppenunterschiede, Konfliktfelder. Stuttgart: Enke Verlag 1993; Neuausgabe Gießen: Psychosozial-Verlag 2000 (zit. als 1993/2000)

Schmidt, G.: Paartherapie bei sexuellen Funktionsstörungen. In: Sigusch 2001a

Schmidt, G. and V. Sigusch: Sex differences in responses to psychosexual stimulation by films and slides. J. Sex Res. 6, 268–283, 1970

Schmidt, G. and V. Sigusch: Women's sexual arousal. In: J. Zubin and J. Money (eds.): Contemporary sexual behavior: Critical issues in the 1970s. Baltimore, London: The Johns Hopkins University Press 1973

Schmidt, G., G. Amendt, R. Müller und B. Meyenburg: Stellungnahme zur Kampagne »Hab keine Angst«. Sexualmed. 5, 679–680, 1976

Schönfelder, Th.: Abbau, Ersatz und Kontakte. [Panel: Masturbation im Kindesalter]. Sexualmed. 3, 31, 1974

Schoof-Tams, K., R. Bulla, G. Schmidt, E. Schorsch, V. Sigusch und E.-M. Ziegenrücker: Adaptation der stationären Masters-Johnson-Therapie bei Erektions- und Orgasmusstörungen auf ein ambulantes Behandlungsprogramm. Vortrag, gehalten auf der 11. Wissenschaftlichen Tagung der Deutschen Gesellschaft für Sexualforschung vom 12. bis 14. Oktober 1972 in Hamburg (unveröffentl. Manuskript)

Schorsch, E.: Die Medikalisierung der Sexualität. Über Entwicklungen in der Sexualmedizin. Z. Sexualforsch. 1, 95–112, 1988

Schorsch, E. und H. Maisch: Trieb und Täter. Sexualwissenschaft im Strafprozeß. In: V. Sigusch, I. Klein und H. L. Gremliza (Hg.): Sexualität konkret. Sammelband 2. Frankfurt a. M.: Zweitausendeins 1984

Schorsch, E., M. Dannecker, G. Schmidt und V. Sigusch: Über den allgemeinen Umgang mit AIDS. Eine Erklärung der Deutschen Gesellschaft für Sexualforschung. Frankfurt a. M. und Hamburg, im November 1984. Erstveröffentlichungen in: Frankfurter Rundschau vom 7. Dezember 1984, S. 8; Sexualmed. 14, 30–32, 1985

Scoville, W. B.: Recent thoughts on psychosurgery. Conn. Med. 33, 453–456, 1969

Scoville, W. B.: Vortrag, gehalten auf dem 4. Kongress der Internationalen Gesellschaft für Psychiatrische Chirurgie, Madrid, September 1975

Sherfey, M. J.: The evolution and nature of female sexuality in relation to psychoanalytic theory. J. Am. Psychoanal. Assoc. 14, 28–128, 1966

Siep, L.: »Dolly« – oder die Optimierung der Schöpfung. Der philosophischen Ethik fehlt es an wertenden Naturvorstellungen. Frankfurter Rundschau vom 16. April 1996, S. 12

Sigusch, V.: Exzitation und Orgasmus bei der Frau. Physiologie der sexuellen Reaktion. Stuttgart: Enke 1970 (a)

Sigusch, V.: Medizin und Sexualität. Sieben Thesen zur kritischen Reflexion ihres Verhältnisses. Med. Welt 21 (N. F.), 2159–2170, 1970 (b)

Sigusch, V.: Über die Lust der Medizin. In: A. Grabner-Haider (Hg.): Recht auf Lust? (= Reihe »Theologie konkret«, hg. von F. Klostermann und N. Greinacher).Wien u. a.: Herder, 1970 (c)

Sigusch, V.: Aspekte und Fakten zur Entwicklung einer Sexualmedizin. Pro familia informationen, Heft 4, S. 22–24, Dezember 1972

Sigusch, V.: Junge Mädchen und die Pille. Bemerkungen zur hormonalen Kontrazeption aus sexualwissenschaftlicher Sicht. Sexualmed. 3, 288–297, 1974 (a)

Sigusch, V.: Sexualwissenschaftliche Aspekte der hormonalen Kontrazeption bei jungen Mädchen. In: R. Kepp, H. Koester und P. Bailer (Hg.): Kontrazeption trotz Geburtenrückgang? Stuttgart: Thieme 1974 (b)

Sigusch, V.: Die Pille als Vehikel sexueller Eingemeindung. Zur Kritik des sogenannten Liberalisierungsprozesses. Pro Familia Informationen, Heft 1, S. 3–6, 1974 (c)

Sigusch, V.: Medizinische Experimente am Menschen. Das Beispiel Psychochirurgie. Beilage zum Jahrbuch für kritische Medizin, Bd. 2. Berlin: Argument-Verlag, 1977; Neuausgabe Argument-Studienheft 12. Berlin: Argument-Verlag 1978 (zit. als 1977/1978)

Sigusch, V.: Stellungnahme als Kommissionsmitglied. In: Fülgraff und Barbey 1978 (zit. als 1978 a)

Sigusch, V.: Begründung des abweichenden Abschlußvotums. Beilage zu Fülgraff und Barbey 1978 (zit. als 1978 b)

Sigusch, V.: Sexualität und Medizin. Köln: Kiepenheuer & Witsch 1979

Sigusch, V.: Die sexuelle Frage. Hamburg: Konkret Literatur Verlag 1982

Sigusch, V.: Vom Trieb und von der Liebe. Frankfurt a. M., New York: Campus 1984 (a)

Sigusch, V.: Die Mystifikation des Sexuellen. Frankfurt a. M., New York: Campus 1984 (b)

Sigusch, V.: Großer Zapfenstreich. In: H. L. Gremliza und V. Sigusch (Hg.): Sexualität konkret. Hamburg: Gremliza 1984 (c)

Sigusch, V. (Hg.): AIDS als Risiko. Über den gesellschaftlichen Umgang mit einer Krankheit. Hamburg: Konkret Literatur Verlag 1987 (a)

Sigusch, V.: Momente der Transferation. In: K. Brede u. a. (Hg.): Befreiung zum Widerstand. Aufsätze über Feminismus, Psychoanalyse und Politik. Margarete Mitscherlich zum 70. Geburtstag. Frankfurt a. M.: Fischer 1987 (b)

Sigusch, V.: Was heißt kritische Sexualwissenschaft? Z. Sexualforsch. 1, 1–29, 1988 (a)

Sigusch, V.: Sind Zungenküsse gefährlich? Sexualmed. 17, 28–29, 1988 (b) (erweiterter Nachdruck in: Sigusch 1990a)

Sigusch, V.: Kritik der disziplinierten Sexualität. Frankfurt a. M., New York: Campus 1989 (a)

Sigusch, V.: Die bayerische AIDS-Politik ächten! Recht & Psychiatrie 7, 89–93, 1989 (b)

Sigusch, V.: Der AIDS-Komplex und unser Leviathan. Psyche – Z. Psychoanal. 43, 673–697, 1989 (c)

Sigusch, V.: Momente der Verstofflichung. In: Sigusch 1989 (a) (zit. als 1989d)

Sigusch, V.: Anti-Moralia. Sexualpolitische Kommentare. Frankfurt a. M., New York: Campus 1990 (a)

Sigusch, V.: 20 Jahre Sexualmedizin und Sexualberatung. Eine Bestandsaufnahme. Med. Welt 41 (N. F.), 206–211, 1990 (b)

Sigusch, V.: Transsexueller Wunsch und zissexuelle Abwehr. Psyche – Z. Psychoanal. 49, 811–837, 1995

Sigusch, V. (Hg.): Sexuelle Störungen und ihre Behandlung. Stuttgart: Thieme und Göttingen: Vandenhoeck & Ruprecht 1996

Sigusch, V.: Metamorphosen von Leben und Tod. Ausblick auf eine Theorie der Hylomatie. Psyche – Z. Psychoanal. 51, 835–874, 1997

Sigusch, V.: Ein urnisches Sexualsubjekt. Teil I: Karl Heinrich Ulrichs als erster Schwuler der Weltgeschichte. Teil II: Unbekanntes aus dem Nachlaß von Karl Heinrich Ulrichs. Z. Sexualforsch. 12, 108–132, 237–276, 1999 (a)

Sigusch, V.: Geno- und Psychochirurgie. Bemerkungen zur Logik der modernen Medizin. In: B. Hontschik und Th. v. Uexküll (Hg.): Psychosomatik in der Chirurgie. Stuttgart, New York: Schattauer 1999 (b)

Sigusch, V.: Karl Heinrich Ulrichs. Der erste Schwule der Weltgeschichte. Berlin: Verlag rosa Winkel 2000

Sigusch, V. (Hg.): Sexuelle Störungen und ihre Behandlung. 3., neubearb. u. erweit. Aufl. Stuttgart, New York: Thieme 2001 (a)

Sigusch, V.: Kultureller Wandel der Sexualität. In: Sigusch 2001a (zit. als 2001b)

Sigusch, V.: Organotherapien bei sexuellen Perversionen und sexueller Delinquenz. In: Sigusch 2001a (zit. als 2001c)

Sigusch, V.: Organotherapien bei sexuellen Funktionsstörungen. In: Sigusch 2001a (zit. als 2001d)

Sigusch, V.: Sildenafil (Viagra®): Wirkmechanismus und erste Ergebnisse. In: Sigusch 2001a (zit. als 2001e)

Sigusch, V.: Diagnostik und Differenzialdiagnostik sexueller Störungen. In: Sigusch 2001a (zit. als 2001f)

Sigusch, V.: Organogenese funktioneller Sexualstörungen. In: Sigusch 2001a (zit. als 2001g)

Sigusch, V.: Fort- und Weiterbildung in Sexualmedizin und Sexualtherapie. In: Sigusch 2001a (zit. als 2001h)

Sigusch, V.: Leitsymptome süchtig-perverser Entwicklungen. Dt. Ärztebl. 99, A3420–A3423, 2002

Sigusch, V.: Neosexualitäten. Über den kulturellen Wandel von Liebe und Perversion. Frankfurt a. M., New York: Campus 2005 (a)

Sigusch, V.: Praktische Sexualmedizin. Eine Einführung. Köln: Deutscher Ärzte-Verlag 2005 (b)

Sigusch, V. und S. Fliegel (Hg.): AIDS. Ergebnisse des Kongresses für Klinische Psychologie und Psychotherapie Berlin 1988. Tübingen: DGVT 1988

Sigusch, V. und H. L. Gremliza (Hg.): Operation AIDS. Hamburg: Gremliza 1986

Sigusch, V. und G. Schmidt: Jugendsexualität. Stuttgart: Enke 1973

Sigusch, V., B. Meyenburg und R. Reiche: Transsexualität. In: Sigusch 1979

Sigusch, V., G. Schmidt, A. Reinfeld, and I. Wiedemann-Sutor: Psychosexual stimulation: Sex differences. J. Sex Res. 6, 10–24, 1970

Sofri, A.: Das große Sackhüpfen. In: L. Baier u. a.: Die Früchte der Revolte. Über die Veränderung der politischen Kultur durch die Studentenbewegung. Berlin: Wagenbach 1988

Stourzh, H.: Die Anorgasmie der Frau. 2. Aufl. Stuttgart: Enke 1962

Süssmuth, R.: Aids. Wege aus der Angst. Hamburg: Hoffmann & Campe 1987

Tiefer, L.: Historical, scientific, clinical und feminist criticisms of »The human sexual response cycle« model. Ann. Rev. Sex Res. 2, 1–23, 1991

Ulrichs, K. H. (1862): Vier Briefe von Karl Heinrich Ulrichs (Numa Numantius) an seine Verwandten. Jb. sex. Zwischenstufen 1, 36–70, 1899

Ulrichs, K. H. (u. d. Pseud. Numa Numantius): Vindex. Social-juristische Studien über mannmännliche Geschlechtsliebe. Erste Schrift über mannmännliche Liebe. Leipzig: Selbstverlag, in Comm. bei Matthes 1864

Ulrichs, K. H. (u. d. Pseud. Numa Numantius): Formatrix. Anthropologische Studien über urnische Liebe. Vierte Schrift. Leipzig: Matthes 1865

Ulrichs, K. H.: Gladius furens. Das Naturräthsel der Urningsliebe und der Irrthum als Gesetzgeber. Sechste Schrift. Kassel: Württenberger 1868 (a)

Ulrichs, K. H.: Memnon. Die Geschlechtsnatur des mannliebenden Urnings. Siebente Schrift. Schleiz: Hübscher'sche Buchhandlung 1868 (b)

Ulrichs, K. H.: Araxes. Ruf nach Befreiung der Urningsnatur vom Strafgesetz. Buch XI. Schleiz: Hübscher 1870 (a)

Ulrichs, K. H.: Prometheus. Beiträge zur Erforschung des Naturräthsels des Uranismus und zur Erörterung der sittlichen und gesellschaftlichen Interessen des Urningthums. Buch X. Leipzig: Serbe 1870 (b)

Ulrichs, K. H.: Forschungen über das Räthsel der mannmännlichen Liebe. Neuausgabe in 4 Bänden, hg. von H. Kennedy. Berlin: Verlag rosa Winkel 1994

Ungerer, T.: Schutzengel der Hölle. Zürich: Diogenes 1986

[Universität des Saarlandes]: Forschungsbericht 1977. Hg. vom Universitätspräsidenten. Saarbrücken 1978

Valenstein, E. S.: Brain control. New York: Wiley & Sons 1973

Valverde, M.: Sex, Macht und Lust. Berlin: Orlanda Frauenverlag 1989

Wagner, N.: Geist und Geschlecht. Karl Kraus und die Erotik der Wiener Moderne. Frankfurt a. M.: Suhrkamp 1982

Westphal, C.: Die conträre Sexualempfindung, Symptom eines neuropathischen (psychopathischen) Zustandes. Arch. Psychiat. Nervenkrh. 2, 73–108, 1869

Working Group for A New View of Women's Sexual Problems: Eine neue Sicht der sexuellen Probleme von Frauen. Z. Sexualforsch. 16, 160–166, 2003

Nachweise

Der Schatten des Eros oder Die neosexuelle Revolution ist unter dem redaktionellen Titel »Die Trümmer der sexuellen Revolution« erschienen in: Die Zeit, 51. Jg., Nr. 41 vom 4. Oktober 1996, S. 33–34

Auf der Suche nach dem Transzendenten im Sexuellen ist unter dem Titel »Geburt und Tod unserer Sexualität als Gefühl und Begriff« erschienen in: Lettre international, 2. Jg., Heft 4, S. 82–85, 1989

Von der Kostbarkeit Liebe ist ein leicht erweiterter Leitartikel aus: Sexualmedizin 13, 260–263, 1984

Thrill der Treue oder Veränderungen der Jugendsexualität geht weitgehend zurück auf: Deutsches Ärzteblatt 95, A-1240–1243, 1998

Die »Pille« – Jahrzehnte danach ist anläßlich des 25-jährigen Bestehens des Magazins erschienen in: Pro Familia Magazin 24 (Heft 3/4), 22–25, 1996

Tote Menschen, lebendige Dinge oder Zivilisatorische Verstofflichung ist erschienen in: Wochenpost, Jg. 40, Nr. 42 vom 14. Oktober 1993, S. 30–31

Ist der vaginale Orgasmus reifer als der klitoridale? enthält Passagen aus meiner Monografie »Exzitation und Orgasmus bei der Frau. Physiologie der sexuellen Reaktion«. Stuttgart: Ferdinand Enke Verlag 1970

Satz vom ausgeschlossenen Geschlecht ist, Wolfgang Berner zugeeignet, erschienen in: Zeitschrift für Sexualforschung 17, 258–266, 2004

Transsexualismus oder Jede These ist eine Prothese ist erschienen in: Zeitschrift für Sexualforschung 9, 369–374, 1996

Wir Denunzianten ist erschienen in: Süddeutsche Zeitung, Nr. 248 vom 26./27. Oktober 1996, S. II

Tugend als Laster ist erschienen in: Zeitschrift für Sexualforschung 2, 191–192, 1989

Hirschfelds Männer – eine kritische Erinnerung ist erschienen in: Zeitschrift für Sexualforschung 6, 256–258, 1993

Über den Versuch, die Homosexualität vor der Geburt auszumerzen ist zuerst erschienen in: Sexualmeditin 10, 110–111, 1981

Ruchlose Sorge ist unter dem Titel »Ein Geschundener: Alexander Ebbinghaus« zuerst erschienen in: Sexualmedizin 13, 576–577, 1984

Ein Wort des Jahrhunderts: Schwul ist zuerst erschienen in: 100 Wörter des Jahrhunderts. Frankfurt a. M.: Suhrkamp u. a. 1999

Der erste Schwule der Weltgeschichte enthält Passagen aus: »Uranität als Existenzweise. Karl Heinrich Ulrichs als Präzeptor der Homosexuellen- und Schwulenbewegung«, erschienen in: Wolfram Setz (Hg.), Die Geschichte der Homosexualitäten und die schwule Identität an der Jahrtausendwende. Berlin: Verlag rosa Winkel 2000

Über die Vergesellschaftung der Krankheit AIDS ist erschienen in: V. Sigusch und St. Fliegel (Hg.): »AIDS. Ergebnisse des Kongresses für Klinische Psychologie und Psychotherapie Berlin 1988«. Tübingen: DGVT 1988

Unsere edlen Wilden ist unter dem Titel »Bronislaw Malinowski: Geschlecht und Verdrängung in primitiven Gesellschaften« zuerst erschienen in: Die Zeit, Nr. 8 vom 18. Februar 1983, S. 40, und nachgedruckt worden in: Raddatz, F. J. (Hg.): Die ZEIT-Bibliothek der 100 Sachbücher (= suhrkamp taschenbuch 1074). Frankfurt a. M.: Suhrkamp 1984

Einmaleins der Lust oder Sexuelle Experimente im Labor geht zurück auf die Vorwörter zu: W. H. Masters und V. E. Johnson: Die sexuelle Reaktion (= rowohlts sexologie, Bd. 8032/8033, 1970 sowie rororo sachbuch, Nr. 7814, 1984). Reinbek bei Hamburg: Rowohlt Verlag

Grundzüge der Paartherapie geht zurück auf: Deutsches Ärzteblatt 97, A-776–A-781, 2000

Folgerichtig hirnverbrannt oder Der Kampf gegen die Psychochirurgie ist unter dem Titel »Soziale Seelenkontrolle mit dem Skalpell. Psychochirurgie – hirnverbrannt. Haben ›Seelenschneider‹ in Deutschland nichts zu fürchten?« als Dossier erschienen in: Die Zeit, 35. Jg., Nr. 15 vom 4. April 1980, S. 23–25

Was taugt das neue Gesetz zur Bekämpfung von Sexualdelikten? ist zeitgleich erschienen in: Zeitschrift für Sexualforschung 11, 163–166, 1998 und in: Psyche – Zeitschrift für Psychoanalyse 52, 787–789, 1998

Natur und Sexualität: Sieben frühe Thesen geht zurück auf »Thesen über Natur und Sexualität« in: Sexualität konkret, Heft 1, 1979 sowie eine Passage des Aufsatzes »Natur und Sexualität. Über die Bedeutung der Kategorie der Natur für eine Theorie der Sexualität des Menschen« in: Das Argument 119, 3–15, 1980

Wir danken den Verlagen für die freundlicherweise erteilten Abdruckgenehmigungen.

Die verbleibenden Texte sind für diesen Band geschrieben worden.

2005 · 232 Seiten · Broschur
EUR (D) 19,90 · SFr 34,90
ISBN 3-89806-394-1

Was ist Liebe? Was hat eine Affäre mit der eigenen Beziehung zu tun? Lohnt es sich zu kämpfen? Kann eine Therapie helfen? War die Beziehung nicht von Anfang an zum Scheitern verurteilt? Ist die Ehe gar der Friedhof jeder Liebe?

Wolfgang Hantel-Quitmann widmet sich diesen Fragen und kreiert daraus eine »Psychologie der Liebesaffären«, entwickelt an Beispielen aus der paartherapeutischen Praxis, großen Werken der Weltliteratur und den Liebesaffären berühmter Paare.

Für alle, die sich aus psychologischem, literarischem, rein menschlichem oder privatem Interesse mit dem Thema beschäftigen – bevor die nächste Liebesaffäre als Ende aller Liebe, moralisch verwerflich oder schicksalhaft missdeutet werden könnte.

P🔲V
Psychosozial-Verlag